H. KREIKEBAUM — G. RINSCHE

Das Prestigemotiv in Konsum und Investition

Beiträge zur Verhaltensforschung

Herausgegeben von Prof. Dr. G. Schmölders, Köln

Heft 4

Das Prestigemotiv in Konsum und Investition

Demonstrative Investition und aufwendiger Verbrauch

Von

Dr. H. Kreikebaum und Dr. G. Rinsche

DUNCKER & HUMBLOT / BERLIN

Gedruckt 1961 bei F. Zimmermann & Co, Berlin-Neukölln
Printed in Germany

Geleitwort

Seit langem gehört das Prestigemotiv zu den Faktoren, mit deren Hilfe Abweichungen der ökonomischen Theorie von der wirtschaftlichen Wirklichkeit erklärt werden sollen. Was hinter diesem Begriff steht und wieweit er die Sozialökonomik zu neuen Erkenntnissen führen kann, ist Gegenstand der beiden Arbeiten, die mit diesem Bande vorgelegt werden.

Sowohl im Konsum- wie im Produktionsbereich kommt dem Prestige als Bestimmungsfaktor wirtschaftlich relevanten Verhaltens heute eine wesentlich größere Bedeutung zu als noch vor einem Menschenalter. Als gesellschaftliche Voraussetzung für diese Entwicklung weist G. Rinsche auf die Statusunsicherheit hin, wie sie in der „dynamischen Gesellschaft" und in der „anonymen Gesellschaft" besteht; er untersucht die ökonomischen Wirkungen des Geltungsstrebens an Hand empirischen Materials und analysiert die daraus resultierenden Änderungen der Nachfrage und die möglichen Folgen für den Marktwettbewerb.

Diffiziler stellt sich das Problem im Produktionsbereich; muß doch wohl als Normalfall angenommen werden, daß selbst solche Investitionen, die weitgehend prestigeorientiert sind, durchaus auch noch dem Rentabilitätskalkül unterworfen bleiben. Daß in der Investitionstheorie das Prestigemotiv dennoch nicht vernachlässigt werden kann, zeigt H. Kreikebaum an zahlreichen Beispielen. Je stärker das Prestigemotiv in der Rangordnung der institutionalisierten Entscheidungshilfen für betriebliche Investitionen hervortritt, desto stärker muß auch die Theorie diesen neuen Sachverhalt berücksichtigen.

Beide Arbeiten sind somit Beiträge zur Theorie der „Überflußwirtschaft"; teils beruhen sie auf empirischem Material, teils bilden sie Ansätze für weitere Forschungen.

G. Schmölders

Inhalt

Das Prestigeelement im Investitionsverhalten

Ein Beitrag zur Investitionstheorie

Von

Dr. Hartmut Kreikebaum

Inhalt

Einleitung

In der „Überflußwirtschaft" des „Konsumzeitalters" tauchen für den Wirtschaftswissenschaftler andere Problemstellungen auf als in einer Wirtschaft, deren hervorstechendes Kennzeichen der Gütermangel und die Fragen seiner Beseitigung darstellen[1].

Eines dieser Probleme kann man mit *Riesman* als den Wandel von der „conspicuous consumption" zur „conspicuous production"[2], das Auftreten „demonstrativer", prestigebesetzter Elemente im Bereich der Unternehmung bezeichnen.

Die vorliegende Untersuchung stellt den Versuch dar, diesen Erscheinungen im betrieblichen Investitionsverhalten nachzugehen[3].

„Investitionsentscheidungen richten sich nicht nur nach den technischen Gegebenheiten der Produktion, vielmehr sind es weitgehend Überlegungen anderer Art, insbesondere solcher ökonomischer, unter Umständen auch psychologischer Natur, die die Investitionsentschlüsse bestimmen"[4], und „Prestige, achievement, approbation, and other social motives are often as effective in creating demand for capital as are economic motives, with corporate as well as with individuals"[5].

In jüngster Zeit haben auch die Nationalökonomen der Bedeutung des Prestigefaktors für die Investitionsentscheidung ihre Aufmerksamkeit zugewandt[6].

---

[1] Vgl. *Galbraith*, John K.: The Affluent Society, London 1958; *Knauth*, Oswald: Business Practices, Trade Position and Competition, New York 1956.

[2] Vgl. *Riesman*, David: New Standards for Old: From conspicuous consumption to conspicuous production, in: Individualism Reconsidered, Glencoe/Ill. 1957. *Riesman*, David und *Borough*, Howard Rose: Careers and Consumer Behavior, in: Consumer Behavior, Vol. 2, New York 1955.

[3] Zur Bedeutung des Prestiges für das Konsumentenverhalten vgl. u. a. *Veblen*, Thorstein: The Theory of the Leisure Class, New York 1899; *Packard*, Vance: The Hidden Persuaders, New York 1957; *Riesman*, David: The Lonely Crowd, New Haven 1950; *Martineau*, Pierre: Motivation in Advertising, New York – Toronto – London 1957; *Wolff*, Janet: What makes Women Buy, New York – Toronto – London 1958; *Cheskin*, Louis: Why People buy, New York 1959; *Rinsche*, G.: Der aufwendige Verbrauch, Diss. Köln 1960; *Rudolph*, J.: Sich mehr als satt essen, in: Deutsche Zeitung und Wirtschaftszeitung vom 13. April 1960.

[4] *Gutenberg*, E.: Untersuchungen über die Investitionsentscheidungen industrieller Unternehmen, Köln und Opladen 1959, S. 15.

[5] *Dowrie*, George W. und *Fulfillner*, Douglas R.: Investments, 2. Aufl., New York – London 1950, S. 28.

[6] Vgl. *Schmölders*, G.: Der wirtschaftende Mensch als soziales Wesen, in: *Merkur*, 14. Jg., 1960, S. 446; *Seidenfus*, H. St.: Artikel „Sozialökonomische Ver-

Die vorliegende Untersuchung stellt den Versuch dar, die Wirksamkeit des Prestigemotivs im Investitionsverhalten als ein Phänomen des „soziokulturellen Wandels" zu begreifen, in dessen Verlauf das Prestigedenken als zusätzliche Norm immer stärker in den Bereich des unternehmerischen Handelns eingedrungen ist[7].

Diese Hypothese kann hier nur sorgfältig formuliert und an einigen ausgewählten Beispielen des betrieblichen Investitionsverhaltens verdeutlicht werden. Die Schwierigkeiten aller „empirischen" Forschung[8] liegen ja gerade darin, daß statistisch-repräsentative Unterlagen über das Konsumenten- und Unternehmerverhalten zur Zeit noch weitgehend fehlen, da empirische Forschung schlechthin „stets ein sehr langsamer Prozeß des Formulierens, Prüfens und Revidierens von Hypothesen ist. . . . Allzu oft werden wir deshalb nicht im Stande sein, mehr zu tun, als nur einiges Material zusammenzutragen und Hypothesen zu formulieren, anstatt empirische Ergebnisse darzubieten, die sie stützen oder ihnen widersprechen"[9].

Doch zwingt diese Einsicht nicht zur Resignation. Denn die empirische Prüfung von Hypothesen ist zwar der augenfälligste Schritt einer Untersuchung, da sie über das Zurechtbestehen oder die Verwerfung einer Hypothese entscheidet, sie bedarf aber sehr wohl eines theoretischen Bezugsrahmens, d. h. klar umrissener Thesen über das Erkenntnisobjekt, dessen bisher verborgene Teilstrukturen oder bislang fehlende Glieder aufzudecken und in das Untersuchungsobjekt einzubeziehen und zu integrieren sind.

Diesem Programm entspricht auch der Aufbau der folgenden Kapitel. Der begrifflichen Abgrenzung des Investitionsphänomens im ersten Paragraphen folgt im zweiten Abschnitt des ersten Kapitels eine dogmengeschichtliche Untersuchung der herrschenden Investitionstheorien im Hin-

---

haltensforschung", in: HdSW, 29. Lieferung, 1960, S. 101; *Wessels*, Th.: Das Problem der Geldwertstabilität, in: Beihefte der Konjunkturpolitik, Zeitschrift für angewandte Konjunkturforschung, Heft 4, Berlin 1959, S. 61; ders.: Fragen der Wirtschaftlichkeitsrechnung in volkswirtschaftlicher Sicht, München 1955, S. 14 ff.; *Meinhold*, M.: Artikel „Investitionen", in: HdSW, 5. Bd., Stuttgart – Tübingen – Göttingen 1956, S. 335; *Mahr*, W.: Artikel „Investitionen", in: Staatslexikon, hrsg. v. d. Görresgesellschaft, 4. Bd., Freiburg 1959, Sp. 454.

[7] Vgl. insbesondere *Brandt*, H.: Investitionspolitik des Industriebetriebes, Wiesbaden 1959, S. 119 ff., 208; *Gordon*, Robert A.: Business Leadership in the Large Corporation, Washington D. C. 1945; *Redlich*, F.: Artikel „Unternehmer", in: HdSW, 26. Lieferung, Stuttgart – Tübingen – Göttingen 1959, S. 491; *Rexhausen*, F.: Der Unternehmer und die volkswirtschaftliche Entwicklung, Volkswirtschaftliche Schriften, Heft 48, Berlin 1960.

[8] Vgl. *Popper*, K. R.: Logik der Forschung, Wien 1935; *Hofstätter*, P. R.: Einführung in die quantitativen Methoden der Psychologie, München 1953, S. 3 ff.

[9] *Katona*, George: Das Verhalten der Verbraucher und Unternehmer, deutsche Ausgabe, hrsg. v. E. *Boettcher*, Tübingen 1960, S. 15.

blick auf die ihnen zugrundeliegenden Verhaltensannahmen. Diese Analyse ist notwendig, um die Frage zu klären, ob und in welchem Umfang der Prestigefaktor bisher von der Theorie als zusätzliche Verhaltensannahme akzeptiert worden ist.

Im Hauptteil der Arbeit wird zunächst das Prestigemotiv im Zusammenhang mit der Gesamtmotivation des Investitionsverhaltens, insbesondere in seiner Verquickung mit dem Gewinnstreben zu analysieren sein (§ 3). Dem folgt in § 4 eine Erörterung des Prestiges als Investitionsnorm der Unternehmung, in der auf die Bedeutung des sozialen Status für das Investitionsverhalten und den Wandel von der „conspicuous consumption" zur „conspicuous production" einzugehen sein wird. Die zeitgeschichtliche Analyse der Prestigenormen in der westdeutschen Wirtschaft leitet über zu § 5, in dem die der Arbeit zugrundeliegenden Hypothesen formuliert und an Beispielen verdeutlicht werden.

In den §§ 6 und 7 wird sodann festzustellen sein, welche Investitionsvariablen bei repräsentativen Untersuchungen des Investitionsverhaltens ermittelt und in welchem Maße unsere Hypothesen dabei berücksichtigt wurden.

In diesem Zusammenhang möchte der Verfasser den Instituten der Markt- und Meinungsforschung für die bereitwillige Unterstützung und freundliche Erlaubnis zur Veröffentlichung ihrer Forschungsergebnisse seinen Dank sagen.

Im Schlußabschnitt sollen die Schwierigkeiten aufgezeigt werden, denen die empirische Prüfung unserer Hypothesen ausgesetzt ist.

Erstes Kapitel

Investitionstheorie und Investitionsverhalten

§ 1 Begriff und Arten der Investition

Die Untersuchung der Prestigeelemente im Investitionsverhalten setzt eine Abgrenzung dessen voraus, was in Anlehnung an den Zweck der Arbeit unter Investitionshandlung verstanden werden soll. Wir gehen dabei vom allgemeinen und wissenschaftlichen Sprachgebrauch aus, demzufolge Investitionen die „produktive" Anlage, besser: die Anlage finanzieller Mittel im Produktionsbereich gegenüber deren „konsumtiver" Verwendung im Haushalt darstellen[1].

Diese Begriffsbestimmung ermöglicht es uns, „Investition" und „Konsum" auf Grund des Einsatzortes der finanziellen Mittel, nicht etwa nach Art und Qualität der herzustellenden oder anzuschaffenden Güter voneinander zu unterscheiden. Danach ist zum Beispiel die Installierung einer Fernsprechanlage in einem industriellen Unternehmen oder Einzelhandelsgeschäft als „Investition" anzusehen, während die gleiche Mittelverwendung innerhalb eines Privathaushalts den Konsum eines „durables" darstellt[2].

In Übereinstimmung mit der begrifflichen Fixierung in der Investitionsstatistik und der betriebswirtschaftlichen Nomenklatur[3] bezeichnen wir

---

[1] Vgl. *Meinhold*, H.: Artikel „Investitionen", a.a.O., S. 334: „Eine eindeutige Abgrenzung ergibt sich erst, wenn der Bereich der Haushaltungen ausgeschaltet wird: Jede Verwendung von Produktionsfaktoren zur Erhaltung, Vergrößerung oder Verbesserung des Produktionsapparates außerhalb der privaten Haushaltungen ist Investition, innerhalb der Haushaltungen ist sie Konsum."

Siehe auch *Schörry*, O.: Artikel „Investitionsstatistik", in: HdSW, 5. Bd., 1956, S. 350; ferner *Preiser*, E.: Der Kapitalbegriff und die neuere Theorie, in: Die Unternehmung am Markt, Festschrift für Wilhelm Rieger, Stuttgart – Köln 1953, S. 17.

[2] Diese Abgrenzung erfolgt hier aus Zweckmäßigkeitsgründen und steht nicht dem Bestreben der neueren wirtschaftswissenschaftlichen Forschung entgegen, den Investitionsbegriff auch auf die Konsumsphäre zu übertragen und analog der Investitionstheorie „Konsumtivinvestitionen mit Kapazitätseffekt" (= Kauf von Gebrauchsgütern, die der Bearbeitung von Gebrauchsgütern dienen, wie Kühlschränke, Waschmaschinen, Staubsauger, Bügeleisen) von solchen „ohne Kapazitätseffekt" (= Gebrauchsgüter, die nicht der „Fertigung" im Haushalt dienen, z. B. Fernsehapparat, Heizungskörper, Entlüftungsanlagen, Möbel und Autos) zu unterscheiden. (Vgl. *Schmölders*, G.: Vorlesung „Sozialökonomische Verhaltensforschung", Wintersemester 1959/60).

[3] Vgl. dazu *Heinen*, E.: Zum Begriff und Wesen der betriebswirtschaftlichen Investition, Betriebswirtschaftl. Forschung und Praxis 1955.

deshalb den „Aufwand für Ersatz und Vermehrung der Produktionsanlagen und die Veränderung der Vorräte in der Volkswirtschaft" als ‚Investition'; „Die Kapitalgüter der privaten Haushaltungen wie Möbel, Hausrat usw. und die Vermehrung von Vorräten in Haushaltungen werden deshalb nicht als Investitionen, sondern als Verbrauch angesehen"[4,5].

Innerhalb der Beschränkung auf den Produktionsbereich läßt sich eine weitere Begriffsverwendung von einer engeren unterscheiden. Erstere taucht vor allem im angelsächsischen Sprachraum auf, wo unter „investment" vorwiegend die Anlage von Geld in Aktien, Anteilscheinen und Anleihen verstanden wird[6]. Sie leitet sich von der volkswirtschaftlichen Funktion der Geldanlage ab, „to build up the nation's ‚productive plant', both in the industrial sense and in other directions"[7], und findet ihren Niederschlag in der im Deutschen gebräuchlichen Unterteilung in ‚Kapitalinvestitionen' und ‚Sachinvestitionen'[8] bzw. ‚finanzielle Investitionen' und ‚Realinvestitionen'[9] oder in der Gegenüberstellung von finanziellen Mitteln und der Anlage dieser Mittel in „konkreten Werten"[10].

Der engere und für unsere Fragestellung ergiebigere Begriff bezieht sich auf die produktionswirtschaftlichen in Gegensatz zu den finanzwirtschaftlichen Investitionen[11], die man je nach ihrer Auswirkung auf den Produktionsprozeß und der gewollten Zielsetzung in Rationalisierungs-, Ersatz- und Erweiterungsinvestitionen unterteilen kann.

Der Investitionsbegriff kann entweder auf das Anlagevermögen beschränkt[12] oder auf das gesamte Vermögen einer Unternehmung bezogen werden[13]. Die Produktion von Sachgütern stellt das eigentliche Investi-

---

4 Vgl. *Schörry*, O.: Artikel „Investitionsstatistik", in HdSW, 5. Bd., 1956, S. 347.

5 Vgl. auch *Hicks*, J. R., *Hart*, Albert Gailord, *Ford*, James W.: The Social Framework of the American Economy, New York 1955, S. 30 ff.

6 Vgl. *Dowrie*, George W. und *Fulfillner*, Douglas R.: Investments, New York – London, 2. ed. 1950; *Prime*, John H.: Investment Analysis, 2. Aufl., New York 1952; *Shaffner*, F. I.: The Problem of Investment, 1936.

7 Vgl. *Dowrie*, G. W. und *Fulfillner*, D. R.: a.a.O., S. 5.

8 Vgl. *Schörry*, O.: Artikel „Investitionsstatistik", a.a.O., S. 347.

9 Vgl. *Lohmann*, M.: Einführung in die Betriebswirtschaftslehre, 2. Aufl., Tübingen 1955, S. 161 ff.

10 Vgl. *Pack*, L.: Investition und Investitionsarten, Diss. Saarbrücken 1956.

11 Vgl. *Brandt*, H.: Investitionspolitik des Industriebetriebes, Wiesbaden 1959, S. 12 ff.

12 So *Walther*, A.: Einführung in die Wirtschaftslehre der Unternehmung, 2. Bd., Die Unternehmung, Zürich 1953; ferner *Ruchti*, H.: Bilanz und Investition, in: Der Industriebetrieb und sein Rechnungswesen, Festschrift für M. R. *Lehmann*, 1957.

13 Vgl. *Gutenberg*, E.: Zur neueren Entwicklung der Wirtschaftlichkeitsrechnung, Ztschr. f. d. ges. Staatswiss., 1952; ferner *Schneider*, E.: Wirtschaftlichkeitsrechnung, 2. Aufl., Tübingen 1957.

tionsproblem der Unternehmung dar[14]. Diese Investitionen bilden auch den Gegenstand unserer Arbeit, da sich an ihnen in besonders sichtbarer und sinnfälliger Weise die Einflußnahme von Prestigeüberlegungen nachweisen läßt.

Im volkswirtschaftlichen Sprachgebrauch umfaßt der Investitionsbegriff sowohl die Herstellung von Produktionsgütern als auch die Erzeugung von Konsumgütern[15]. Es wird zu zeigen sein, daß bei letzteren der Zusammenhang zwischen den Prestigewünschen der Konsumenten und denen der Produzenten ein besonders enger ist[16].

§ 2 Investitionstheorie und Verhaltensprämissen

1. Das Problem

Unsere Untersuchung des Investitionsbegriffes hat ergeben, daß dieser vorwiegend auf die in Betrieben und Unternehmungen getätigten Kapitaleinsätze angewandt wird, unabhängig von der jeweiligen Zielsetzung und Produktionsstruktur des Unternehmens. Ebenso ist auch die Theorie der Investition bisher für den Bereich der unternehmerischen Investitionsentscheidungen entwickelt worden. Daraus erhellt auch die Bedeutung, die dem ‚rationalen Kalkül' beigemessen wird, sowie der normative Charakter der Theorien, die dem Unternehmer eine bestimmte Art des Handelns vorschreiben[17].

Bei einigen der im folgenden zu behandelnden Theorien tritt die Normativität ihrer Verhaltensannahmen ganz deutlich hervor. Andere Investitionstheorien beziehen Verhaltensweisen in ihre Prämissen ein, die nicht so sehr normativen Charakter tragen als vielmehr Aussagen über empirisch beobachtetes Verhalten darstellen.

Die Auswahl der untersuchten Investitionstheorien ist so getroffen, daß neben den modernen Versionen der Marginaltheorie auch die Überinvestitionstheorien, insbesondere die Akzeleratortheorie, auf ihre Prämissen über das Investitionsverhalten geprüft werden. Diese Untersuchung verfolgt nicht den Zweck, empirische Verifizierung und praktische Geltung dieser Theorien nachzuweisen, sondern geschieht in der Absicht, die bisher von

---

[14] Vgl. *Brandt*, H.: a.a.O., S. 14 ff.

[15] Vgl. *von Stackelberg*, H.: Grundlagen der theoretischen Volkswirtschaftslehre, 2. Aufl., Bern und Tübingen 1951, S. 8 ff.

[16] Vgl. *Zahn*, Ernest: Die Fragen des Konsumverhaltens in der heutigen Sozialforschung, in: Kölner Zeitschr. f. Soziol. u. Sozialpsych., 11. Jg. (1959), Heft 2, S. 310.

[17] Die Betriebswirtschaftslehre versteht sich ja gerade deshalb als eine praktische, „wirklichkeitsnahe" Disziplin, weil sich ihre theoretischen Bemühungen auf die Erzielung einer immer stärkeren Rationalität des unternehmerischen Handelns und der Unternehmungsrationalisierung erstrecken.

der Investitionstheorie berücksichtigten Verhaltensweisen und Motive des investierenden Unternehmers zusammenfassend darzustellen. Sie bildet damit die Voraussetzung für die Analyse des Prestigefaktors und dessen Bedeutung für das Investitionsverhalten, die auf den dogmengeschichtlichen Ausführungen dieses Abschnittes aufbaut.

2. Die Marginaltheorie

Die Marginaltheorien nehmen das unternehmerische Gewinnstreben sowohl in ihrer statischen Ausprägung als auch in den modifizierten Versionen als investitionsentscheidenden Faktor an. Basierend auf der Annahme des utilitaristisch-rationalen Handelns unterstellen sie das Streben des Unternehmers nach Maximierung von Umsätzen oder Gewinnen oder nach Minimierung von Kosten und Aufwand.

Die statische Marginaltheorie fußt dabei auf folgenden Annahmen[18]:

1. Der Unternehmer kennt alle zukünftigen Mengen und Preise seiner Produkte und Produktionsfaktoren und damit auch die Erträge irgendeiner zukünftigen Investition;
2. Er hat genaue Kenntnis aller gegenwärtigen und zukünftigen Kosten;
3. Die Technik wird als konstant betrachtet, d. h. der technische Fortschritt und seine Wirkungen werden nicht untersucht;
4. Das Angebot an Kapital wird in bestimmter Weise durch die Struktur des Zinsfußes widergespiegelt.

Wenn man voraussetzt, daß der investierende Unternehmer die Differenz zwischen den auf den gegenwärtigen Zeitpunkt diskontierten Erträgen und Kosten maximiert, so folgt aus obigen Voraussetzungen, daß das Investitionsvolumen durch die Kosten des Kapitaleinsatzes und den Marktzinsfuß eindeutig determiniert ist[19].

In der Sprache der Marginalanalyse und bei Voraussetzung des Strebens nach höchstmöglichem Gewinn wird der Unternehmer denjenigen Investitionsplan ausführen, der ihm die größtmögliche Differenz zwischen diskontierten Umsatzgrößen und diskontierten Kosten verschafft. Der diese Differenz darstellende Kapitalwert hat bei demjenigen Produktionsmitteleinsatz sein Maximum, für den die Grenzumsätze bzw. Grenzerlöse gleich den aufgewandten Grenzkosten sind.

---

[18] Vgl. *Meyer*, John R. und *Kuh*, Edwin: The Investment Decision. An Empirical Study, Cambridge/Mass. 1957, S. 3 ff.

[19] Vgl. *von Stackelberg*, H.: Grundlagen der theoretischen Volkswirtschaftslehre, a.a.O., S. 318 f.; ders.: Kapital und Zins in der stationären Verkehrswirtschaft, in: Zeitschr. f. Nationalök., Bd. 10, 1941, S. 59 f.; *Schneider*, E.: Einführung in die Wirtschaftstheorie, Bd. II, 4. Aufl., Tübingen 1956, S. 202 ff.

Der einseitige Charakter der statischen Marginaltheorie ist inzwischen erkannt[20] und revidiert worden, insbesondere durch die Theorie der Erwartungen.

3. Die Erwartungstheorien

Eine erste Revision der Marginaltheorie geschah durch die Einbeziehung der Unsicherheit der Zukunft und damit der „Erwartungen"[21], deren Zusammenhang mit dem Investitionsproblem inzwischen eingehend untersucht worden ist[22].

Die auf Erwartungsgrößen basierenden Investitionstheorien kann man unterteilen[23] in:

---

[20] Vgl. *Meyer* und *Kuh:* a.a.O., S. 9: „In short, the really crucial determinants of investment in the real world are those „assumed objective conditions" that are put in ceteris paribus by the marginal theories . . . In all fairness, though, it should be recognized that the choice of what properly belongs in ceteris paribus is itself an institutional variable and subject to change.

That is, interest and cost fluctuations may actually have been crucially important determinants of investment behavior back in the nineteenth century when the marginal theories were initially propounded."

[21] Zuerst durch *Marschak*, Jacob: Money and the Theory of Assets, in: Econometrica VI, 1938, S. 311 ff.

[22] Vgl. u. a. *Albach*, H.: Wirtschaftlichkeitsrechnung bei unsicheren Erwartungen, Köln u. Opladen 1959; *Boulding*, K. E.: A Reconstruction of Economics, New York 1950; *Carter*, C. F.: A Revised Theory of Expectations, in: Econ. Journ., 1953, S. 811; *Coase*, R. H. und *Fowler*, R. F.: The Analysis of Producer's Expectations, in: Economica 1940; *Egerton*, R. A. D.: Investment, Uncertainty and Expectations, in: Rev. of Econ. Stud., 1954/55, No. 58; National Bureau of Economic Research, Short-Term Economic Forecasting, Princeton 1955; *Hart*, A. G.: Anticipations, Business Planning, and the Cycle, in: Quarterly Journal of Economics, 1937, No. 2; ders. Anticipations, Uncertainty, and Dynamic Planning, Chicago 1940; ders. Uncertainty and Inducements to Invest, in: Rev. of Ec. and Stat., 1940; *Hirshleifer*, J.: A Note on Expectations, in: Am. Ec. Rev., 1946; *Hurwicz*, L.: Theory of the Firm and of Investment, in: Econometrica XIV, 1946; *Katona*, G.: Psychological Analysis of Business Decisions and Expectations, in: Am. Ec. Rev. 1946; ders.: Psychological Analysis of Economic Behavior, New York 1951; *Klein*, L. R.: Economic Fluctuations in the United States, 1921–1941, New York 1950; *Knight*, F. H.: Risk, Uncertainty and Profit, London 1957; *Lachman*, L. M.: A Note on the Elasticity of Expectations, in: Economica 1940; ders.: The Role of Expectations in Economics as a Political Science, in: Economica, 1943; *Lange*, O.: A Note on Expectations, in: Rev. of *Ec. and* Stat., 1943; *Lutz*, F. A. und *Lutz*, V. C.: The Theory of Investment of the Firm, Princeton 1951; *Modigliani*, F.: Measurement of Expectations, in: Econometrica, 1952; *Seidenfus*, H. St.: Zur Theorie der Erwartungen, in: *Schmölders*, G., *Schröder*, R., *Seidenfus*, H. St.: John Maynard *Keynes* als „Psychologe", Berlin 1956; *Shackle*, L. S.: Expectations in Economics, New York 1948; *Enthoven*, A. C. und *Arrow*, K. J.: A Theorem on Expectations and the Stability of Equilibrium, in: Econometrica, 1956; *Georgescu-Roegen*, N.: Choice, Expectations and Measureability, in: Quart. Journ. of Econ., 1954, S. 503; *Shubik*, M.: Information, Risk, Ignorance and Indeterminacy, in: Quart. Journ. of Econ., 1954.

[23] Vgl. *Meyer* u. *Kuh*, a.a.O., S. 10 f.

1. Theorien, nach denen die Unternehmer Nutzen oder Gewinn in Parametern der Wahrscheinlichkeitsverteilung maximieren[24],
2. Theorien, bei denen subjektive Motive mit objektiven Mitteln der Bedürfnisbefriedigung verbunden sind, z. B. der Wunsch nach finanzieller Beweglichkeit mit einer Vermögensstruktur, die dem Bedürfnis nach Flexibilität entspricht. Die Vertreter dieser Version sind der Auffassung, daß die Unternehmer ihr Verhalten auf Erwartungen aufbauen, die sich als Extrapolation der bisherigen Erfahrungen und gegenwärtigen Situationsbedingungen darstellen[25].

4. Entscheidungstheorien

Schließlich lassen sich Investitionstheorien unterscheiden, die nicht nur die zukünftigen Variablen, sondern auch die Parameter ihrer Wahrscheinlichkeit entweder als mehrwertig (subjektive Unsicherheit) oder als völlig unbekannt (objektive Unsicherheit) annehmen und damit die Investitionsentscheidung selbst zum Zentralproblem der Investitionstheorie aufwerfen.

Insbesondere die Organisationstheorie hat gezeigt, daß jede betriebliche Entscheidung aus einem Komplex von Entscheidungskomponenten besteht, deren Struktur die endgültige Entscheidung bestimmt[26].

Damit kann auch der Gewinn als Resultante des Entscheidungsprozesses nur als Wahrscheinlichkeitsfunktion angegeben werden, die nicht zu maximieren ist, sondern zusätzlicher Kriterien bedarf. Das Streben nach

---

24 Vgl. *Cooper*, W. W.: Theory of the Firm – Some Suggestions for Revisions, in: Am. Ec. Rev., 1949, S. 1204–1232; vgl. *Domar*, Evsey D. und *Musgrave*, Richard A.: Proportional Income Taxation and Risk-Taking, in: Quart. Journ. of Econ., Bd. 57, 1944; *Roos*, Charles F.: A Dynamical Theory of Economics, in: Journ. of Polit. Economy, Bd. 35, 1924; *Weckstein*, R. S.: On the Use of the Theory of Probability in Economics, Review of Economic Studies, Bd. 20, 1952/53.

25 Vgl. *Tinbergen*, Jan und *Polak*, J. J.: The Dynamics of Business Cycles, A Study in Economic Fluctuations, Chicago 1950, S. 166 f.: „The separation of profit expectations from the entrepreneur's experience appears to be exaggerated. To a very large extent, profit expectations will be based on current facts, in particular on the actual magnitude of profits . . . There is always a strong and well understandable tendency to extrapolate the recent past and current events into the future."

Vgl. auch *Eisner*, Robert: Expectations, Plans and Capital Expenditures: A Synthesis of Ex-Post and Ex-Ante Data, 1953; *Heller*, Walter: The Anatomy of Investment Decisions, in: Harv. Bus. Rev., Bd. 29, 1951, S. 95–103; *Katona*, George und *Morgan*, James N.: The Quantitative Study of Factors Determining Business Decisions, in: Quart. Journ. of Econ., Bd. 66, 1952, S. 67–90; *Klein*, Lawrence R.: Economic Fluctuations in the United States, 1921–1941, New York 1950.

26 Vgl. *Albach*, H.: Zur Theorie der Unternehmensorganisation, in: Z. f. h. F., 1959/5, S. 257 f.

Sicherheit und Kontinuität der Unternehmung[27], die psychologischen Eigenschaften des investierenden Unternehmers[28] und betriebsindividuelle Faktoren wie Betriebsgröße, Liquiditätslage[29], Bilanzstruktur und Marktform treten nunmehr als Variable in der Präferenzfunktion auf, die an die Stelle der einfachen Gewinnmaximierungshypothese getreten ist[30]. Im Rahmen dieser Präferenzfunktion wird auch die Konsumsphäre insoweit in die Investitionstheorie einbezogen, als die Konsumwünsche und Konsumentenhaltung des Unternehmers verhaltensbestimmende Faktoren darstellen[31].

5. Die Spieltheorie

Die Spieltheorie[32] deutet jedes Verhalten als das Spielen einer bestimmten Strategie (bei eindeutig bestimmten Spielen) bzw. aller Strategien mit einer bestimmten Wahrscheinlichkeit (bei nicht eindeutig bestimmten Spielen). Von jedem Spieler wird erwartet, daß er die Spielregeln mit Hilfe genauer und vollständiger Informationen restlos beherrscht. *Neumann-Morgenstern* unterstellen, daß alle Wirtschaftssubjekte über alle Situationsbedingungen ihrer Handlung informiert und zugleich in der Lage sind, alle erforderlichen statistischen und mathematischen Rechenoperationen auszuführen[33]. Sie gehen ferner davon aus, daß der Unternehmer ein Maximum an Befriedigung realisiert, wenn er seinen möglichen Verlust möglichst minimal zu halten versucht. Ihre auf der Annahme völlig rationalen Verhaltens[34] fußende Lösung impliziert, daß der typische Unternehmer die Zukunft so finster wie möglich betrachtet und so vorsichtig und konser-

---

[27] Entweder als Streben nach betriebstechnischer Elastizität (vgl. *Riebel*, P.: Die Elastizität des Betriebes, Köln u. Opladen 1954) oder nach Sicherung eines bestimmten Marktanteils (vgl. *Albach*, H.: Wirtschaftlichkeitsrechnung bei unsicheren Erwartungen, a.a.O., S. 140; *Knauth*, O.: Business Practices, Trade Position, and Competition, New York 1956).

[28] Vgl. *Schneider*, E.: Wirtschaftlichkeitsrechnung, 2. Aufl., Tübingen – Zürich 1957, S. 129.

[29] Vgl. *Wittmann*, W.: Unternehmung und unvollkommene Information, Köln u. Opladen 1959.

[30] Vgl. *Papandreou*, A. G.: Some Basic Problems in the Theory of The Firm, in: HALEY (Hrsg.), A Survey of Contemporary Economics, Homewood, Ill., 1952, S. 183 ff.

[31] Vgl. *Hirshleifer*, J.: An Isoquant Approach to Investment Decision Problems; Rand-Report No. P-1158, 23. 8. 1957; *Hurwicz*, L.: Theory of the Firm and of Investment, in: Econometrica 1946, S. 110; *Nettl*, J. P.: A Note on Entrepreneurial Behavior, in: Review of Economic Studies, 1957, S. 87.

[32] Vgl. *Neumann*, J. und *Morgenstern*, O.: Theory of Games and Economic Behavior, 2. Aufl., Princeton 1947.

[33] Vgl. *Neumann*, J. und *Morgenstern*, O.: a.a.O., S. 30; vgl. auch die Kritik von *Shubik*, M.: Information, Theories of Competition and the Theory of Games, in: Journ. of Pol. Econ. 1952.

[34] Vgl. *Nicolin*, R.: Die Theorie der Spiele und ihre Bedeutung für die Theorie der oligopolistischen Konkurrenz, Diss. Köln 1958, S. 44.

vativ wie nötig diese Folgen zu minimieren trachtet[35]. Auf die Grenzen ihrer Verhaltensaussagen für den Investitionsbereich weist insbesondere *Nicolin* hin:

„Es unterliegt nun keinem Zweifel, daß viele ökonomische Vorgänge sich dauernd wiederholen – man denke nur einmal an die sich immer wieder regenerierende Nachfrage nach irgendeinem Konsumgut –, daß aber viele in der Tat einmaliger Natur sind. So z. B. fast alle Entscheidungen, die im Investitionsgüterbereich getroffen werden, oder etwa die Veränderung der Nachfragestruktur auf Grund eines Geschmackswandels, usf. In dem Maße, wie solche Einmaligkeiten vorliegen, stößt die Anwendung der Spieltheorie im ökonomischen Bereich auf Grenzen"[36].

Derselbe Autor folgert[37]: „Es ist beachtenswert, daß die Spieltheorie in der Unbestimmtheit ihrer Lösungen auf ihre Grenze stößt und diese auch als solche erkennt und anerkennt. Ins Ökonomische übertragen macht dieser Umstand sichtbar, daß durch die ausschließliche Verwendung rein ökonomischer Kategorien (scil. das Problem) gar nicht aufgelöst werden kann, sondern daß es dazu zusätzlicher Annahmen vor allem soziologischer, sozialpsychologischer usw. Art bedarf."

6. Anpassungsmodelle

Außer den spieltheoretischen Untersuchungen hat *Boulding* eine Lösung des Investitionsphänomens bei objektiver Unsicherheit in Form sog. *Anpassungsmodelle* vorgelegt[38]. Diese berücksichtigen außer dem Gewinnstreben zusätzlich die unternehmerische Orientierung an der bestehenden Vermögensstruktur. *Boulding* bemängelt, daß die Einbeziehung der unsicheren Zukunft in die wahrscheinlichkeitstheoretischen Modelle zu wenig brauchbaren Verfeinerungen der Theorie führt. Nach seiner Theorie wird die Berücksichtigung der Vermögensstruktur der Unternehmung zu nützlicheren Aussagen führen, da durch sie die Hineinnahme der Erwartungsstruktur in das Investitionsmodell vermieden wird. Abweichungen vom finanziellen Gleichgewicht einer Unternehmung sind nicht zulässig bzw. werden durch Änderungen anderer Aktionsparameter nach der Theorie der Servomechanismen sofort wieder korrigiert[39], so daß dauernd ein homöostatischer Gleichgewichtszustand besteht[40].

---

[35] Vgl. *Meyer*, J. R. und *Kuh*, E.: The Investment Decision, a.a.O., S. 12; Vgl. auch *Modigliani*, F.: Liquidity and Uncertainty, Discussion, in: Am. Ec. Rev., 1949, Papers, S. 205.

[36] *Nicolin*, R.: a.a.O., S. 124; vgl. auch *Richter*, R.: Das Konkurrenzproblem im Oligopol, Berlin 1954, S. 109 f.

[37] *Nicolin*, R.: a.a.O., S. 150.

[38] Vgl. *Boulding*, K. E.: A Reconstruction of Economics, New York 1950.

[39] Vgl. hierzu *Simon*, H. A.: On the Application of Servomechanism Theory in the Study of Production Control, in: Econometrica 1952, S. 247; *Cooper*, W. W.: A Proposal for Extending the Theory of the Firm, in: Quart. Journ. of Econ., 1951, S. 87; vgl. auch *Stutz*, F. N.: Der Konjunkturtest, Zürich und St. Gallen 1957.

Die Vermögensstruktur wird kurzfristig durch sofortige Reinvestition der Abschreibungsmittel konstant gehalten[41]. Nach *Alchian*[42] passen sich die Unternehmer bei ihren Investitionsentscheidungen adaptiv dem Verhalten der anderen Unternehmer an, insbesondere dann, wenn deren Entscheidungen zu Gewinnerfolgen führen.

Bezieht man über die gegenwärtige Vermögensstruktur hinaus zusätzliche Informationen als Entscheidungsvariable in das Modell ein, so erhält man Entscheidungsmodelle, die alle Investitionsentscheidungen nur in Abhängigkeit von den jeweils verfügbaren Informationen betrachten bzw. so elastisch formuliert sind, daß zukünftige Informationen ohne weiteres in den Investitionsplan eingebaut werden können.

7. Die Überinvestitionstheorien

Auch diese Theorien sollen hier weder auf ihre logische Stringenz noch auf ihre Validität, sondern lediglich auf die ihnen zugrundeliegenden Annahmen über das Verhalten der Investoren untersucht werden.

Der zentrale Gedanke aller Überinvestitionstheorien, die *Haberler* in die monetäre, die nichtmonetäre und die Akzelerator-Theorie einteilt[43], ist die relative Überentwicklung der Produktionsmittel oder Kapitalgüter produzierenden Industrien gegenüber dem Konsumgüterbereich. Diese Disproportionalitäten werden auf das Verhalten der Investoren zurückgeführt, die sowohl im Aufschwung als auch im Abschwung im Vergleich zur Konsumsphäre stärker investieren, als es die wirtschaftliche Lage auf die Dauer zuläßt. Die unsachgemäßen Entscheidungen der Produzenten rufen dann eine vertikale Gleichgewichtsstörung in der Produktionsstruktur hervor, die den Zusammenbruch der Hausse bedingt.

Eine ähnliche Wirkung hat die Ausdehnung des Bankkredites, der die investitionsfreudigen Unternehmer anregt und unter gegebenen Umständen den Prozeß des „erzwungenen Sparens" herbeiführt. Die Überinvestitionstheorien gehen von der Voraussetzung aus, daß die künstliche Verbilligung des Zinses die Unternehmer dazu verleitet, Produktionsumwege einzuschlagen, die finanziell nicht mehr tragbar sind, und die Banken schließlich nicht mehr in der Lage sind, die zur laufenden Fortsetzung der begonnenen Investitionen erforderlichen Kredite bereitzustellen.

---

[40] In der Praxis entspricht dem die Neigung der Unternehmer, Investitionen lediglich bis zur Höhe der Abschreibungsbeträge zu tätigen.

[41] Vgl. *Albach*, H.: Wirtschaftlichkeitsrechnung, a.a.O., S. 203.

[42] Vgl. *Alchian*, A. A.: Uncertainty, Evolution, and Economic Theory, in: Journ. of Pol. Econ., 1950, S. 211.

[43] Vgl. *Haberler*, G.: Prosperität und Depression, 2. Aufl., Tübingen – Zürich 1955, S. 40 f.

a) Die monetäre Version

Von den Vertretern der *monetären* Version[44] wird die Diskrepanz zwischen Investitionsgüter- und Konsumgüterbereich auf überwiegend monetäre Einflüsse zurückgeführt: nach *Wicksell* investiert ein Unternehmer, wenn der „natürliche Zinsfuß" den von der Bank geforderten „Marktzinsfuß" übersteigt[45]. Die Unternehmer richten ihre Investitionen nach dem herrschenden Zins aus, der somit den vertikalen Aufbau der Produktionsstruktur beherrscht: „Die Kraft, welche die Verlängerung des Produktionsprozesses bestimmt, ist die Sparrate. Das Zeichen für die Unternehmer, den Prozeß zu verlängern, sind reichliches Kapitalangebot und der niedere Zinssatz"[46].

Dem Zinssatz kommt die selektive Funktion zu, unter den bestehenden Investitionsmöglichkeiten diejenigen auszuwählen, die mit dem vorhandenen Kapitalangebot befriedigt werden können. Steigt das Angebot an Sparmitteln, so wird ceteris paribus der Zinssatz sinken und die Unternehmer zur Vornahme neuer Investitionen veranlassen.

b) Die nichtmonetäre Version

Im Gegensatz zum obengenannten Typ räumen die Vertreter dieser Version den monetären Faktoren der Konjunkturbewegung nur eine untergeordnete Bedeutung ein und sehen die treibenden Kräfte weniger in der Geldsphäre als in den Veränderungen der Güterproduktion.

Sowohl *Spiethoff*[47] wie *Cassel*[48] weisen darauf hin, daß der Konjunkturzyklus im Grunde auf Veränderungen der Kapitalgüterproduktion zurückzuführen ist, während zwischen Konsumgüterproduktion und Konjunkturbewegung keine exakten Beziehungen angebbar sind.

Der kumulative Aufwärtsprozeß erklärt sich nach *Spiethoff* durch das Wiederaufleben der Investition im toten Punkt der Depression. Die Tätigkeit der Unternehmer schafft kaufkräftige Nachfrage und läßt die Preise vornehmlich der Kapitalgüter und Investitionsmaterialien steigen. Da diese

---

[44] Insbesondere *Hayek*, F. A.: Monetary Theory and the Trade Cycle, London 1933; ders.: Preiserwartungen, monetäre Schwankungen und Fehlinvestitionen, in: Nationalökonomisk Tidskrift, 1935; *Machlup*, Fritz: Börsenkredit, Industriekredit und Kapitalbildung, Wien 1931; *Robbins*, L.: The Great Depression, London 1934; *Robertson*, D. H.: Banking Policy and the Price Level, 1932; *Strigl*, R.: Kapital und Produktion, Wien 1934.

[45] Vgl. *Wicksell*, Knut: Geldzins und Güterpreise, Jena 1898; ders.: Lectures on Political Economy, London 1934; ders.: The Influence of the Rate of Interest on Prices, in: Economic Journal, Juni 1907.

[46] *Haberler*, G.: a.a.O., S. 47.

[47] Vgl. *Spiethoff*, A.: Vorbemerkungen zu einer Theorie der Überproduktion, in: Jahrbuch für Gesetzgebung, Verwaltung und Volkswirtschaft, 1902; ders.: Artikel „Krisen", in: Handwörterbuch der Staatswissenschaften, Bd. VI, Jena 1925.

[48] Vgl. *Cassel*, G.: Theoretische Sozialökonomik, Leipzig 1919.

Preissteigerungen zugleich höhere Gewinne bedeuten, vergrößert sich der Investitionsmittelfonds laufend selbst und regt von sich aus erhöhte Investierungen an[49].

Diese Expansion führt jedoch die Überproduktion dauerhafter Kapital- und Konsumgüter und dadurch schließlich die Krise herbei. Diese Überproduktion wird durch die Entwicklung der modernen Produktionsmethoden, den Ersatz organisch wachsender durch neu erfundene Rohmaterialien, die Dauerhaftigkeit der Produktionsmittel und die lange Reifedauer von der Investition bis zum Ausstoß ihrer Produkte hervorgerufen.

Diskrepanzen zwischen Geldstrom und Kapitalgüterproduktion leiten schließlich die Krise ein, in der Pessimismus und Investitionsunlust der Unternehmer vorherrschen. In der Kontraktionsphase führt die Abneigung gegen Investitionen zur Einschränkung der Kaufkraft und Hortung von Geldern, welche nicht für Investitionszwecke gebraucht werden. Die Wiederbelebung erfolgt einzig und allein von seiten der Investitionen, die durch die herrschenden niedrigen Preise für Rohmaterialien, gesunkenen Löhne und Zinsen, die Anwendung neuer Produktionsmethoden usw. stimuliert werden.

Während *Cassel* dem sinkenden Zinsfuß einen wichtigen Einfluß auf Investierungen in fixen Kapitalausrüstungen einräumt, müssen nach *Spiethoff* stärkere exogene Faktoren (neue Erfindungen und Entdeckungen, gute Ernten usw.) hinzukommen, um die natürliche Zinsrate zu steigern und den Investitionen nach der Depression von neuem zum Durchbruch zu verhelfen.

c) Die Akzeleratortheorie

Die von *Aftalion*[50], *Bickerdike*[51], Bouniatian[52], *Carver*[53] und Marco *Fanno*[54] entwickelte Akzelerationstheorie beruht auf der Grundüberlegung, daß Schwankungen in der Nachfrage nach Konsumgütern viel stärkere Änderungen der Nachfrage nach und Produktion von Kapitalgütern hervorrufen.

Diese Beziehung besteht jedoch nicht nur zwischen dem Konsumgüter- und Kapitalgüterbereich, sondern wird auch für alle Zwischenfabrikate im Hinblick auf die jeweils vorangehende Produktionsstufe angenommen.

---

[49] Das hier entstehende Kreditproblem wird von den genannten Autoren nicht berücksichtigt, sondern erst von *Keynes, Pigou, Robertson* u. a.

[50] Vgl. *Aftalion*, Albert: Les crises périodiques de surproduction, Paris 1913.

[51] Vgl. *Bickerdike:* A non-monetary Cause of Fluctuations in Employment, in: Economic Journal, September 1944.

[52] Vgl. *Bouniatian*, Mentor: Les crises économiques, 2. Aufl., Paris 1930.

[53] Vgl. *Carver*, T. N.: A Suggestion for a Theory of Industrial Depressions, in: Quarterly Journal of Economics, Mai 1903.

[54] Vgl. *Fanno*, M.: Die reine Theorie des Geldmarktes, in: Beiträge zur Geldtheorie, hrsg. v. F. A. *Hayek*, Wien 1933.

Haberler unterscheidet dabei drei Fälle der Wirkungen des Beschleunigungsprinzips[55]:

a) *Dauerhafte Kapitalgüter*

Bei diesen geht die Intensivierung von Änderungen der Nachfrage nach Fertigfabrikaten aus und führt zu Schwankungen in der Nachfrage nach dauerhaften Kapitalgütern und Produktionsmitteln.

b) *Dauerhafte und halbdauerhafte Konsumgüter*

(Automobile, Radioapparate, Wohnungsbauten), bei denen die Nachfrage nach Dienstleistungen zu Veränderungen in der Nachfrage nach dem die Dienstleistungen liefernden Instrument führt.

c) *Warenlager*

Von Veränderungen in der Nachfrage nach bestimmten Gütern gehen Schwankungen in der Nachfrage nach verschiedenen Zwischenprodukten aus, falls diese Produkte auf Lager genommen werden müssen, deren Bestand in einer bestimmten Relation zur Größe der Produktion steht.

Das von *Harrod*[56] als „the Relation" bezeichnete Akzeleratortheorem hat seine vollständigste Darstellung bei *Clark*[57], *Pigou*[58] und Simon *Kuznets*[59] gefunden; *Mitchell*[60], *Robertson*[61] und *Spiethoff*[62] haben es in ihre Konjunktur-Modelle eingebaut und zur Erklärung der zyklischen Schwankungen im Produktionsgütersektor verwandt.

Haberler weist im Rahmen eines Exkurses in seinem Konjunkturbuch[63] auch darauf hin, daß viele in der Literatur vertretene Investitionstheorien innere Verwandtschaft zum Akzeleratorprinzip aufweisen, z. B. *Tinbergens* Versuch, das Investitionsvolumen in Relation zur Höhe der Profite zu bestimmen oder *Kaldors* Modell[64], nach dem das Investitionsvolumen vom Produktionsvolumen oder Einkommen und vom Kapitalstock abhängt. Da die Profite von den Schwankungen in der Gesamtnachfrage beeinflußt

---

55 Vgl. *Haberler*: a.a.O., S. 91.

56 Vgl. *Harrod*, Roy F.: The Trade Cycle, Oxford 1936.

57 Vgl. *Clark*, John Maurice: Business Acceleration and the Law of Demand, in: Journal of Political Economy, März 1917; ders.: Economics of Overhead Costs, Chicago 1923; ders.: Strategic Factors in Business Cycles, New York 1934.

58 Vgl. *Pigou*, A. C.: Industrial Fluctuations, 2. Aufl., 1929, Kap. IX.

59 Vgl. *Kuznets*, S.: Relations between Capital Goods and Finished Products in the Business Cycle, in: Economic Essays in Honour of Wesley Clair *Mitchell*, New York 1935.

60 Vgl. *Mitchell*, W. C.: Business Cycles, 1913.

61 Vgl. *Robertson*, D. H.: A Study of Industrial Fluctuation, London 1915, 1. Teil, 2. Kap.; ders.: Banking Policy and the Price Level, 3. Aufl., London 1932.

62 Vgl. *Spiethoff*, A.: Artikel „Krisen" in: Handwörterbuch der Staatswissenschaften, 1925.

63 Vgl. Haberler, G.: Prosperität und Depression, a.a.O.

64 Vgl. *Kaldor*, N.: A Model of the Trade Cycle, in: Economic Journal, März 1940.

werden und im Kaldorschen Modell Investition und Einkommen mit verzögerter Anpassung aufeinander einwirken, handelt es sich in beiden Theorien um modifizierte Akzeleratortheorien.

In seiner strengen Form besagt das Prinzip, daß die Investitionsentscheidung der Unternehmer eine lineare Funktion der Veränderung der Nachfrage nach ihren Produkten ist. Es unterstellt dabei, daß sich die Unternehmer bei steigender Wachstumsrate der Nachfrage nach ihren Erzeugnissen zum Erwerb zusätzlicher Produktionsmittel entschließen.

„Tatsächlich aber können sehr verschiedenartige Gründe die Investionsentscheidungen bestimmen, deren Problematik noch keineswegs geklärt ist"[65].

So orientiert sich der Unternehmer nach *Wessels* unter Umständen nicht an der Zuwachsrate, sondern am absoluten Niveau der Nachfrage. In diesem Falle entwickelt sich die Nachfrage nach Produktionsgütern der vorgelagerten Stufen aber in einer dem Akzeleratorprinzip widersprechenden Weise.

Das Prinzip unterstellt auch, daß der Unternehmer mit einer relativen Konstanz der Wachstumsrate rechnet. Anderenfalls müßte er nämlich befürchten, später seine neuen Anlagen nicht voll ausnutzen zu können, eine Sorge, die ja gerade in der Hochkonjunktur von allen konjunkturbewußten Unternehmern geteilt wird.

Zudem wird das Verhalten des Unternehmers nur dann im Einklang mit dem Akzelerationsprinzip stehen, wenn die steigende Nachfrage nach seinen Produkten keinen Preisverfall hervorruft; in diesem Fall werden die Investoren infolge veränderter Gewinnerwartungen andere Dispositionen als die vom Akzeleratorprinzip unterstellten treffen. Ebenso ist der Fall denkbar und für viele Investitionsentscheidungen bezeichnend, daß die Unternehmer bei rückläufiger Nachfrage keineswegs daran denken, ihre Investitionen in entsprechendem Umfang zurückzuschrauben, sondern weiterhin beständig investieren, um ihren Marktanteil durch ständige Modernisierung aufrechtzuerhalten.

Angesichts dieses geringen Gehaltes an realtypischen Verhaltensannahmen folgern deshalb *Meyer* und *Kuh*[66]:

„Like the quantity theory of money, the acceleration principle has little or no motivational content – a circumstance which must, particularly at the individual firm level, be counted as substantial weakness.

That is, the accelerator function simply implies that the typical entrepreneur behaves somewhat like a thermostat, noting when capacity is technically overtaxed and then initiating steps to remedy this deficiency."

---

[65] *Wessels*, Th.: Artikel „Akzelerator", in: Staatslexikon, hrsg. v. d. Görresgesellschaft, Bd. 1, Sp. 221.
[66] *Meyer* und *Kuh*: a.a.O., S. 14.

8. Zusammenfassung

Die Investitionstheorie hat in ihren oben dargestellten Versionen eine Anzahl von Variablen untersucht, die dem jeweiligen Entscheidungsprozeß auch außerhalb des Gewinnstrebens als Verhaltensprämissen zugrunde liegen. In ihren modelltheoretischen Ansatz bezieht sie insbesondere zusätzliche ökonomische und betriebstechnische Faktoren ein, die das Investitionsverhalten im konkreten Fall beeinflussen. Um eine Analyse der empirischen Relevanz dieser Annahmen bemühen sich eine Reihe von Forschern, die insbesondere der betriebspolitischen und wirtschaftspolitischen Gültigkeit der aufgezeigten Hypothesen mit Hilfe empirischer Untersuchungen nachspüren[67].

Ihre Ergebnisse sollen in einem späteren Kapitel insofern referiert werden, als sie uns Hinweise auf die empirische Relevanz des Prestigemotivs für das Investitionsverhalten liefern.

Vorerst müssen wir jedoch feststellen, daß die vorstehende Analyse zwar Ansatzpunkte, aber keinen expliziten Hinweis auf die Berücksichtigung des Prestigefaktors in den Prämissen der Investitionstheorie zu erbringen vermochte.

Die praktische Bedeutung, die dem Prestigeelement als zusätzlicher Entscheidungsvariablen beigemessen wird, macht jedoch die Überlegung erforderlich, ob und in welcher Weise der Prestigefaktor in funktionale Abhängigkeit zur Investitionstheorie treten kann. Zur Lösung dieser Frage sollen die folgenden Abschnitte beitragen, in denen mit Hilfe der sozialökonomischen Verhaltensforschung[68] und ihrer wichtigsten Hilfswissenschaften, insbesondere der Psychologie, Sozialpsychologie und Soziologie, Struktur und Erscheinungsformen des „demonstrativen" Elements im Investitionsverhalten untersucht werden.

Es ist zu betonen, daß die angeführten Disziplinen nur insoweit mit ihren Methoden und Erkenntnissen herangezogen werden, als sie zur hypothetischen Formulierung und beispielhaften Verdeutlichung unserer These

---

[67] Vgl. insbesondere *Gutenberg*, E.: Untersuchungen über die Investitionsentscheidungen industrieller Unternehmen, Köln u. Opladen 1959; *Brandt*, H.: Investitionspolitik des Industriebetriebes, Wiesbaden 1959; *Stock*, W.: Die Investitionspolitik in nationalisierten Industrieunternehmungen Frankreichs seit ihrer Nationalisierung, Köln u. Opladen 1959; *Klein*, Lawrence R.: Studies in Investment Behavior, in: National Bureau of Economic Research, Conference on Business Cycles, New York 1951, S. 233–303; *Tinbergen*, Jan: Statistical Testing of Business-Cycle Theories, A Method and its Application to Investment Activity, Genf 1939, u. a. m.

[68] Vgl. *Schmölders*, G.: Ökonomische Verhaltensforschung, ORDO, Bd. 5, Düsseldorf–München 1953; ders.: Ökonomische Verhaltensforschung, Arbeitsgemeinschaft für Forschung des Landes Nordrhein-Westfalen, Heft 71, Köln u. Opladen 1957, S. 40 f.

beitragen, da „alle Konkretisierung der Theorie auf Psychologie und Geschichte angewiesen ist"[69].

Die zu analysierenden Prestigeelemente sind im Bereich der Motivation und Normierung einer Investitionshandlung verwurzelt. Im folgenden Abschnitt muß daher als erstes der grundsätzliche Zusammenhang von Investitionshandlung, -zweck und -motiv und daran anschließend die Interdependenz von Prestige und Gewinnstreben als Determinanten der Investitionsentscheidung betrachtet werden.

[69] *Böhler*, E.: Nationalökonomie, 3. Aufl., Zürich 1957, S. 89.

Zweites Kapitel

Prestigeelemente im Investitionsverhalten

§ 3 Prestige als Investitionsmotiv

1. Motivation und Verhalten

Geht man von der anthropologischen Erkenntnis aus, daß „eine Handlung notwendig drei Glieder hat: Motive, einen bestimmten Verlauf und Gegenstände"[1], und in ihrer Einheit „vom Antrieb oder Motiv her über das Verhalten zum Gegenstand"[2] erklärt werden muß, so folgt daraus für die Deutung des Investitionsverhaltens ein Doppeltes: erstens ist die Motivation dieser Entscheidung, zweitens die Investitionshandlung selbst in ihrem am Investitionsobjekt ausgerichteten Verlauf zu untersuchen.

Verstehen wir unter der Motivation einer Handlung ihren inneren Beweggrund, den wir vom vollzogenen Geschehen her als „letztes oder letzterkennbares Aktionsmoment"[3] rational zu erkennen vermögen, so kann uns die Motivanalyse den Zusammenhang zwischen Investitionsentscheidung und Investitionsursachen zwar nicht zwingend, aber doch eindeutig erklären[4]. Abgesehen von den Ausnahmefällen der Dominanz eines einzigen Bedürfnisses[5] werden wir fast alle Investitionsentscheidungen auf eine Mehrzahl von Motiven zurückführen können[6], die im Verein mit den äußeren Umständen des Handlungsverlaufs das konkrete Verhalten des Investors bestimmen.

Wir wissen dabei von der Psychologie her, daß der Bereich der Strebungen ein unauflösbares Ganzes bildet und als komplexer Zusammenhang von Antrieben verschiedenster Struktur und Qualität verstanden werden muß[7].

---

[1] Vgl. *Gehlen*, A.: Soziologie als Verhaltensforschung, in: Ztschr. f. d. Ges. Staatsw., 1959, S. 1.

[2] Vgl. ders.: Urmensch und Spätkultur, Bonn 1956, S. 32.

[3] Vgl. *Lückert*, H.-R.: Konfliktpsychologie, München – Basel 1957, S. 108.

[4] Vgl. dazu *Scherhorn*, G.: Bedürfnis und Bedarf. Sozialökonomische Grundbegriffe im Lichte der neueren Anthropologie, Beiträge zur Verhaltensforschung, Heft 1, Berlin 1959, S. 87 f.

[5] Vgl. *Hofstätter*, P. R.: Einführung in die Sozialpsychologie, Stuttgart – Wien 1954, S. 233.

[6] Vgl. *Lückert*, H.-R.: a.a.O., S. 139.

[7] „A single act usually involves many motives, some motivating the person in one direction, and some working to motivate the individual in the opposite

Die Motivation des Verhaltens stellt einen bestimmten Strukturzusammenhang von mehr oder weniger rationalen Antrieben dar[8]. Im Falle der völlig rationalen[9] Investitionsentscheidung stimmen (finaler) Zweck und (kausales) Motiv ebenso miteinander überein wie beim vollkommen affektiven, instinktgebundenen Handeln. In aller Regel äußert sich das Investitionsverhalten jedoch in komplexen Handlungsstrukturen, bei denen Zweck und Motiv durch die Institutionalisierung der „primären Motive"[10], etwa das Gewinnstreben, von einander getrennt worden sind[11].

Damit ist gleichzeitig die Möglichkeit für eine sekundäre Motivierung des Investitionsverhaltens geschaffen worden, die ihren Ausdruck insbesondere in der zusätzlichen Prestigenormierung einer Investition findet[12].

Beiträge zur Diskussion der unternehmerischen Motivation erfolgten nicht nur von Seiten der Soziologie und Psychologie[13], sondern gingen auch von der Wirtschaftswissenschaft selbst aus[14].

---

direction. The study of motivation is, therefore, complicated; really to understand behavior, we must become involved in the complexity of the total motivational structure of the individual." (*Cannell*, Charles: A Psychologist's View, in Ferber und Wales, Motivation and Market Behavior, a.a.O., S. 8).

[8] „People are motivated, even in economic activity, by traditional behavior, by the habit of following well-established rules of thumb, and by response patterns which are derived from sources in the subconscious and have little or nothing to do with the careful weighing of advantage against disadvantage. The passions constantly war with the intellect." (*Boulding*, Kenneth E.: The skills of the Economist, London 1958, S. 60).

[9] Vgl. *Gehlen*, A.: Soziologie als Verhaltensforschung, a.a.O., S. 2: „Ein Verhalten ist dann rational, wenn Zweck und Motiv zusammenfallen, und wenn das Motiv, der Handlungsverlauf und der Zweck für jeden dritten Beobachter in einem objektiven, logisch schlüssigen Zusammenhang stehen."

[10] Vgl. *Hofstätter*, P. R.: Artikel „Bedarf und Bedürfnis", in: Fischer-Lexikon Psychologie, Frankfurt a. M. 1957, S. 48 ff.

[11] Vgl. *Gehlen*, A.: Probleme einer soziologischen Handlungslehre, in: Carl Brinkmann (Hrsg.), Soziologie und Leben, Tübingen 1952, S. 29 ff.; ders.: Urmensch und Spätkultur, a.a.O., S. 40 f.

[12] Vgl. *Packard*, Vance: The Status Seekers, New York 1959, deutsche Ausgabe: Die unsichtbaren Schranken, Düsseldorf 1959; *Whyte*, William H.: The Organization Man, London 1957, deutsche Ausgabe: Herr und Opfer der Organisation, Düsseldorf 1958.

[13] Vgl. z. B. *Parsons*, T.: Motivation of Economic Activities, in: Essays in Sociological Theory, 2. Aufl., Glencoe, Ill., 1958, S. 52 ff.; *Kahn*, Robert L. und *Cannell*, Charles F.: The Dynamics of Interviewing, New York – London 1958, S. 28 f., u. a. m.

[14] *Albert*, H.: Ökonomische Ideologie und politische Theorie, Göttingen 1954, S. 21 ff.; *Arrow*, Kenneth J.: Social Choice and Individual Values, New York – London 1951; *Böhler*, E.: Zur Psychologie der nationalökonomischen Erkenntnis, in: Wirtschaftstheorie und Wirtschaftspolitik, Festschrift für A. Amonn, Berlin 1953, S. 125; *von Mises*, L.: Grundprobleme der Nationalökonomie, Jena 1933; ders.: Human Action, New Haven 1949; *Myrdal*, Gunnar: Das politische Element in der nationalökonomischen Doktrinenbildung, Berlin 1930, S. 147; *Schreiber*, K.: Die Hypothese planmäßigen Kaufverhaltens der Verbraucher und ihre empirische Verifizierung, Diss. Berlin 1954, S. 14 ff.; *Werner*, J.: Die Wirtschaftsverbände in der Marktwirtschaft, St. Galler wirtschaftswissenschaftliche Forschungen, Bd. 12, Zürich – St. Gallen 1957, S. 96 f.

Simon wies darauf hin, daß der ,Rationalität' von Entscheidungen im Unternehmen durch drei Faktoren Grenzen gesetzt sind:

1. Gewohnheiten, Routine und unbewußte Reaktionen der Entscheidungsträger;
2. den Grad an Informationen und Kenntnissen, den die Entscheidungsträger besitzen;
3. bewußte oder unbewußte Fehlinterpretationen des Unternehmenszieles durch die Entscheidungsträger.

Er zeigte ferner, daß unterschiedliche Verhaltensstrukturen der einzelnen Unternehmer auch eine unterschiedliche Rationalität aufweisen und dadurch Zielkonflikte im Unternehmen entstehen können[15].

Resignierend konstatierte deshalb *Hurwicz*:[16]

„Es gibt keine befriedigende Lösung des Problems, rationales wirtschaftliches Verhalten eines Individuums zu definieren, wenn gerade die Rationalität seiner Entscheidungen von dem möglichen Verhalten anderer Individuen abhängig ist", und *Berelson*[17] kam auf Grund eingehender Prüfung zahlreicher möglicher Definitionen des Begriffs zu dem Ergebnis, daß keine derselben für empirische Untersuchungen geeignet sei:

Philosophie und Nationalökonomie sprächen immer noch von ,rationalem' Verhalten, die Soziologie hätte den Begriff nie gebraucht, die Psychologie habe ihn bereits aufgegeben und die Politischen Wissenschafschaften seien dabei, dasselbe zu tun.

Als Ergebnis dieser Diskussion müssen wir für unser Problem entnehmen, daß die Motive einer Investition mehr oder weniger ,rational' oder ,emotional' bestimmt sein können; es erscheint deshalb auch nicht zweckmäßig, ein Gegeneinander von ,ökonomischen' und ,nichtökonomischen' Faktoren festzustellen[18].

Denn „Prestige, Ruf der Firma im Wettbewerb, soziale Anschauungen, gesellschaftliche Stellung, philanthropische Interessen, Kampflust, Neigung zur Intrige, Abneigung gegen Reibungen, technisches Interesse, napo-

---

[15] Vgl. *Simon*, H. A.: Administrative Behavior, 2. Aufl., New York 1957, S. 39 ff., 76.

[16] *Hurwicz*, L.: The Theory of Economic Behavior, Am. Ec. Rev., 1945, S. 909 f.

[17] Vgl. *Berelson*, Bernard: Democratic Theory and Public Opinion, in: Public Opinion Quarterly, 1952, S. 324.

[18] So auch *Machlup*: „That a business man is motivated by considerations other than the maximization of money profits does not necessarily make his conduct ,uneconomic' (Marginal Analysis and Empirical Research, in: Am. Ec. Rev., 1949, S. 526); vgl. auch *Seraphim*, H.-J.: Theorie der allgemeinen Wirtschaftspolitik, Göttingen 1955, S. 100; *Seidenfus*, H. St.: Verkehrsmärkte, Veröffentlichungen der List Gesellschaft, Bd. 14, Tübingen 1959, S. 62 ff.; *Kapp*, *William*, K.: Volkswirtschaftliche Kosten der Privatwirtschaft, deutsche Ausg., Tübingen – Zürich 1958, S. 205; *Krelle*, W.: Theorie wirtschaftlicher Verhaltensweisen, Meisenheim – Wien 1953, S. 13.

leonische Träume, Vorliebe für eine nützliche und wirksame Tätigkeit, Wunsch nach Hochachtung bei den Arbeitnehmern, Vorliebe für das Licht der Öffentlichkeit oder große Furcht davor – eine lange Reihe nichtökonomischer Motive bedingen die Leitung eines Unternehmens, *und nur die Bilanz hält diese nichtökonomischen Motive im Zaum*"[19].

2. Gewinnstreben und Prestigemotiv

Die Überlegungen Chester *Barnards* zeigen deutlich, in welchem komplexhaften Zusammenhang die Motive einer Handlung miteinander verbunden sein können, zumal es stets eine Vielzahl von Variablen ist, die das Investitionsverhalten in concreto bestimmen[20].

Insbesondere sind das Gewinnstreben und der Wunsch nach Prestige in aller Regel so eng miteinander verbunden, daß es schwer fällt, hier eine Isolierung durchzuführen[21].

Innerhalb dieser beiden Motive hat sich jedoch eine bestimmte Verschiebung ergeben, die man mit *Redlich* als Schwinden des Gewinnstrebens zugunsten einer Verstärkung des Prestigedenkens charakterisieren kann:

„Das unternehmerische Gewinnstreben hat man als Grundmotiv des Unternehmers weit überschätzt. Heute weiß man, daß die Motivierung des Unternehmers der Wirklichkeit komplex ist. Da die Unternehmung ohne Gewinnerzielung nicht dauernd existenzfähig ist, ist Gewinnstreben im kapitalistischen Wirtschaftssystem conditio sine qua non, nicht aber letzte Triebfeder des Unternehmers. Als solche kommen daneben Lust am Schaffen und Bauen, am Befehlen und an der Macht, Familiensinn, Streben nach gesellschaftlichem Prestige und andere Motive in Betracht. Es gibt Unternehmer, bei denen Gewinnstreben als Triebfeder höher steht als bei anderen, und zudem zeitliche und nationale Unterschiede. Gänzlich irrig aber ist es, wenn man dem Unternehmer der Wirklichkeit das Streben nach Maximalprofit (profit maximization) zuschreibt, denn der reale Unternehmer denkt gar nicht an Gewinnmaximierung – auch nicht inner-

---

[19] *Barnard*, Chester J.: Organization and Management, Cambridge/Mass., 1949, S. 14 f. (hvg. von Chester J. Barnard).

[20] „A simple profit calculus may be quite inadequate to express an entrepreneur's investment decision. He may be interested in other things besides profit, e. g., the size of his firm, its leadership position in the industry or wider circles, or its modern character." (*Klein*, Lawrence R.: Studies in Investment Behavior, in: Conference on Business Cycles, New York 1951, S. 237 f.).

[21] Gardner *Murphy* weist nach, daß das Streben nach Gewinn, Macht und Prestige mehr oder weniger eng miteinander verbunden auftritt und diese drei Antriebe als die wesentlichsten Bestimmungsgründe menschlichen Verhaltens im sozialen Bereich auftreten (vgl. Artikel „Social Motivation", in: Handbook of Social Psychology, Vol. II, 2. Aufl., Cambridge/Mass. 1956, S. 621 ff.); Zur Komplexität des Gewinnstrebens selbst vgl. *Böhler*, E.: Das Gewissen, Zürich – Stuttgart 1958, S. 58; ferner: *Gehlen*, A.: Probleme einer soziologischen Handlungslehre, a.a.O., S. 59 f.

halb bestimmter Zeitabschnitte – sondern an ,maximization of a total situation', in der Profit nur eine Komponente ist"[22].

Die Erzielung von Gewinn und damit die Sicherung einer bestimmten Rentabilität muß nach wie vor als ,Lebensgesetz' der Unternehmung unseres wettbewerblichen Wirtschaftssystems angesehen werden[23], doch treten innerhalb dieser ,Minimumbedingung' immer stärker ,non-financial attractions' auf:[24]

Gordon nennt darunter das Macht- und Sicherheitsstreben, das Verlangen nach Prestige und Identifikation mit den Gruppenangehörigen, den Drang nach schöpferischer Tätigkeit, das ,Playing the game for its own sake' und den Wunsch, anderen zu dienen[25].

Nach *Griffin* ist das Gewinnmotiv zwar noch zur Erklärung des Investitionsverhaltens geeignet, doch sei es aus zwei Gründen notwendig, die hinter dem Gewinnstreben stehende Motivation aufzudecken:[26]

„Erstens, weil das Streben nach Gewinn nicht der einzige Antrieb ist, sondern durch andere Überlegungen gemindert und beeinflußt wird (die wenigsten menschlichen Handlungen werden durch ein einziges Motiv vollständig erklärt); und zweitens, weil das Streben nach Gewinn nicht um seiner selbst willen erfolgt, sondern ein Mittel zur Erreichung von Zielen darstellt, die als erstrebenswert betrachtet werden"[27].

Auch *Parsons* ist der Meinung, daß das Gewinnstreben zwar eine unmittelbare Zielsetzung menschlichen Handelns ist, die aber nicht mehr als ein einfacher und direkter Ausdruck der letzten Motivkräfte des Menschen angesprochen werden könne[28].

---

[22] *Redlich*, F.: Artikel „Unternehmer", in: HdSW, 26. Lieferung, 1959, S. 491; vgl. auch *Riesman*, David: Die einsame Masse, Hamburg 1958, S. 153; *von Borch*, H.: Selbstkorrekturen des amerikanischen Kapitalismus, in: MERKUR, 1960, Heft 2, S. 175.

[23] Vgl. insbesondere *Drucker*, Peter F.: The New Society, New York 1950, S. 71; *Gutenberg*, E.: Grundlagen der Betriebswirtschaftslehre, Bd. I: Die Produktion, 2. Aufl., Berlin – Göttingen – Heidelberg 1955, passim; *Katona*, G.: Das Verhalten der Verbraucher und Unternehmer, a.a.O., S. 232.

[24] Vgl. *Gordon*, Robert A.: Business Leadership in the Large Corporation, a.a.O., S. 305 ff.

[25] Vgl. *Baudin*, Louis: Irrationality in Economics, in: The Quarterly Journ. of Econ., Vol. 66, 1954, S. 494.

[26] Vgl. *Griffin*, Clare E.: Enterprise in a Free Society, Chicago 1949, S. 72.

[27] *Lauterbach* nennt als solche Ziele: „das Verlangen, einen sozialen Status zu erringen, zusammen mit dem Streben nach Macht, Prestige und Nachahmung; persönliche Behauptung um jeden Preis, schöpferische Tätigkeit und Sicherheitsdrang, Identifizierung mit den Gruppenmitgliedern, Loyalität und Diensteifer." (Man, Motives, and Money, Ithaka, N. Y. 1954, S. 30).

[28] „On the contrary, to a large extent its pursuit is probably compatible with a considerable range of variation in more ultimate motivations" (*Parsons*, *Talcott*: Motivation of Economic Activities, in: Essays in Sociological Theory, 2. Aufl., Glencoe, Ill. 1958, S. 53); vgl. auch *Lauterbach*, A.: Mensch – Motive – Geld, Stuttgart-Düsseldorf 1957, S. 21.

Barnard unterscheidet bei diesen hinter dem Gewinnstreben stehenden Antrieben:[29] „material inducements“; „personal non-material opportunities“; „desirable physical conditions“; „ideal benefactions“; „associational attractiveness“; „adaption of conditions to habitual methods and attitudes“; „the opportunity of enlarged participation“ und „the condition of communion“.

Zur Kategorie der ‚persönlichen nichtmateriellen Anreize‘ bemerkt er:[30]

„Persönliche, nichtmaterielle Anreize sind von großer Wichtigkeit, um den Erfolg gemeinschaftlicher Bemühungen über die existenznotwendige Belohnung hinaus zu gewährleisten. Gelegenheiten zur Auszeichnung, Prestigeverleihung, persönliche Machtausstattung und die Erlangung von Spitzenpositionen sind bei allen Arten von Organisationen, einschließlich der Unternehmung, viel wichtiger als etwa materielle Vergütungen“[31].

Auch Clare *Griffin* widmet diesen „underlying desires“[32] ihre Aufmerksamkeit, unter denen das Prestige, „the general desire for recognition by others“, eine besondere Stellung einnimmt, insbesondere in Verbindung mit dem persönlichen Macht- und Durchsetzungsstreben der Unternehmer[33].

3. Kausalanalyse und Alternativanalyse

Stets ist dabei zu unterscheiden, aus welchen Gründen sich der Unternehmer für eine Investition entscheidet (Motivation), und ob die Durchführung der Investition mit einer Gewinnerzielung bzw. Absatzsteigerung[34] verbunden ist (Kalkulation). In diesem Sinne unterscheidet *Åkerman* zwischen ‚Kausalanalyse‘ und ‚Alternativanalyse‘:[35]

„Die Kalkulation, die die Alternativanalyse als Basis für das ökonomische Handeln aufstellt, kann von zweierlei Art sein, je nach der Stel-

---

[29] Vgl. *Barnard*, Ch.: The Functions of the Executive, Cambridge/Mass. 1956, S. 142 ff.

[30] *Parsons:* a.a.O., S. 145.

[31] Vgl. auch *Schumpeter*, J. A.: Unternehmer heute, in: Strukturwandlungen der deutschen Volkswirtschaft, hrsg. v. B. Harms, Bd. 1, Berlin 1929, S. 320; ders.: Artikel „Unternehmer“, in: Handwörterbuch d. Staatswiss., 4. Aufl., Bd. VIII, Jena 1928, S. 484 f.

[32] Eine erschöpfende Aufzählung dieser Strebungen findet sich bei *Coe*, George: Motives for a New Order, in: The World Tomorrow, 1933/16; vgl. auch *Hickman*, C. Addison und *Kuhn*, Manford H.: Individuals, Groups, and Economic Behavior, New York 1956, S. 57 ff.

[33] Vgl. *Griffin*, C. E.: Enterprise in a Free Society, a.a.O., Kap. 5; *Gernhardt*, J.: Unternehmertum und Wirtschaftsführung, Tübingen 1930, S. 37 ff.

[34] E. *Gutenberg* weist auf Grund seiner Investitionsuntersuchungen darauf hin, daß Absatzerwartungen und Gewinnerwartungen in der Praxis weitgehend miteinander identifiziert werden (vgl. Untersuchungen über die Investitionsentscheidungen industrieller Unternehmen, a.a.O., S. 117).

[35] Vgl. *Åkerman*, J.: Das Problem der sozialökonomischen Synthese, Lund 1938.

lung des Kalkulators im ökonomischen Mechanismus. Entweder handelt es sich um die Unternehmerkalkulation, um die Analyse des einzelnen Produzenten oder Kaufmanns über die Marktlage, oder es handelt sich um den Staat, der mit seinen Bewertungen in den ökonomischen Mechanismus mit einer bestimmten Zielsetzung eingreifen will"[36].

„Die Alternativanalyse folgt einem logischen Schema und schneidet die Verbindung von Vergangenheit und Zukunft ab, sobald sie ihr ‚Material' gesammelt hat, einerseits in Form der Registrierung aktueller Fakten als Ergebnisse des bis zum gegenwärtigen Zeitpunkt entwickelten Prozesses, andererseits in Form von Erwartungen.

Sobald dies geschehen ist, ist die Begriffsmechanik zur Benutzung fertig und ihre Resultate sind direkt verwertbar zum ‚rationellen Handeln'. Rationell handeln heißt, nach den besten denkbaren Informationen über Vergangenheit, Gegenwart und wahrscheinliche Zukunft handeln"[37].

Die Kausalanalyse versucht demgegenüber, ökonomische Verläufe vollständig zu verstehen und zu erklären. Ihr Gegenstand ist „eine wirkliche, mit der Zeit fortschreitende Wirtschaft und kein für die logistische Analyse aptierter ordre naturel"[38].

Die Erforschung der Motive einer Investitionsentscheidung und die Untersuchung ihrer rechnerischen Durchführbarkeit gehören deshalb in das Feld der Alternativanalyse. Mit diesen Fragen beschäftigt sich der Investor ebenso wie der Investitionstheoretiker; beide interessiert das Problem, ob und in welchem Umfang eine Investition vom rechnerischen Kalkül her gerechtfertigt oder wünschenswert ist[39], wobei auch psychologische Determinanten als investitionsentscheidend angesehen werden:

„Ebenso wichtig für die Beurteilung des Unterschiedes zwischen zwei oder mehreren Investitionen sind die für die Investitionen charakteristischen Faktoren, die keinen quantitativen Charakter besitzen und deshalb monetär nicht ausgedrückt werden können.

Beispiele für diese irreduziblen oder imponderablen Faktoren, wie sie oft genannt werden, sind die Betriebssicherheit, die Reinlichkeit des Produktionsprozesses, Umbaumöglichkeiten, soziale Rücksichten usw. Zu den irreduziblen Faktoren muß auch die *psychologische Einstellung des Investors*[40], seine augenblickliche Mentalität und Unternehmungslust gerech-

[36] *Åkerman*, J.: a.a.O., S. 296.

[37] *Åkerman*, J.: a.a.O., S. 274.

[38] *Åkerman*, J.: a.a.O., S. 247.

[39] Vgl. *Albach*, H.: Wirtschaftlichkeitsrechnung bei unsicheren Erwartungen, a.a.O.; *Brandt*, H.: Investitionspolitik des Industriebetriebes, a.a.O.; *Schneider*, E.: Wirtschaftlichkeitsrechnung, Theorie der Investition, a.a.O.; *Wittmann*, W.: Unternehmung und unvollkommene Information, a.a.O.

[40] Hvg. vom Verf.

net werden. In den meisten Fällen sind diese Imponderabilien die für die Wahl zwischen zwei oder mehreren Investitionen wirklich entscheidenden Faktoren. Ergibt die Rechnung auf Grund einer rein quantitativen Betrachtung, daß die Anschaffung einer Maschine X unter bestimmten Voraussetzungen wirtschaftlicher ist als die Anschaffung einer Maschine Y, so kann eine Berücksichtigung der relevanten Imponderabilien doch zur Folge haben, daß der Investor den Kauf der Maschine Y beschließt"[41,42].

Es gibt jedoch ganz bestimmte Fälle, in denen die Alternativanalyse der Unterstützung durch die Kausalanalyse bedarf, um das Investitionsverhalten erklären zu können.

So berichtet *Wessels*:

„Ist ein Projekt durchführbar, dann denkt man sehr wenig nach und investiert; ob diese Investition auf die Dauer gesehen richtig ist, das wartet man ab, darüber macht man sich wenig Gedanken. Die Unsicherheit, das Abbrechen des ökonomischen Kalküls bei langfristigen Investitionen scheinen mir charakteristische Tatbestände unserer Zeit zu sein und in einem merkwürdigen Gegensatz zu der exakten Kostenrechnung zu stehen"[43].

Hier erscheint es unabdingbar, mit Hilfe der Kausalanalyse zusätzlich zum Gewinnstreben die potentiellen Wirkungskräfte zu erfassen, die das ‚Abbrechen des ökonomischen Kalküls' verursachten[44]. Zweifellos ist es dazu nicht notwendig, *alle* individuell maßgeblichen Motive zu ermitteln; es genügt vollauf, ein dominantes Motiv zu finden, das die Investitionsentscheidung bei vielen Unternehmern zugleich bestimmt und dadurch normhaften Charakter annimmt[45].

Inwieweit das Prestigemotiv dabei in der Lage ist, das Gewinnmotiv zu überspielen, ist nicht nur eine Frage individueller Geltungssucht und De-

---

[41] *Schneider*, E.: Wirtschaftlichkeitsrechnung, a.a.O., S. 129.

[42] Vgl. auch *Lohmann*, M.: Einführung in die Betriebswirtschaftslehre, 2. Aufl., Tübingen 1955, S. 46; *Wittmann*, W.: Unternehmung und unvollkommene Information, a.a.O., S. 157 f.

[43] *Wessels*, Th.: Diskussionsbeitrag auf der Arbeitstagung der Schmalenbach-Gesellschaft: Bessere Marktanpassung durch unternehmerisches Planen, Z. f. h. F., 10. Jg., 1958, S. 136.

[44] Zur Bedeutung des Prestigedenkens in diesem Zusammenhang vgl. etwa *Baumol*, William J.: Business Behavior, Value and Growth, a.a.O., S. 104; *Herscovits*, Melville J.: Economic Anthropology, New York 1952, S. 38, 415; *Wessels*, Th.: Das Problem der Geldwertstabilität, a.a.O., S. 61.

[45] *Machlup* berichtet von einer solchen Entscheidungsnorm aus dem politischen Bereich, dem amerikanischen Patriotismus: „During the war we were able to observe that *patriotism* was a strong force in the *production policy* of American business. There can be not doubt that many firms produced far beyond the point of highest money profits. To be sure, they made large profits, but in many instances they could have made still more money without the last, particularly extensive, portions of output. Their conduct was not defined by the principle of maximization of money profits." (*Machlup*, F.: Marginal Analysis and Empirical Research, a.a.O., S. 527).

monstrationswünsche, sondern in starkem Maße von den institutionellen Gegebenheiten der investierenden Unternehmung, insbesondere auch ihrer Marktstellung[46], abhängig.

„In der Wirtschaft, in der sich unsachliche Entscheidungen meist in nachrechenbaren und sich empfindlich bemerkbar machenden Verlusten auswirken, ebenso wie in der Technik, in der einstürzende Brücken, abstürzende Flugzeuge etc. die unübersehbaren Folgen unsachlichen Denkens wären, ist es offenkundig genug, daß der Mensch objektiv sein kann, wenn er muß! Das aber heißt wiederum genauer betrachtet, wenn er von der Sache her gezwungen wird, sachlich zu bleiben. Sobald daher ein gewisser Spielraum für Betätigung von subjektiven Regungen, wie Ehrgeiz, Eitelkeit, Bequemlichkeit, Mißgunst etc. sowie auch von Strebungen im Sinne unkontrollierter Primitiv-Erfahrungen gegeben ist, kann man mit Bestimmtheit darauf rechnen, daß sich diese breit machen, ja bald dominieren!"[47]

Dieser „Spielraum für Betätigung von subjektiven Regungen" entspricht insbesondere dem Spielraum der Unternehmung im unvollkommenen Markt der oligopolistischen Konkurrenz, innerhalb dessen oberen und unteren Grenzpunkten das unternehmerische Handeln insofern indeterminiert erscheint, als hier auch Zielsetzungen außerhalb der Gewinnmaximierung angestrebt werden können[48].

„Pekuniäre" Motive können (nach *Katona*)[49] von ausschlaggebender Bedeutung in allen Fällen sein, in denen ein Betrieb um seine Existenz bangen muß, weil er mit ungenügender Kapitalausstattung, ungünstigen Marktsituationen oder finanziellen Schwierigkeiten zu kämpfen hat. In diesem Fall spielen die Befriedigung gesellschaftlicher Ansprüche, das Verlangen nach Selbstbestätigung oder der Drang nach Expansion eine untergeordnete Rolle.

In einem alteingeführten, gutgehenden Unternehmen fallen dagegen langfristige und nichtpekuniäre Motive stärker ins Gewicht: „Umsatz und

---

[46] Vgl. *Kaysen*, Carl: A Dynamic Aspect of the Monopoly Problem, in: Rev. of Economics and Statistics, Vol. 31, 1949, S. 109 ff.; *Fellner*, William: Competition among the Few; Oligopoly and Similar Market Structures, New York 1949.

[47] Vgl. *von Holzschuher*, L.: Praktische Psychologie. Die Primitivperson im Menschen, Seebrück 1949, S. 139 f.; vgl. auch *Eisermann*, G.: Wirtschaftssystem und Gesellschaftsform, in: Die Einheit der Sozialwissenschaften, a.a.O., S. 40 ff.

[48] „Der Oligopolist berücksichtigt – neben den voraussichtlichen Reaktionen der Marktgegenseite – nicht nur die Preispolitik, sondern auch die gesamte Geschäftsgebarung und hier wieder besonders die Investitionspolitik der Wettbewerber". (*Eucken*, W.: Die Grundlagen der Nationalökonomie, 6. Aufl., Berlin – Göttingen – Heidelberg, 1950, S. 101); vgl. auch *Higgins*, B.: Elements of Indeterminacy in the Theory of Non-Perfect Competition, in: Am. Ec. Rev., 1939, S. 468.

[49] Vgl. *Katona*, G.: Das Verhalten der Verbraucher und Unternehmer, a.a.O., S. 248 f.

Marktanteil der Gesellschaft werden zu wichtigen Gesichtspunkten. Dem Ruf der Firma oder ihres Markennamens kann größere Bedeutung beigemessen werden als der Höhe des Gewinns und der liquiden Mittel. Dem Ansehen bei Kunden kann großer pekuniärer Wert beigelegt werden . . .

Die Erhöhung des Lebensstandards und die Verbesserung der sozialen Lage der Belegschaft oder selbst der Stadt, in der der Betrieb seinen Sitz hat, können nach Meinung des Unternehmers dem Interesse der Firma dienlich sein. Es kann daran gedacht werden, Betriebsklima und Arbeitsproduktivität zu verbessern durch indirekte Maßnahmen wie die Errichtung von Erholungsheimen und Krankenhäusern oder das Abreißen von Elendsvierteln. Das Streben nach Prestige wird sich dabei mit geschäftlichen Motiven vermengen"[50].

Institutionelle Faktoren wie das ,Alter' eines Industriezweiges, die Größe einer Unternehmung und die individuelle Eigenart der Unternehmer können diese Beziehungen ebenfalls beeinflussen.

Diese Modifizierungen können dazu führen, daß „befriedigende" Gewinne angestrebt werden, um in erster Linie einen Gewinnrückgang zu vermeiden. In diesem Zusammenhang taucht auch das Prestigemotiv auf: „Die Norm, die den Begriff des befriedigenden Gewinns mit Inhalt erfüllt, kann auch aus der Gewinnentwicklung anderer Firmen abgeleitet werden, statt aus der Entwicklung des eigenen Unternehmens. Das Ziel, nicht schlechter abzuschneiden als die Konkurrenz, kann an die Stelle des Wunsches treten, nicht schlechter abzuschneiden als im Vorjahr. Etwas besser abzuschneiden als die Konkurrenz, mag für wichtiger gehalten werden, als etwas besser abzuschneiden als im vorhergehenden Zeitraum"[51].

Hier zeigt die Kausalanalyse, in welcher Weise das Gewinnstreben und Prestigemotiv miteinander verbunden sind und wie ersteres dadurch modifiziert wird.

In diesem Zusammenhang ist auch die Art der Investition zu berücksichtigen. Nach *Wessels* sind es hauptsächlich die Neuinvestitionen, bei denen in starkem Maße „irrationale" Elemente auftreten und genaue Wirtschaftlichkeitsrechnungen vielfach unterbleiben[52], doch tritt das Gewinnstreben oft auch bei Ersatzinvestitionen hinter psychologische, technische[53] und soziale Überlegungen[54]. Um im Falle dieser ,Komfortinvestitionen'

---

[50] *Katona*, G.: a.a.O., S. 249.

[51] *Katona*, G.: a.a.O., S. 243 f.

[52] Vgl. *Wessels*, Th.: Diskussionsbeitrag auf der Arbeitstagung der Schmalenbach-Gesellschaft, a.a.O., S. 136.

[53] Zum Überwiegen rein technischer Gesichtspunkte gegenüber Kalkulationsüberlegungen vgl. u. a.: *Brandt*, H.: Investitionspolitik des Industriebetriebes, a.a.O., S. 14, 29; *Tritsch*, W.: Die Wirtschaftsdynamik unserer Zeit, Stuttgart 1959, S. 93.

[54] *Wessels* berichtet: „Ich höre aus der Praxis immer wieder, daß eine Serie von Investitionsakten notwendig wird, z. B. weil die Arbeiter nicht mehr in

(Wessels) Aussagen über die investitionsbestimmenden Determinanten machen zu können, bedarf es deshalb einer Analyse sowohl der individuellen Motive als auch der betrieblichen Normen des Investitionsverhaltens, in denen sich Prestige und Geltungsstreben institutionalisieren.

4. Das Prestige des Unternehmers

Das Prestige- und Geltungsstreben, von der Anthropologie als einer der Grundzüge der menschlichen Persönlichkeit bezeichnet[55], äußert sich als „der Drang, mehr zu scheinen als man ist"[56], wie auch als Verlangen, „im Werturteil der menschlichen Mitwelt einen möglichst hohen Rang einzunehmen. Als Geltungswerte erscheinen Beachtung, Beifall, Ruhm, Ehre, Anerkennung, Bewunderung, Respekt"[57,58].

Es gibt „dem Einzelnen eine Beziehung auf die Mitmenschen, aber dieses Inbeziehungtreten ist kein selbstloses, sondern ein selbstbezogenes, es tendiert zur Erhöhung des Ichs gegenüber der Mitwelt. Die Wege, auf denen diese Erhöhung angestrebt wird, sind verschieden, je nachdem durch welche Mittel man zur Bedeutung gelangen will: durch Kleidung, durch Betonung der sozialen Stellung, durch materiellen Besitz, aber auch durch Wissen und Leistungen. Wo es im Geltungsstreben speziell auf Leistungen ankommt, spricht man vom Ehrgeiz"[59].

Als solcher tritt das Geltungsstreben beim „Manager"[60] ebenso auf wie beim Unternehmer, dem nach *Schumpeter* „aller persönlicher Glanz

---

einer altmodisch ausgestatteten Fabrik arbeiten wollen, weil die älteren Maschinen zu viel Schmutz verursachen usw. Man ist sich bei der Durchführung solcher Investitionen oft darüber klar, daß dadurch der Ausstoß nicht verbessert wird; aber die soziale Situation erfordert ihre Durchführung." (*Wessels*, Th.: Das Problem der Geldwertstabilität, a.a.O., S. 61); vgl. auch *Brandt*, H.: Investitionspolitik des Industriebetriebes, a.a.O., S. 120.

[55] „One of the most widely spread traits of human beings, manifest under the most diverse types of social order, is the desire for prestige. As we shall see, there is an intimate relationship between prestige and the control of economic resources in most societies living above a subsistence level." (*Herscovits*, M.: Economic Anthropology, New York 1952, S. 38), vgl. auch *Linton*, Ralph: The Cultural Background of Personality, London 1947; *Gehlen*, A.: Urmensch und Spätkultur, a.a.O., S. 84 f.; *Schultz-Hencke*, H.: Lehrbuch der Analytischen Psychotherapie, Stuttgart 1951, S. 40; *Allport*, Gordon W.: Personality, London 1956, S. 169 ff.

[56] Vgl. *Anschütz*, G.: Psychologie. Grundlagen, Ergebnisse und Probleme der Forschung, Hamburg 1953, S. 441.

[57] *Lersch*, Ph.: Aufbau der Person, 6. Aufl., München 1953, S. 119.

[58] Zur „sozialen" Komponente des Prestiges vgl. u. a. *Rosenstock-Huessy*, E.: Soziologie, Bd. 1: Die Übermacht der Räume, Stuttgart 1956, S. 117 ff.; *Smith*, A.: Theorie der ethischen Gefühle, deutsche Ausgabe Frankfurt a. M. 1949, S. 89, und *Sodhi*, K. S.: Urteilsbildung im sozialen Kraftfeld, Göttingen 1953, S. 26 f.; *Herscovits*, M. J.: Economic Anthropology, a.a.O., S. 464 ff.

[59] *Hillebrand*, M. J.: Psychologie des Lernens und Lehrens, Bern – Stuttgart 1958, S. 62.

[60] Vgl. *Burnham*, James: Das Regime der Manager, Stuttgart 1951, S. 108.

(fehlt), wie er bei vielen anderen Arten von Führerschaft gegeben sein muß, bei jenen, wo durch ‚Persönlichkeit' oder Geltung in einem kritischen sozialen Kreis geführt wird"[61]. Sein Traum und Wille ist es, ein privates Reich zu gründen, „ein Reich, das Raum gewährt und Machtgefühl, das es im Grunde in der modernen Welt nicht geben kann, das aber die nächste Annäherung an jene Herrenstellung ist, die diese Welt kennt und deren Faszination gerade für solche Leute besonders wirksam ist, die keinen anderen Weg zu sozialer Geltung haben"[62].

Diesem Selbstverständnis des Unternehmers entspricht auch der persönliche Aufwand, mit dessen Hilfe er seinen sozialen Status dokumentiert[63] oder Konkurrenten zu überflügeln bestrebt ist[64].

Im Geltungsstreben äußern sich sowohl der Drang nach selbstwerthafter Autorität[65] als auch geltungssüchtiges Übertrumpfenwollen[66]. „Hier geht es vor allem um die sehr umstrittene *Prestige*politik des Unternehmers, d. h. um die Frage, wie es ihm oder seinem Beauftragten gelingt, den bestmöglichen Eindruck auf seine betriebliche Umgebung durch Zurschaustellung einer – oft gar nicht vorhandenen – Überlegenheit zu machen"[67].

Im Verlangen nach Aufrechterhaltung eines bestimmten Marktanteils („trade position motive") sind Geltungsdrang und Gewinnstreben miteinander so verzahnt, daß eine Isolierung kaum möglich ist. Die Investitionsuntersuchungen von *Meyer* und *Kuh* haben ergeben, daß dem „trade position motive" eine große praktische Bedeutung zukommt:[68]

---

[61] *Schumpeter*, J. A.: Theorie der wirtschaftlichen Entwicklung, 5. Aufl., Bonn 1952, S. 130.

[62] *Schumpeter*: a.a.O., S. 138.

[63] „Solche Wirtschaftssubjekte leben freilich meist luxuriös. Aber sie leben luxuriös, weil sie die Mittel dazu haben. Sie erwerben nicht, um luxuriös zu leben." (*Schumpeter*: a.a.O., S. 136); vgl. auch *Müller*, F.: Zur Theorie der Funktionen des modernen Unternehmers, Würzburg 1926, S. 50.

[64] Vgl. *Baumol*, W. J.: Business Behavior, Value, and Growth, New York 1959, S. 104: „Willingness to invest on whatever terms are available must be increased by the invidious aspects of accumulation – the desire to be wealthier than someone else, rather than just to be wealthy: Those who join this race can afford to neglect no opportunity to increase their accumulation rate."

[65] Vgl. *Bernsdorf*, W.: Artikel „Autorität", in: Wörterbuch der Soziologie, hrsg. v. W. Bernsdorf und F. Bülow, Stuttgart 1955, S. 37 ff.

[66] *Kluth* weist darauf hin, daß es, gemessen an den allgemeinen Maßstäben, durchaus negative Werte sein können, die Individualprestige erzeugen (vgl. *Kluth*, H.: Sozialprestige und sozialer Status, Stuttgart 1957, S. 21).

[67] *Kühne*, O.: Allgemeine Soziologie, Berlin 1958, S. 379.

[68] Vgl. *Meyer*, J. R. und *Kuh*, E.: The Investment Decision, a.a.O., S. 20: „Businessmen are driven by the desire to keep pace with rivals and investment is undertaken when and if needed to keep one's standing in the industrial hierarchy."

Von den befragten Unternehmern wurde es neben dem Liquiditätsstatus als wichtigste Determinante ihrer Investitionsvariablen genannt[69].

R. *Mack* erblickt im Verlangen nach Aufrechterhaltung der „trade position" das entsprechende Gegenstück zum ‚demonstrativen Konsum', zum Drang nach „keeping up with the Joneses"[70,71].

Wie *Knauth* nachweist, spielt dieses Motiv eine besondere Rolle in denjenigen Konsumgüterindustrien, die „branded and trademarked articles" produzieren, deren „brand-image" also von ausschlaggebendem Einfluß auf die Käuferentscheidungen ist[72].

Generell stellt deshalb *Mahr* fest, daß private Investitionen in betriebswirtschaftlicher Sicht vorgenommen werden, um den technischen Erfordernissen und den wirtschaftlichen Notwendigkeiten Rechnung zu tragen, daß aber „in diese Grundmotive andere Absichten verflochten sein (können): Beseitigung verlustbringender Stellen im Betrieb, seine technische Modernität, Stärkung seiner Marktstellung gegenüber der Konkurrenz, Steuereinsparung, Wunsch nach besser übersehbaren Kalkulationsunterlagen, Bestreben, die technische Entwicklung voranzutreiben, aber auch Nachahmungstrieb, Macht- und Geltungsbedürfnis usw."[73].

Das Prestigemotiv äußert sich in der Investitionsentscheidung häufig als Wunsch nach Erringung eines zusätzlichen ‚Geltungsnutzens', der sich dem ‚Grund- oder Zwecknutzen', „den man auch den unmittelbaren Gebrauchsnutzen nennen könnte, und der sich der rationalen Überlegung präsentiert", zur Seite stellt[74].

Der ‚Geltungsnutzen' ist nach *Vershofen* dagegen „diejenige Art von Zusatznutzen, in welcher das heutige Verhältnis der Menschen zueinander

---

[69] Vgl. *Meyer* und *Kuh*: a.a.O., S. 4. Die empirische Relevanz dieser Beobachtung wird auch von anderen Autoren bestätigt. Vgl. *Meade*, James E. und *Andrews*, Philip Walter Sawford: Summary of Replies to Questions on the Effects of Rates of Interest, in: Oxford Economic Papers, No. 3, 1940, S. 33 ff.; *Butters*, J. Keith und *Lintner*, John: Effects of Federal Taxes on Growing Enterprises, Boston 1945, S. 62 ff.; *Terborgh*, George: A Dynamic Equipment Policy, New York 1949, S. 4 ff.; *Dean*, Joel: Capital Budgeting, New York 1951, S. 37 ff.; *Heller*, Walter: The Anatomy of Investment Decisions, in: Harvard Business Review, No. 29, 1951, S. 95 ff.; vgl. auch *Hoover*, Edgar M.: Some Institutional Factors in Business Investment Decision, in: Am. Ec. Rev., 1954, S. 201 ff.

[70] Vgl. *Mack*, Ruth: The Flow of Business Funds and Consumer Purchasing Power, New York 1941, S. 248 f.

[71] Daß dieser Grundzug selbst in planwirtschaftlich-zentralistischen Wirtschaftssystemen anzutreffen ist, weist *Mehnert* am Beispiel der UdSSR nach (vgl. Mehnert, K.: Der Sowjetmensch, Stuttgart 1958, S. 143 ff.). Vgl. auch *Granick*, D.: The Red Executive, New York 1960.

[72] Vgl. *Knauth*, O.: Business Practices, Trade Position, and Competition, New York 1956, S. 49.

[73] *Mahr*, W.: Artikel „Investitionen", a.a.O., Sp. 454. Ebenso *Meinhold*, H.: Artikel „Investitionen", a.a.O., S. 335.

[74] Vgl. *Vershofen*, W.: Die Marktentnahme als Kernstück der Wirtschaftsordnung, Berlin – Köln 1959, S. 87.

am eindeutigsten zum Ausdruck kommt"[75]. Durch das Verschwinden des ‚Verbrauchspuritanismus' und den Wandel vom Bankkonto zum Verbrauchs- und Spesenkonto (*Riesman*) hat sich das Geltungsstreben heute zur soziokulturellen Norm entwickelt, die den Unternehmer beim Kauf von Produktionsgütern als Verbraucher handeln läßt:

„Wenn ein neuzeitlicher Landwirt eine Maschine kauft, so sieht er natürlich in erster Linie auf ihre Brauchbarkeit, d. h. ihre Geeignetheit für den ihr zugedachten Gebrauchszweck. Jederman aber weiß, daß landwirtschaftliche Maschinen – solange sie neu sind, – in den buntesten Farben glänzen. Hätten sie diesen Anstrich und diese Lackierung nicht, so würden sie wahrscheinlich trotz höchster Brauchbarkeit schwer verkäuflich sein. Der Landwirt will also mit seiner neuen Maschine auffallen und sich selbst auch an ihrem bunten Anblick erfreuen"[76].

Ebenso entscheiden beim Kauf eines Autos häufig die „symbolischen Obertöne"[77], die aber nichts anderes als eine Art Geltungs-Zusatznutzen sind[78]. Das Differenzierungs- und Geltungsstreben sorgt in diesen Fällen dafür, daß die Investitionsobjekte nicht nur nach ihrem Preis und ihrer Zweckdienlichkeit (Grund- oder Zwecknutzen) ausgewählt werden, sondern auch nach ihrer Bedeutung für den Bedarf an sozialer Repräsentation[79]. Geltungsnutzen wird dabei umso intensiver erstrebt, je entfernter die durch persönlichen Aufwand zu beeindruckenden Personen dem Petenten gegenüberstehen. Im nächststehenden Bereich – Verwandtschaft, Freundeskreis, engster Bekanntenkreis – vermögen nämlich die persönliche Eigenart und gegenseitige Zuneigung die Repräsentation fast ganz zu verdrängen: man sucht nach Möglichkeit zu vermeiden, einem Freund durch aufwendigen Verbrauch zu imponieren, sondern richtet seine Anstrengungen vielmehr darauf, in der ‚Fernbarschaft' (bei irgendwelchen Begegnungen mit Unbekannten, im Geschäft, im Urlaub) gänzlich unbekannte Personen zu beeindrucken[80]. Es erscheint *Vershofen* jedoch schwierig, den Geltungsnutzen auf seine stärker individuelle oder soziale Bezogenheit zu fixieren; da alles Handeln des Menschen immer das Resultat aus persönlichen und sozialen Ursachen ist, deren einzelne Anteile sich wohl nie genau bestimmen lassen, läßt sich auch beim Geltungsnutzen nicht ermitteln, was bei ihm aus dem personalen und was aus dem sozialen Bereich herrührt.

---

[75] *Vershofen:* a.a.O., S. 103.
[76] *Vershofen:* a.a.O., S. 86.
[77] Vgl. *Riesman,* D. und *Larrabee,* Eric: Die Straßenkreuzer, in: Der Monat, Dezember 1957, S. 14 ff.
[78] Vgl. *Kahn,* Robert L. und *Cannell,* Charles F.: The Dynamics of Interviewing, New York – London 1958, S. 26 ff.; *Goldmann,* H. W.: Wie man Kunden gewinnt, a.a.O., S. 29 f.
[79] Vgl. *Vershofen,* W.: a.a.O., S. 109.
[80] Vgl. *Vershofen,* W.: a.a.O., S. 115.

„Eines allerdings ist unbestreitbar, daß es ein unabdingbares Grundbedürfnis des Menschen gibt: Er will Geltung gewinnen, Geltung vor sich selbst und Geltung vor den anderen. Soweit diesem Bedürfnis mit bereiteten Mitteln Genüge getan werden kann, verdichtet es sich zum Geltungsbedarf“[81].

Es wird im folgenden Abschnitt zu zeigen sein, in welcher Weise das individuelle Geltungsbedürfnis zum Geltungsbedarf des Betriebes verdichtet wird und damit als zusätzliche Investitionsnorm auftritt.

§ 4 Prestige als Investitionsnorm

1. Prestige und Unternehmung

Das Prestige- und Geltungsstreben hat in der ‚außengeleiteten' ‚Konsum-Gesellschaft' eine beherrschende Rolle in der Motivation der Verbraucher[82] und Unternehmer[83] eingenommen, die sich in den Kaufentscheidungen von Verbrauchs- und Produktionsgütern ausprägt.

Die Konsumenten sind bemüht, ihrer Statusunsicherheit und -unsichtbarkeit durch sichtbaren ‚demonstrativen Aufwand' entgegenzuwirken[84]; im Produktionsbereich werden Investitionen getätigt, deren Symbolfunktionen zur Begründung und Aufrechterhaltung von Prestige und Status der Unternehmung dienen[85] und bestimmten Rollenerwartungen entsprechen[86].

„Was die Erhöhung des Lebensstandards auf seiten der Konsumenten darstellt, das ist bei den Produzenten jene ästhetische Verfeinerung und gesellschaftliche Sublimierung der Güter, wodurch ja auch die Werbung aus einem Informationsdienst zum bewußten Appell an eminent gesellschaftliche Bedürfnisse geworden ist. In beidem – der Wohlstandszunahme der Konsumenten und der Leistungsverfeinerung der Produzenten – offenbart sich eine fortschreitende soziale Differenzierung des Spiels von

---

[81] *Vershofen*, W.: a.a.O., S. 104.

[82] Vgl. *Cheskin*, Louis: Why People Buy, New York 1959, S. 64 ff.; *Duesenberry*, James S.: Income, Saving, and the Theory of Consumer Behavior, Cambridge/Mass. 1949, S. 25 ff.; *Fenn*, Dan H. (Hrsg.): Management in a Rapidly Changing Economy, New York – Toronto – London 1958, S. 137; *Rinsche*, G.: Der aufwendige Verbrauch, a.a.O.

[83] Vgl. die Ausführungen in § 3.

[84] Vgl. *Scherhorn*, G.: Verhaltensforschung und Konsumtheorie, in: Schmollers Jahrbuch für Gesetzgebung, Verwaltung und Volkswirtschaft, 80. Jg., 1960, S. 32 f.

[85] Vgl. dazu die Beispiele bei *Paokard*, V.: The Status Seekers, a.a.O.; *Whyte*, W. H.: The Organization Man, a.a.O.

[86] Vgl. u. a. *Dahrendorf*, R.: Homo Sociologicus, Köln – Opladen 1959, S. 20 ff.; *Hickman*, C. Addison: Managerial Motivation and the Theory of the Firm, in: Am. Ec. Review, Vol. 45, 2, 1945, S. 544 ff.; *Hartley*, E. L. und *Hartley*, R. E.: Die Grundlagen der Sozialpsychologie, Berlin 1955, S. 342.

Angebot und Nachfrage, das sich damit weniger denn je als ein einfacher ökonomischer Mechanismus begreifen läßt"[87].

Das Streben nach Prestige schlägt sich jedoch nicht nur in der ‚Konsumhaltung des Unternehmers' nieder, sondern verknüpft sich auch mit dem sozialen Status der Unternehmung selbst.

Je stärker sich diese als ‚soziale Institution' versteht, desto zwingender wird die Unternehmung selbst Endzweck des unternehmerischen Handelns[88].

„Keine Unternehmung", so führt der Geschäftsbericht eines Großbetriebes aus[89], „lebt in wirtschaftlicher Abgeschlossenheit; sie ist ein Stück der gesellschaftlichen Lebensform ihrer Zeit. Ihre geschäftlichen Entschlüsse und Handlungen berühren auch diese Lebensformen. Andererseits kommen aus diesen gesellschaftlichen Lebensformen einer Zeit entscheidende (sic!) Einflüsse, die die Entschlüsse einer Unternehmung berühren, denn es handelt sich um die Äußerung von Vorstellungen und Wünschen einer großen Zahl von Menschen, mit denen wir zusammenleben. Diese Einflüsse können so stark sein, daß es von ihnen abhängt, ob eine Unternehmung sich entwickelt und weiterlebt oder ob sie zurückgeht und verschwindet."

Mit der Institutionalisierung der Unternehmung verbindet sich nun zugleich ein Wandel der Unternehmerfunktion, so daß „in einer merkwürdigen Umkehrung des ursprünglichen Verhältnisses der Unternehmer der Unternehmung dient"[90] und seine Motive auf die Unternehmung verlagert werden[91].

Dem Streben nach sozialer Geltung kommt als ‚sekundärem' Motiv dabei eine um so größere Bedeutung für das Investitionsverhalten zu, je stärker sich das Gewinnstreben des Eigentümer-Unternehmers auf das ‚Unternehmen an sich' *(Rathenau)* verlagert. Es tritt dann ein Prozeß der ‚Entlastung' ein, in dessen Verlauf das Gewinnmotiv durch mannigfache For-

---

[87] *Zahn*, E.: Die Fragen des Konsumentenverhaltens in der heutigen Sozialforschung, in: Kölner Zeitschr. f. Soziol. u. Sozialpsych., 11. Jg., 1959, S. 310.

[88] Vgl. *Moore*, W. E.: Industrial Relations and the Social Order, New York 1946, S. 42.

[89] Vgl. *Potthoff*, E.: Der Betrieb als Teil der Wirtschaft, in: Mitteilungen des WWI, VI. Jg., 1953, S. 54.

[90] *Redlich*, F.: Unternehmungs- und Unternehmergeschichte, a.a.O., S. 533.

[91] „So we arrive at a new conception of the entrepreneur: no longer that of a man of strong personality who thinks of his enterprise as a possession and subordinates the agents of production, the consumers and clients to his own ends, but that of a man with an important social function of which he is fully conscious, subordinating himself to it, associating himself closely with the enterprise, even identifying himself with it." – *(Halbwachs*, Maurice: The Psychology of Social Class, London – Melbourne – Toronto 1958, S. 62); vgl. auch *Johannesson*, J.: Beruf und Privatleben im Industriebetrieb, a.a.O., S. 79 und *Fischer*, K. A.: Schichtung und Siebung in Unternehmung und Betrieb, in: Kölner Zeitschr. f. Soziol. u. Sozialpsych., 1. Jg., Heft 1, S. 44.

men der betrieblichen Rentabilitätssicherung (Kostenrechnung, Produktions- und Absatzplanung, Liquiditäts- und Finanzierungspolitik, Investitionsrechnung usw.) als betriebliche Norm institutionalisiert und vom Zwang der ständig neuen Motivierung befreit wird.

Gehlen verdeutlicht diese Institutionalisierung der Motive am Beispiel des Fabrikbetriebes, dessen Entstehung etwa aus den Interessen seiner Gründer an der Auswertung eines neuartigen Verfahrens erklärt werden kann.

Wird der Betrieb dann in Gang gesetzt, so schlägt er um in eine „Selbstwertgeltung, die ihrerseits die Einstellungen und Handlungsweisen der darin Tätigen bestimmt, und zwar in Hinsicht der Unterordnung und Verpflichtung unter diese selbstzweckhafte Eigengesetzlichkeit"[92].

Die institutionale Verselbständigung des Unternehmens hat unter Umständen weitreichende Folgen für die betriebspolitischen Zielsetzungen:

„Ein großes Industriewerk kann sich genötigt sehen, eigene innenpolitische und sogar außenpolitische Konzeptionen zu entwickeln; die Rentabilität, früher im Mittelpunkt der Zielsetzung, kann sich dabei zur Grenzbedingung für ganz neue Zielsetzungen verschieben und die Motive, weshalb Rentabilität erstrebt wird, können sich verlagern. Es gibt heute Industriewerke mit so großzügigen freiwilligen Sozialleistungen, daß eine neue, bewußte Tendenz zum autonomen Gesamtwohlstandskörper deutlich greifbar wird. Auch kann ein unrentabel gewordenes Unternehmen, mit öffentlichen Mitteln unterstützt, deshalb weiter operieren, um die Arbeiter in Beschäftigung zu halten"[93].

Jede Firma hat zudem das Bestreben, in der Öffentlichkeit ein bestimmtes Vorstellungsbild ihrer ‚corporate personality' entstehen zu lassen und dafür zusätzliche Mittel zu investieren[94]. Dabei können gesellschaftliche Verpflichtungen des Betriebes[95] ebenso wie Demonstrationswünsche der Betriebs- oder Abteilungsleiter im Vordergrund stehen. Letztere entstehen oft auf Grund eines bürokratischen Ressortpartikularismus der Betriebsabteilungen untereinander[96], der im Verein mit Machtkämpfen um die Erhöhung des Investitionsbudgets zusätzliche Unsicherheit in den Wirtschaftlichkeitsüberlegungen dieser Unternehmen entstehen läßt[97].

---

[92] *Gehlen*, A.: Probleme einer soziologischen Handlungslehre, a.a.O., S. 29.

[93] Gehlen, A.: Urmensch und Spätkultur, a.a.O., S. 40 f.

[94] Vgl. *Boulding*, Kenneth E.: The Image, University of Michigan 1956; *Fenn*, Dan H.: Management in a Rapidly Changing World, a.a.O., S. 277; *Knauth*, O.: Business Practices, Trade Position, and Competition, a.a.O., S. 50.

[95] Vgl. *Brandt*, H.: Investitionspolitik des Industriebetriebes, a.a.O., S. 120.

[96] Vgl. *Johannesson*, J.: Beruf und Privatleben im Industriebetrieb, Meisenheim 1953, S. 24 ff.

[97] Vgl. *Albach*, H.: Wirtschaftlichkeitsrechnung bei unsicheren Erwartungen, a.a.O., S. 142 f.

Die Identifizierung der Unternehmer mit der Unternehmung bewirkt, daß die Entwicklung oder Expansion der Unternehmung, als deren Glieder sie sich ebenso wie ihre Mitarbeiter betrachten, als Selbstbestätigung empfunden wird:[98]

„Der leitende Mann in der großen Unternehmung genießt, anstelle des rein monetären Entgeltes, den Status und das Prestige, die aus der Unternehmung selbst stammen"[99]. Wie *Warner* und *Abegglen* ermittelt haben, bestimmen nämlich zwei Faktoren den Rang eines Mannes der wirtschaftlichen Führungsschicht: die Größe des Unternehmens und seine Position innerhalb der Unternehmung[100]. Beide Faktoren bilden jedoch eine Einheit, denn von der Größe einer Unternehmung gehen ganz bestimmte Wirkungen auf die Position der in ihr Tätigen aus. Insbesondere sind es die Großbetriebe, deren streng hierarchische Positionen- und Funktionenverteilung zusätzliche Investitionen zur Absicherung und Demonstration dieser Positionen induziert.

2. Prestige, soziale Rolle und sozialer Status

Die soziale Organisation eines Betriebes gliedert sich in eine formelle und eine sozio-ökonomische Struktur:[101] Die formelle Struktur dient der Verwirklichung des institutionellen Zweckes der Unternehmung und stellt einen Zusammenhang von Status-Rollen dar, die sich aus der ökonomisch-technischen Funktion ergeben und in bestimmten Positionen, Berufen und Ämtern sichtbar werden[102].

Statusrollen werden jedoch nicht nur von der jeweiligen Institution, sondern auch von der Gesellschaft bewertet; auf Grund dieser Bewertung ‚entschädigt' die Gesellschaft ihre Angehörigen durch Prestige und materielle Güter (Lohn und Einkommen).

---

[98] Vgl. *Katona*, G.: Das Verhalten der Verbraucher und Unternehmer, a.a.O., S. 247; Vgl. auch *Schelsky*, H.: Artikel „Industrie- und Betriebssoziologie", in: *Gehlen*, A. und *Schelsky*, H. (Hrsg.): Soziologie, Düsseldorf – Köln 1955, S. 190.

[99] *Heilbroner*, R. L.: The Quest for Wealth, a.a.O., S. 228.

[100] Vgl. *Warner*, W. L. und *Abegglen*, J.: Karriere in der Wirtschaft. Eine Untersuchung über die Erfolgreichen, Düsseldorf 1958, S. 240; Vgl. auch *Simon*, H. A.: Administrative Behavior, a.a.O., S. 209; *Gordon*, R. A.: Business Leadership, a.a.O., S. 306 ff.

[101] Vgl. zum folgenden *Dahrendorf*, R.: Artikel „Betriebssoziologie" in: HdSW, 2. Bd., Stuttgart – Tübingen – Göttingen 1959, S. 62 f.

[102] Zu den Beziehungen zwischen „Position", „Rolle" und „Status" vgl. insbesondere *Dahrendorf*, R.: Homo Sociologicus, a.a.O., S. 20 ff.; *Hofstätter*, P. R.: Einführung in die Sozialpsychologie, a.a.O., S. 175 ff., S. 396 ff.; *Linton*, Ralph: Study of Man, New York 1936; *Hartley*, Eugene L. und *Hartley*, Ruth E.: Die Grundlagen der Sozialpsychologie, a.a.O., S. 342; *Mayntz*, R.: Die soziale Organisation des Industriebetriebes, Stuttgart 1958, S. 16 ff.; *Bonner*, Hubert: Social Psychology, a.a.O., S. 44 ff.; *Homans*, George C.: Theorie der sozialen Gruppe, Köln – Opladen 1959.

„Die *Prestigeschichtung* des Betriebes reflektiert Strukturen der den Betrieb je umgebenden Gesellschaft. Ist diese eine Leistungsgesellschaft im Sinne der industriellen Gesellschaft, dann wird für das Ansehen gegebener Positionen deren funktionale Bedeutung und Fertigkeitsniveau bestimmend . . ."[103].

Mit Position und sozialem Status in der betrieblichen Hierarchie verbinden sich bestimmte Rechte und Pflichten (oder Verhaltenserwartungen), deren materieller Inhalt unter anderem auch von der jeweiligen Bezugsgruppe bestimmt wird[104].

In Betrieb und Gesellschaft wird die Position eines Menschen durch Statussymbole verkörpert, die sich von der Spitze bis zu den unteren Stellen der Unternehmungshierarchie finden[105]. Diese können aber auch über den wahren Status hinwegtäuschen, um den Eindruck von Erfolgen, großem Einkommen usw. zu erwecken. *Hartley* und *Hartley*[106] haben ermittelt, daß „viele Leute nach dem Erwerb der Symbole an sich streben, ohne den damit einhergehenden Status zu erreichen"[107].

Der soziale Status und seine Kennzeichen bekommen eine um so größere Bedeutung, je komplexer und differenzierter die soziale Umwelt des Statusinhabers ist, so daß eine intime Kenntnis aller Personen unmöglich wird. Investitionen zur Verdeutlichung des sozialen Status erfolgen deshalb in erster Linie in Mittel- und Großbetrieben, die sich durch Anonymität der einzelnen Betriebsangehörigen auszeichnen. Innerhalb dieser Unternehmen ordnen die Statuszeichen die Beziehungen ihrer Träger untereinander[108]. Sie verleihen diesen um so mehr Sozialprestige, je auffälliger sie

---

[103] *Dahrendorf*, R.: Artikel „Betriebssoziologie", a.a.O., S. 63.

[104] Vgl. *Merton*, R. K.: Social Theory and Social Structure, 2. Aufl., Glencoe, Ill. 1957; *Hartley*, E. L. und *Hartley*, R. E.: a.a.O., S. 332, 403 f.; *Dahrendorf*, R.: Homo Sociologicus, a.a.O., S. 29 ff.

[105] Vgl. z. B. *Mayntz*, R.: Die soziale Organisation des Industriebetriebes, a.a.O., S. 52: „Kleidung, Arbeitszeit, Pultgröße, Handtuchart im Waschraum, Stockwerk oder Lage des Büros, Anzahl der Telefone auf dem Schreibtisch, das Vorhandensein eines Teppichs im Büro oder eines Vorzimmers können zu solchen Statussymbolen werden." – Vgl. auch *Hartley*, E. L. und *Hartley*, R. E.: Die Grundlagen der Sozialpsychologie, a.a.O., S. 394.

[106] Vgl. *Hartley*, E. L. und *Hartley*, R. E.: Die Grundlagen der Sozialpsychologie, a.a.O., S. 394.

[107] Vgl. auch *Parkinson*: „Jeder Student menschlicher Einrichtungen kennt den Standardtest, durch den die Bedeutung eines Mannes gemessen wird. Die Anzahl seiner Vorzimmerdamen, die Zahl der Türen vor dem und der Telefone im Büro – diese drei multipliziert mit der Eindringtiefe seines Teppichs, gemessen in Zentimetern, ergibt eine zuverlässige, auf der ganzen Welt anwendbare Formel." – (*Parkinson*, C. Northcote: Parkinsons Gesetz und andere Studien in der Verwaltung, Düsseldorf 1959, S. 83).

[108] Vgl. *Parsons*, Talcott und *Shils*, Edward A. (Hrsg.): Toward a General Theory of Action, Cambridge/Mass. 1952, S. 162.

ausgestaltet sind und je singulärer die Position des Mannes in der Unternehmung ist[109].

Aus den USA berichtet *Packard,* daß der hierarchische Aufbau der großen Unternehmungen seinen sichtbaren Niederschlag in solchen ‚Statusinvestitionen' findet[110]. Während der allseits bekannte Eigentümer-Unternehmer persönlich oft sehr bescheiden eingerichtete Arbeitsräume besitzt, verspürt der leitende Angestellte das Bedürfnis nach gut erkennbaren Zeichen seiner Autorität: „Gewöhnlich bekommt in einer Firma der Ranghöchste das Eckbüro mit der schönsten Aussicht, und an seine Ecke schließen sich die Büros seiner Untergebenen in absteigender Rangfolge an. Räumliche Nähe zum Machtzentrum gilt als Rangzeichen, und niemand möchte gern ‚in die Wüste geschickt' werden.

Auch die Schreibtische sind je nach Rang verschieden. Mahagoni ist natürlich mehr als Nußbaum, Nußbaum wiederum mehr als Eiche. Der Mann, der einen den ganzen Boden bedeckenden Teppich beanspruchen kann, hat wahrscheinlich auch eine Wasserkaraffe (die ja als Zeichen des Generalsrangs an die Stelle des Messingspucknapfes getreten ist); ebenso steht ihm eine rote Ledercouch zu. Ein Angestellter, auf dessen Schreibtisch ein Halter für zwei Füllfedern steht, ist natürlich mehr als einer, der nur einen einfachen Halter hat. In einer der Rundfunkgesellschaften haben Angestellte von einer bestimmten Stufe an – und nur sie – Anspruch auf eine elektrische Schreibmaschine für ihre Sekretärin"[111].

Eine besonders deutliche Abstufung der Rangsymbole ergibt sich aus der Art des Dienstwagens, den die Firma zuteilt. David *Knickerbocker* fand für diese Normen ein Schema von sechs Gruppen, das weit im Gebrauch und in bezug auf Marke, Modell, Ausstattung usw. so genau festgelegt ist, daß Geschäftswagen und Einkommen des Angestellten eindeutig miteinander korrelieren:[112]

1. Vertreter: Ford, Chevrolet, Plymouth niedriger Preisklasse (2200 Dollar);
2. Bezirksvertreter: Ford, Chevrolet, Plymouth höherer Preisklasse (2500 Dollar);
3. Stellvertretender Verkaufsleiter: Mercury, Pontiac, Dodge (2800 Dollar);
4. Verkaufsleiter: Oldsmobile, De Soto, Buick (3600 Dollar);

---

[109] Vgl. *Hofstätter,* P. R.: Einführung in die Sozialpsychologie, a.a.O., S. 396 f.; *Blackburn,* Julian: Psychology and the Social Pattern, 5. Aufl., London 1953, S. 128 f.; *Allport,* G. W.: Artikel „Attitudes", in: Handbook of Social Psychology (hrsg. v. C. *Murchison*), Worcester/Mass. 1935, S. 1195 ff.

[110] Vgl. *Packard,* V.: Die unsichtbaren Schranken, a.a.O., S. 130 ff.

[111] *Packard,* V.: a.a.O., S. 130.

[112] Vgl. *Knickerbocker,* D., in: New York World-Telegram and Sun, 25. Febr. 1957, nach *Packard,* a.a.O., S. 135 f.

5. Bezirksgeschäftsführer: Chrysler, Lincoln oder Cadillac der 5100 Dollar-Klasse;
6. Mitglieder des Vorstandes und höher: „Die kriegen jedes Cadillac-Modell, das sie haben wollen", meinte ein Angestellter einer Firma.

Das auserlesenste und bei weitem kostspieligste von allen Standessymbolen ist die Geschäftsreise im Sonderwagen der Eisenbahn, die jedoch nur dem ‚top manager' eingeräumt wird.

Die individuellen Rangsymbole sind in mehreren Automobilwerken streng mit der Position in der Hierarchie gekoppelt. So heißt es in einem Bericht das *Wall Street Journal* über den Aufstieg eines früheren leitenden Angestellten von Ford:[113] „Als seine Stellung sich verbesserte, bekam er ein größeres Büro mit ansehnlicheren Möbeln, einem Namensschild an der Tür und einem Teppich auf dem Fußboden; dazu wurde ihm ein Platz in der Werksgarage angewiesen. Später folgte der Schlüssel zum Direktoren-waschraum, die Firma übernahm seine Country-Club-Beiträge und schließlich wurde ihm sogar ein Wagen gestellt"[114].

In der ‚statusorientierten' Unternehmung korrelieren Status und Prestige so eng miteinander, „daß ein Verlust des Prestiges oder der Prestigesymbole als Verlust des Selbst erlebt werden kann"[115].

Die Bedeutung der betrieblichen Statussymbole erhellt auch aus dem soziokulturellen Wandel, der die Prestigefunktion der „conspicuous consumption" betroffen hat. Der ‚demonstrative Konsum' steht in unserer konsumorientierten Gesellschaft nämlich „nicht nur grundsätzlich jedem offen, er wird sogar unter den Auspizien der Massenproduktion mehr und mehr in den Rang einer von jedem zu erfüllenden Pflicht erhoben. Wo immer dann noch Schichten vom Besitz oder Konsum bestimmter Güter ausgeschlossen bleiben, da haftet diesem Ausschluß deutlich der Charakter des Zufälligen, des Temporären oder aber der sozialen Ungerechtigkeit an; er unterliegt daher weder dem Gefühl der Selbstverständlichkeit des grundsätzlich Gegebenen, noch vermittelt er das Gefühl einer qualitativen Distanz . . . In dem Maße aber, wie alle Symbole käuflich und erwerbbar werden, wie Sprache und Verhalten sich angleichen, zerfällt auch die Möglichkeit, der Umwelt den Zusammenhang zwischen Prestigegesetzen

---

[113] Status Symbols, in: Wall Street Journal vom 29. Oktober 1957. Zitiert nach *Packard*, V.: a.a.O., S. 133.

[114] Weitere Beispiele bei *Packard:* a.a.O., passim; vgl. auch *Whyte*, W. H.: Herr und Opfer der Organisation, a.a.O.; *Riesman*, D.: Individualism Reconsidered, a.a.O.

[115] *Hartley*, E. L. und *Hartley*, R. E.: Die Grundlagen der Sozialpsychologie, a.a.O., S. 396; vgl. auch *Benoit-Smullyan*, E.: Status, Status Types, and Status Interrelations, in: American Sociological Review, Vol. 9, 1944.

der Leistung und ihrem Träger unverwechselbar zu verdeutlichen, zerfällt das Sozialprestige"[116].

In der *Riesman'schen* These von der „conspicuous production" erfahren diese Aussagen eine weitere Erläuterung. Auf den Wandel der Prestigenormen sei deshalb in den folgenden Abschnitten eingegangen.

3. ,Conspicuous consumption' und ,conspicuous production'

Die obenstehenden Überlegungen haben die Bedeutung der sozialen Rolle und des sozialen Status für das Prestige der Betriebsangehörigen, insbesondere des Unternehmers, erkennen lassen. Es wurde ferner deutlich, daß die ,conspicuous consumption' in der modernen, ,Konsum-Gesellschaft' von einem Zerfall des Sozialprestiges begleitet ist, welches dem ,demonstrativen Verbrauch' in *Veblens* Zeiten zukam.

In einem zusammen mit Howard *Roseborough* 1955 veröffentlichten Aufsatz „Careers and Consumer Behavior"[117] und einem zur gleichen Zeit publizierten Sammelband-Artikel „New Standards for Old: From Conspicuous Consumption to Conspicuous Production"[118] geht *Riesman* diesen Wandlungen nach, die er auch schon in seinem Werk „The Lonely Crowd"[119] berührte. Im letztgenannten Sammelband schreibt *Riesman:*[120]

„Es gelang *Veblen* nicht, den modernen Kapitalismus in seiner spezifisch amerikanischen Erscheinungsform zu verstehen – er räumte den Unternehmern zu viel Macht ein, betrachtete den Kredit nur als Ursache des Zusammenbruchs und überschätzte generell die zerstörerischen Kräfte dieses Systems. Sein Asketentum hinderte ihn daran, die positive Rolle von Verschwendung und Luxus zu sehen, auf seiten der Produktion wie des Konsums"[121].

Auch in der Grundeinstellung zum Verbrauch ist gegenüber *Veblens* Epoche ein bedeutsamer Wandel zu verzeichnen, der von der modernen Industrie ausgegangen ist. Mehr als alles andere hat diese dazu beigetragen, den demonstrativen Verbrauch veralten zu lassen: „Es würde weit

---

[116] *Kluth,* H.: Sozialprestige und sozialer Status, a.a.O., S. 38.

[117] Erschienen im Sammelband „Consumer Behavior", Volume II, The Life Cycle and Consumer Behavior, hrsg. v. Lincoln H. *Clark,* New York 1955, S. 1–18.

[118] Vgl. *Riesman,* D.: Individualism Reconsidered, Glencoe/Ill. 1955, S. 219–231.

[119] In USA erstmalig veröffentlicht 1950, deutsche Ausgabe: Die einsame Masse, Darmstadt 1956.

[120] Vgl. *Riesman,* D.: The Social and Psychological Setting of *Veblen's* Economic Theory, a.a.O., S. 284.

[121] Vgl. auch *Riesman,* D.: *Veblen,* Thorstein, A Critical Interpretation, New York – London 1953.

übers Ziel hinausschießen, zu sagen, der Verbrauch langweile uns. Aber er besitzt nicht mehr seine Selbstverständlichkeit und Vornehmheit.

Er stattet unser Leben nicht mehr mit einem so einfachen Gefüge und Ablauf von Ursachen (motives) aus"[122].

Die Gründe für diese Entwicklung sind nach *Riesman*:[123] die grenzenlose Fülle von Gütern, die das Interesse an diesen zurückgedrängt hat; das wirtschaftliche Wachstum, das neue Vermögen schuf und ganz neue Schichten von Reichen entstehen ließ; die bessere Erziehung und Ausbildung der neuen Schichten; die Massenmedien mit ihrem prägenden Einfluß auf Mode und Eleganz; bedeutende Stiftungen begüterter Personen, die im Namen ihrer Mäzene Forschungsprogramme finanzieren oder Mäzenatentum auf dem Gebiete der Kunst entfalten, wodurch die Reichen vor der Beschuldigung der Extravaganz geschützt werden; schließlich ein relativer, wenn auch nicht absoluter Rückgang des ‚demonstrativen Konsums': „der demonstrative Verbrauch ist sozialisiert worden und scheint nur noch notwendig zu sein bei Waffen und in Nationalparks"[124].

Auf dem Hintergrund dieses sozioökonomischen Wandels vollzieht sich das, was *Riesman* die „conspicuous production" nennt, die „demonstrative Produktion". Sie erfolgt in den privaten und öffentlichen Unternehmungen, die den Platz der reichen Privatpersonen und Familien eingenommen haben, und deren Leiter Ausgaben tätigen, welche in einem unsichtbaren Hauptbuch unter der Überschrift „conspicuous production" eingetragen werden[125].

„Die Unternehmungen, die sie betreiben, beginnen damit, ihre Betriebsanlagen und Büros dort aufzubauen und so zu entwerfen, daß sie damit demonstrieren können (for show) und zugleich durch die Nähe zu ihren Geschäftspartnern leistungsfähig bleiben. Es wäre interessant zu erfahren, in welchem Ausmaß der ungeheure steuerbegünstigte Wiederaufbau nach dem zweiten Weltkrieg auf den Wunsch der Betriebsleitungen zurückgeht, solch einen formschönen, stromlinig gebauten Betrieb zu besitzen, wie er auf dem *Fortune*-Inserat der *Austin Company* und anderer Firmen zu sehen war"[126].

Die „conspicuous production" kann nach *Riesman* die mannigfachsten Formen annehmen: Sie tritt bereits auf, wenn eine Firma Ferienaufenthalte bezahlt oder zusätzliche Sozialleistungen für ihre Beschäftigten erbringt; aber auch die Werbe-Anzeigen auf den Blättern der *Business Week* oder

---

[122] *Riesman*, D.: New Standards for Old . . ., a.a.O., S. 224.
[123] Vgl. *Riesman*, D.: a.a.O., S. 226 f.
[124] *Riesman*, D.: a.a.O., S. 228.
[125] Vgl. *Riesman*, D. und *Roseborough*, H.: a.a.O., S. 10.
[126] *Riesman*, D.: New Standards for Old, a.a.O., S. 228.

des *Fortune*-Magazins und die firmenbezogene Fernsehwerbung werden von *Riesman* zur „conspicuous production" gerechnet, unabhängig davon, „ob die Marktforschungsabteilung jede dieser Maßnahmen mit Sparsamkeits- und Rentabilitätsargumenten begründen kann oder nicht"[127].

Zu den Erscheinungsformen, die teilweise mehr Konsum- als Investitionscharakter tragen, gehören auch die Anweisungen mancher Unternehmungen über standesgemäße Ausgaben ihrer Spitzenkräfte.

Hier genaue Unterscheidungen zu treffen, ist nach *Riesman* ebenso schwierig wie die Unterscheidung von Arbeit und Spiel bei vielen Unternehmertätigkeiten.

„Es würde einer sehr genauen Durchsicht der Unternehmungsinvestitionen bedürfen, um beispielsweise mit Sicherheit feststellen zu können, welche Umstellungen und Veränderungen dem durch kostensenkende Maßnahmen rationalisierten Prestigestreben des Unternehmens entspringen, und zu prüfen, welche der Ausgaben für das Prestige selbst der Produktions- und welche der Verbrauchsseite des Hauptbuches zu belasten sind. Die ästhetischen Ausführungen von Produktionsmaschinen, Fabrikgebäuden und Betriebsanlagen stellen gegenüber dem Verbrauch zwar eine etwas andere Art von ‚demonstrativer Investition' dar. Wir können jedoch nur dann, wenn wir einen rein „ökonomischen" (economizing) Standpunkt einnehmen, zwischen dem Ziel der Maximierung der Produktion und anderen Zielsetzungen zeremonieller, religiöser, prestigebesetzter Art, die in dem gegebenen Zusammenhang mit verfolgt werden, unterscheiden . . . Die Männer, die im 19. Jahrhundert als einziges undifferenziertes Ziel Reichtum oder wirtschaftliche Rentabilität zu erstreben meinten, täuschten sich sicherlich selbst über die ganze Breite ihrer Motive. Nichtsdestoweniger glaube ich sagen zu können, daß der ‚Unternehmungskonsum' (corporate consumption), den heute jedes Unternehmen als ein kleiner Wohlfahrtsstaat für sich im Wirtschaftsleben betreibt, unser Wissen von den Motiven gründlich umzugestalten und neu zu ordnen beginnt"[128].

Den Trend zu Demonstrationseffekten mit Hilfe von Unternehmungsinvestitionen führt *Riesman* auf den soziologischen Wandel auf seiten der Unternehmer zurück[129].

Während sich der Unternehmer bäuerlicher Abstammung in früheren Zeiten auch im Geschäftsleben als „innengeleiteter" Individualist betätigte, macht der „außengeleitete" Unternehmer der Neuzeit sein Verhalten vom Verhalten der Unternehmerkollegen und Geschäftsfreunde abhängig. Die innengeleitete Lebensweise bot demjenigen Unternehmer, der seinen

---

[127] *Riesman*, D.: New Standards for Old, ebenda.
[128] *Riesman*, D.: New Standards for Old, a.a.O., S. 229.
[129] Vgl. *Riesman*, D.: Die einsame Masse, a.a.O., passim.

sozialen Status durch den gesellschaftlich geforderten Beitrag zur Produktion gesichert hatte, Raum für seine Extravaganzen auf dem Feld der „conspicuous consumption" (vgl. *Veblen*). Im Stadium der Außenlenkung läßt sich der Unternehmer auch im Investitionsgüterbereich nicht mehr wie früher allein von finanziellen Erwägungen leiten, sondern sieht sich gezwungen, nach neuen Zielen seines Verhaltens Ausschau zu halten[130].

„Er muß auf die anderen horchen, um zu erfahren, wie ihrer und der öffentlichen Meinung nach ein richtiger Unternehmer aussehen soll. So wird jene hohe seelische Empfindsamkeit, die sich zunächst aus der Angst, als Preisunterbieter zu gelten, ergibt, nun auch noch von der Angst genährt, in anderen Dingen hinter der Mode zurückzubleiben. Seiner Furcht, als Geschäftsmann wirtschaftliche Ziele zu verfolgen, die womöglich durch andere nicht anerkannt werden, entspricht die Angst, daß sein Privatleben vielleicht in Bahnen verläuft, die nicht mehr modern sind. Da er sich dauernd an den anderen und den allgemeinen Konsumnormen orientiert, sieht er auch sein eigenes Unternehmen vom Gesichtspunkt des Verbrauchers"[131].

Im Investitionsverhalten prägt sich dieser Wandel darin aus, daß man alles tut, um das Ansehen der Firma zu heben: „Plötzlich liegt die ‚*Fortune*' auf dem Schreibtisch, man tritt in einen Unternehmerverband ein, Umsatz und Gewinn treten in den Hintergrund vor Belegschaftsfragen und sozialen Einrichtungen, wie sie von jedem modernen Betrieb erwartet werden. Eine Reihe von Halbintellektuellen und Akademikern rückt an: Direktoren für die ‚Industrial Relations'-Abteilung, für die Betriebsausbildungsabteilung, für die Sozialabteilung. Eine Werkzeitung erscheint, es gehen Aufträge an Marktforschungs- und Betriebsplanungsinstitute heraus, die Gebäude werden modernisiert, zumindest ihre Fassaden. Das alles zeugt von dem Bestreben, das Ansehen der Firma zu heben. Der Gewinn ist hierfür nur eines unter vielen anderen nützlichen Mitteln, er wird vor allem dafür verwendet, die von außen diktierten Geschäftserweiterungen durchzuführen, durch die allein das Ansehen der Firma aufrechterhalten werden kann"[132].

Diese Wandlungen in der Unternehmermentalität faßt Paul *Lazarsfeld* schlagwortartig in der Formel „Vom Bankkonto zum Spesenkonto" zusammen. Wie die Produktionsnormen und -ideale von einst mit dem Bankkonto, so verbinden sich die modernen Aufwands- und Verbrauchsnormen mit dem Spesenkonto[133]. „Mit dem Spesenkonto verschafft man sich die

---

130 „The former individuality which distinguished the American businessman is rubbed off. He seeks status in his ability to run a smooth, attractive, and pleasant social and technological organization." (*Riesman*, New Standards for Old . . ., a.a.O., S. 230).

131 Die einsame Masse, Hamburg 1958, S. 145.

132 *Riesman*, D.: Die einsame Masse, a.a.O., S. 146.

133 Vgl. *Rosenstiel*, F. H.: Die Spesenkonto-Wirtschaft, in: Frankfurter Allgemeine Zeitung v. 29. November 1958.

‚guten gesellschaftlichen Beziehungen' zu den ‚richtigen' Leuten und Stellen. Dadurch verwischt sich aber auch die Trennung zwischen Arbeit und Vergnügen, die der innen-geleitete Mensch so genau auseinanderzuhalten wußte. Seine Konsumhaltung übernimmt der erfolgreiche außen-geleitete Mensch nicht nur insofern ins Geschäftsleben, als er seine eigene Firma mit den Augen des Verbrauchers abschätzt, sondern auch, wenn er sich den ‚Strapazen' einer Konferenz unterzieht"[134].

Die prestigeorientierte Unternehmung wird also Ort und Medium der ‚Demonstration':

„Im großen und ganzen haben die Unternehmungen heute den Platz der reichen Privatleute und Familien von früher übernommen. Wenn jedermann heute in einfachen Häusern lebt, die natürlich innen sehr gut eingerichtet sind, bauen die Unternehmungen vollendete Villen, genannt Büros, und phantastische Jagdhäuser für ihre leitenden Angestellten. Der Privatwagen auf der Eisenbahn ist schon längst durch das firmeneigene ‚Vorstands'-Flugzeug abgelöst worden. Tatsächlich sind viele Funktionen des Transports, des Essens und Trinkens und des luxuriösen Lebensstils auf die Unternehmung übergegangen . . . Den Firmen kommen diese Möglichkeiten zum Wettbewerb mit Hilfe demonstrativer Investitionen ganz gelegen, denn sie bilden in einer oligopolistischen Wirtschaft mit weitgehender Nivellierung der Einkommen eine Quelle von Differenzierungsmerkmalen"[135].

„Viele persönlichkeitsbezogenen Motive von früher sind heute im Unternehmungsbereich institutionalisiert wiederzufinden"[136]. Stets können dabei ‚Gebrauchsnutzen' und zusätzlicher ‚Geltungsnutzen' der Unternehmung ineinander übergehen. So etwa nennt *Riesman* das kostspielige Lookheed-Laboratorium „ein Schloß, wo Wissenschaftler sowohl zur Schau gestellt als auch zu Forschungszwecken eingesetzt werden"[137].

Der sachgebundenen Komponente der ‚conspicuous production' widmet insbesondere *Galbraith* seine Aufmerksamkeit[138].

4. Das Prestige der Produktion in der ‚Überflußgesellschaft'

Galbraith sieht ebenso wie *Riesman* im sozialen Wandel die Ursachen für das Entstehen der ‚conspicuous production', die im „herkömmlichen

---

[134] *Riesman*, D.: Die einsame Masse, a.a.O., S. 148.

[135] *Riesman*, D. und *Rosebourough*, H.: a.a.O., S. 10.

[136] *Riesman*, D.: New Standards for Old . . ., a.a.O., S. 231.

[137] *Riesman*, D. und *Roseborough*, H.: Careers and Consumer Behavior, a.a.O., S. 11.

[138] Vgl. *Galbraith*, John Kenneth: The Affluent Society, London 1958, deutsche Ausgabe: Gesellschaft im Überfluß, München – Zürich 1959.

Konzept", der Mangelwirtschaft *Ricardos*, keinerlei Chancen zu ihrer Verwirklichung besaß[139].

In der modernen Wirtschaft ergeben sich jedoch andere Probleme für den Wirtschaftler. Sie ist eine „mixed economy"; „about two thirds of it falls under the general heading of mass production and distribution, continuous flow of goods and dynamic change. About one sixth is operated by the government, with methods inconsistently conforming to socialism. The rest (about one sixth) comprises roughly what is included in ‚small business' and more nearly conforms to the assumptions of classic analysis . . ."[140].

„Not scarcity but capacity to overproduce to the point of surplus determines values, prices, processes, and judgments"[141].

In dieser Gesellschaft vollzieht sich unter dem Zwang zur Massenproduktion eine solche Bedarfsweckung und Befriedigung der Nachfrage nach dauerhaften Konsumgütern, daß diese ihre Qualität als Statusindikator weitgehend verloren haben. *Galbraith* berichtet aus den USA:

„Ein prächtiges, dick gepolstertes und mit einem überstarken Motor versehenes Auto macht heute keinen Eindruck mehr, denn Autos dieser Art sind zu einem Massenartikel geworden. Auch ein Haus in Palm Beach erhöht das Prestige seines Besitzers nicht, wenn Tausende von Hotelzimmern in Miami Beach pro Tag genau so viel kosten . . . Presse, Radio, Fernsehen, ganz besonders aber der Film sorgen dafür, daß die breiten Massen den üppigsten Prunk nicht mehr an den Töchtern der Reichen zu sehen bekommen, sondern an den Töchtern von Grubenarbeitern und Handlungsreisenden"[142].

Doch ist das Prestige des Reichen nicht nur durch die Vulgarisierung von Luxus und demonstrativem Aufwand auf die breiten Schichten überkommen und dadurch zurückgegangen, sondern hat sich auch auf andere Gegenstände und Objekte konzentriert. Der reiche und nach Prestige strebende Amerikaner benutzt heute andere, versachlichte Statusmerkmale. „Er wird Aufmerksamkeit erregen, wenn er seinen Reichtum kulturellen Zwecken, dem technischen Fortschritt oder irgendwelchen nützlichen Hobbies widmet. Eine erstklassig geführte Farm wird ihm womöglich zur Ehre gereichen – nicht aber ein noch so gepflegter Herrensitz. Schön und modern eingerichtete Kuhställe sollte er haben, nicht aber luxuriöse Rennpferde"[143] Heute ist auch der Reiche gezwungen, um sein Prestige zu kämpfen. Prestigebesetzt ist aber vor allem der Bereich der Produktion:

---

[139] Vgl. *Galbraith*, J. K.: a.a.O., S. 138.
[140] *Knauth*, O.: Business Practices, Trade Position, and Competition,a.a. O., S. 12.
[141] *Knauth*, O.: a.a.O., S. 8.
[142] *Galbraith*, J. K.: a.a.O., S. 106.
[143] *Galbraith*, J. K.: a.a.O., S. 107.

„Heutzutage fallen Ansehen und Macht weit mehr den Männern zu, die ohne Rücksicht auf persönlichen Reichtum in der Produktion stehen und den Produktionsprozeß dirigieren. Der Generaldirektor eines mächtigen Konzerns ist unter allen Umständen ein Mann von Bedeutung. Der Reiche kann durchaus unbedeutend sein, und er ist es auch oft"[144].

Die Vorrangstellung der Produktion besonders im amerikanischen Denken beruht darauf, daß man sie mit dem Vernünftigen und Praktischen schlechthin identifiziert und Erfolg oder Mißerfolg jeder Tätigkeit am Ausmaß ihrer Produktivität beurteilt.

„Einen vorhandenen Entwurf zu verbessern oder die Erzeugung von Dingen zum Gebrauch und Vergnügen des Menschen zu vermehren, das ist der wichtigste Lebenszweck. Dieser Lebenszweck wird mit einem Feuereifer und einer Hingabe verfolgt, die in andern Gesellschaften dem Streben nach Heiligkeit und Weisheit oder aber der Kriegführung gewidmet wurden"[145].

Die Produktionsgläubigkeit und der Nimbus, mit dem die Produktion umgeben wird, entstammen noch einer Zeit, die vom ricardianischen Denken bestimmt war. In der „Gesellschaft des Überflusses" werden Investitionen größtenteils nur getätigt, um „die Sucht nach noch eleganteren Autos, nach noch mehr exotischen Leckereien, nach noch mehr erotisch betonter Kleidung, nach noch raffinierterem Amusement – kurz, die ganze heutige Skala sinnlicher, ‚kultureller' oder gar tödlicher Wünsche" zu befriedigen[146].

Mit Hilfe der Produktion werden also jene Wünsche befriedigt, die *Keynes* im Unterschied zu den „absoluten" die „relativen" nennt[147], „weil nämlich ihre Befriedigung uns über die Nachbarn hinaushebt, uns ein Gefühl der Überlegenheit schenkt"[148].

Das Prestige der Produktion an sich überträgt sich auch auf den Unternehmer und Wirtschaftsführer, der in der amerikanischen Gesellschaftsordnung eine Zentralstelle[149] einnimmt. Sein persönliches Prestige ist in

---

[144] *Galbraith*, J. K.: a.a.O., S. 108.

[145] *Gorer*, G.: Die Amerikaner, Hamburg 1958, S. 111.

[146] *Galbraith*, J. K.: a.a.O., S. 156; vgl. auch *Cartier*, Raymond: 48 mal Amerika, München 1954, S. 217 ff.

[147] *Keynes*, J. M.: Essays in Persuasion, zit. nach *Galbraith*, a.a.O., S. 166.

[148] „Niemand wird ernsthaft behaupten können, daß der Stahl, der unsere Autokarosserien um etliche rein dekorative Dezimeter verlängert, ein dringendes Bedürfnis befriedige. Und für viele Frauen und manche Männer bedeutet die Kleidung schon lange nicht mehr Schutz gegen Kälte, sondern sie hat – wie die bunten Federn der Vögel – fast ausschließlich erotischen Charakter." (*Galbraith*, J. K.: a.a.O., S. 138 f.); vgl. auch *Abbott*, Lawrence: Qualität und Wettbewerb, München – Berlin 1958.

[149] Vgl. *Harbison*, F. und *Myers*, Ch.A.: Management in the Industrial World, New York 1959, S. 85.

dem Maße gestiegen, wie die Produktion immer mehr das ökonomische Denken monopolisiert hat. „Der Titel eines Produzenten ist, wie es scheint, ein gesicherter Ehrentitel. Der Chef einer Schnapsbrennerei, eines Freiluftkinos oder einer Hunderennbahn ist ein „Produzent", freilich kein Erzeuger von primär wichtigen Gütern, aber dennoch – er ist Produzent. Als solcher gilt er in seiner Umgebung als eine Stütze des Gemeinwesens, eine Säule und Quelle des Reichtums und genießt ein Ansehen, das nicht unbedingt im gleichen Maß auch dem Rektor eines Gymnasiums oder dem Ortspfarrer gezollt wird"[150].

Auf dieser Wirtschaftsmentalität fußt die Einstufung des Unternehmers als „Mann der Praxis"; sein Nimbus leitet sich von der Verbindung mit dem Produktionsprozeß her[151].

In der Überflußgesellschaft kommt deshalb auch der Investition eine andere Rolle zu als in der wirtschaftlichen Konzeption der Klassik: Diese erklärte Investitionen als eine Serie individueller Entscheidungen, um ein je festgelegtes Maximum zu realisieren, während in ersterer „investment is to a large degree compulsory, being made in order to create the rounded operation which is necessary to maintain or improve trade position . . ."[152].

Während sich das „trade position motive" der Unternehmung in der Hauptsache auf die Durchführung ‚marktwirksamer' Investitionen mit Kapazitätseffekt richtet, erfordern die Prestigebedürfnisse der Unternehmungsangehörigen eine Vielfalt innerbetrieblicher Investitionen, denen im amerikanischen Raum insbesondere *Packard* und *Riesman* eingehende empirische Untersuchungen gewidmet haben[153].

Welche Modifizierungen ihre Darlegungen durch die deutschen Verhältnisse der Nachkriegszeit erfahren, sei im folgenden Abschnitt untersucht.

5. Prestige als Investitionsnorm in Westdeutschland

Im Jahre 1955 erschien Henry C. *Wallichs* Buch „Triebkräfte des deutschen Wiederaufstiegs" in deutscher Sprache[154]. In diesem Werk beschreibt *Wallich* auf Grund statistischen Tatsachenmaterials den wirtschaftlichen Wiederaufschwung Westdeutschlands, darunter auch die Industriestruktur und Finanzierung der Investitionen, als einen typisch produktionsorientierten wirtschaftlichen Wachstumsprozeß[155], wie er die

[150] *Galbraith*, J. K.: a.a.O., S. 200.
[151] Vgl. *Bonner*, H.: Social Psychology, a.a.O., S. 286 f.
[152] *Knauth*, O.: a.a.O., S. 139.
[153] Vgl. die Abschnitte 2 und 3.
[154] Vgl. *Wallich*, H. C.: „The Mainsprings of the German Revival", deutsche Ausgabe Frankfurt am Main 1955.
[155] Vgl. *Wallich*, H. C.: a.a.O., S. 23 ff.

deutsche Wirtschaftsmentalität überhaupt als „produktionsorientiert" bezeichnet[156].

Bei den Investitionen, deren größenmäßiger und wirtschaftssektoraler Anstieg deutschen statistischen Quellen entnommen ist[157], überwiegen die „autonomen" Investitionen, „beruhend auf Neuerungen, Spekulationen und optimistischen Erwartungen", gegenüber den Investitionen, die „induziert", also vom wachsenden Verbrauch veranlaßt werden. Konsum und Bedarf spielten dabei eine sekundäre Rolle, die Antriebskräfte kamen in erster Linie von seiten der Produktion und des Angebots[158].

Auch die Einkommensverwendungsseite zeigt den hohen Anteil der Investitionen, deren Wachstumsraten beträchtlich über den entsprechenden Werten der meisten westeuropäischen Staaten lagen. Die Aufbringung der Investitionsmittel erfolgte im Zeichen eines ausgeprägten Verkäufermarktes zum großen Teil auf dem Wege der Selbstfinanzierung[159].

Obwohl die betriebliche Investitionspolitik damit der selektiven Funktion des Kapitalmarktes entbehrte und im privatwirtschaftlichen Bereich auch keine dirigistische Investitionsplanung stattfand, sind nach *Wallich* zwar viele geringfügige, aber keine wirklich bedeutsamen Beispiele von Kapitalfehlleitung bekannt geworden.

Anfangs war der Investitionsbedarf nämlich so gewaltig, daß sich praktisch sämtliche Kapitalanlagen rentabel gestalteten. Das Wachstum der Wirtschaft war groß genug, um zeitweilige Überinvestitionen, mit wenigen Ausnahmen, zu ‚verkraften'. Aus diesem Grunde fällt es auch schwer, ausgesprochen prestigemotivierte Investitionen anhand einer Statistik der Kapitalfehlleitungen und der Zusammenbrüche infolge nichtgenutzter Überkapazität nachzuweisen. „Die Wirtschaft schluckte es eben", und die staatliche Steuerpolitik unterstützte diese Tendenzen in erheblichem Umfang[160].

Wallich weist auch auf den Zusammenhang hin, der zwischen ‚demonstrativem' Investitionsaufwand und einer diesen Aufwand honorierenden Steuerpolitik des Staates besteht. „Daß sich das Finanzamt ziemlich stark an den Kosten beteiligte, verursachte einen gewissen unnötigen Investitionsaufwand, der in die Augen fällt. Mehr Marmor, Chrom, Edelhölzer

---

156 Vgl. *Wallich*, H. C.: a.a.O., S. 232.

157 Insbesondere Berechnungen des Statistischen Bundesamtes und des Bundeswirtschaftsministeriums.

158 Vgl. *Wallich*, H. C.: a.a.O., S. 24.

159 Vgl. *Leist*, K.: Investitionen und Sozialstruktur in Westdeutschland, Diss. Hamburg 1956, S. 30 ff.; *Schäfer*, E.: Die Unternehmung, Köln und Opladen 1956, S. 346.

160 Vgl. *Schmölders*, G.: Allgemeine Steuerlehre, 3. Aufl., Berlin 1958.

und teure Stoffe dürften in die Ausstattung der Kontore und Fabriken gegangen sein als dies unbedingt erforderlich war"[161].

In Nachkriegsdeutschland ist die Erringung materiellen Wohlstandes samt der Aufrechterhaltung einer einmal errungenen sozialen Position mit allen Mitteln zu einem zentralen Wert geworden:

„Seit Ende des zweiten Weltkrieges hat der Drang nach wirtschaftlichen Werten die „Amerikanisierung" Deutschlands beschleunigt. Eine gewisse Mannigfaltigkeit der Wertordnung bleibt noch bestehen; aus den erwähnten Gründen dürfte sie aber der Konzentration auf wirtschaftliche Werte nicht im Wege stehen"[162].

„Gesellschaftliche Position (wird) in unserer Gesellschaft immer ausschließlicher von materiellen Gegebenheiten her definiert"[163].

Die Überbewertung harter Arbeit als Wert an sich hat ihre Ursache nicht nur in bestimmten naturhaften Lebensumständen, sondern auch in jenem „Schaffensdrang"[164], der auf das Vorherrschen des Willens gegenüber dem Verstand[165], also auf ein stärker emotionales Element zurückzuführen ist[166].

„Neben den bereits erwähnten Ursachen dieses Arbeitsdrangs mag das Verhalten des deutschen Geschäftsmanns auch die Tendenz von Nachahmern und Nachkömmlingen widerspiegeln, die Dinge weiter zu treiben als ihre Urheber. Das moderne Geschäftsleben ging von England aus, aber dort blieb es immer noch ein Teil der allgemeinen Existenz. Die Rechte anderer Lebensbereiche wurden weiterhin anerkannt. Die deutschen – und mehr noch die amerikanischen – Geschäftsleute entdeckten jedoch, daß Geschäftemachen das ganze Leben einnehmen kann . . ."[167].

Ein weiteres Kennzeichen der charakterlichen Eigenschaften des deutschen Unternehmers erblickt *Wallich* in dem ausgeprägten Sicherheitsstreben, das sich etwa in der Abneigung gegen aktiven Wettbewerb auf dem Binnenmarkt äußert und der Ordnung des Wettbewerbs im Form organisierter Kartelle und ähnlicher Firmenzusammenschlüsse zustrebt. „Bei solchen Arrangements dürfte ein Gefühl der Unsicherheit mitspielen, einschließlich der Sorge um die Position auf der sozialen Stufenlei-

---

161 *Wallich*, H. C.: a.a.O., S. 155.

162 *Wallich*, H. C.: a.a.O., S. 312.

163 *Kluth*, H.: Sozialprestige und sozialer Status, a.a.O., S. 55.

164 Vgl. *Hellpach*, Willy: Der deutsche Charakter, Bonn 1954, S. 171.

165 Vgl. *Müller-Freienfels*, R.: Psychologie des deutschen Menschen und seiner Kultur, 2. Aufl., München 1930, S. 80.

166 Vgl. auch *Bonner*, H.: Social Psychology, a.a.O., S. 277 ff.

167 *Wallich*, H. C.: a.a.O., S. 316; vgl. auch *Pritzkoleit*, K.: Die neuen Herren, Wien – München – Basel 1955; ders.: Bosse, Banken, Börsen, München o. J.; ders.: Glück und Geld, a.a.O.; *Mönnich*, H.: Das Land ohne Träume, München 1957.

ter, deren Erhaltung und Schutz dringlicher ist als die Wahrnahme von Aufstiegsmöglichkeiten"[168].

Neben den Arbeitsdrang des Unternehmers tritt die Betonung der Technik und produktionstechnischer Gesichtspunkte etwa gegenüber verkaufspolitischen Zielen zurück: „Technische Erfindungen hatten am deutschen Wirtschaftserfolg schon immer großen Anteil. Die Betonung der Produktionsseite der Wirtschaft gestattet eine beschleunigte Verwertung der Forschungsergebnisse. Dies zeigt sich in der Tatsache, daß viele deutsche Konzerne technisch auf dem letzten Stand sind"[169].

Als besonders kennzeichnend für die Wirtschaftsaufstiegsmentalität der Unternehmer betrachtet *Wallich* die durch wirtschaftlichen Erfolg erhöhte Selbstsicherheit und den „Rausch des Wieder-Wirtschaften-Könnens". „In dieser neuen Atmosphäre wurde der charakteristische deutsche Arbeitsdrang noch zusätzlich verstärkt. Erstens nahm die Konzentration auf materielle Werte noch zu. Die wirtschaftlichen Existenzgrundlagen mußten wieder geschaffen werden, bevor andere Interessen Beachtung beanspruchen durften. Kulturelle Interessen, Politik und Gesellschaftsleben hatten im Hintergrund zu bleiben, während sämtliche Energien dazu dienten, von neuen wirtschaftlichen Möglichkeiten Gebrauch zu machen.

In zweiter Linie hatten viele Leute ganz von unten her anzufangen ..."[170].

Zugunsten der Investitionsorientierung spricht nach *Wallich* auch die höhere Werteinstufung des Vermögens gegenüber dem Einkommen, die beim Wiedererringen der verlorenen Position eine große Rolle spielte. „Die typische Antwort des Deutschen der gesellschaftlichen Oberklassen, auf den Hinweis, daß er doch seinen Vorkriegsstandard wieder erreicht habe, lautet: „Die Substanz fehlt noch". Nur wenn sie ersetzt ist, wird der Wiederaufbau vollständig und die alte gesellschaftliche Position von neuem erreicht sein"[171].

Daß Deutschland nach dem verlorenen Krieg nach den USA und der UdSSR zur führenden Industriemacht der Welt emporgestiegen ist, muß nach *Schlamm*[172] aus einer Umschichtung der Werteordnung begründet werden. „An der Spitze ihrer neuen Rangordnung der Werte steht ‚private

---

[168] *Wallich*, H. C.: a.a.O., S. 317; vgl. auch *Lauterbach*, A.: Social Factors in Business Uncertainty, in: *Bowman*, Mary Jean (Ed.): Expectations, Uncertainty, and Business Behavior, New York 1958, S. 97; *Redlich*, F.: Unternehmungs- und Unternehmergeschichte, a.a.O., S. 536.

[169] *Wallich*, H. C.: a.a.O., S. 317 f.; vgl. auch *Hasenack*, W.: Die Anlagenabschreibung im Wertumlauf der Betriebe und die Sicherung der Wirtschaft, in: Zeitschr. f. Betr. Wirt., 15. Jg., S. 130; *Gutenberg*, E.: Untersuchungen über die Investitionsentscheidungen industrieller Unternehmen, a.a.O., S. 95 ff.

[170] *Wallich*, H. C.: a.a.O., S. 32.

[171] *Wallich*, H. C.: ebenda.

[172] Vgl. *Schlamm*, William S.: Die Grenzen des Wunders, Zürich 1959, S. 9 ff.

Karriere' – nicht mehr ,Vaterland' oder ,Ideologie' oder ,Weltanschauung'. Geschäfte, und nichts als Geschäfte, sind des neuen Deutschen Geschäft''[173].

Aus dieser egoistischen, privatbezogenen Grundhaltung erklärt *Schlamm* auch die ,,Investitionskühnheit'' der 50er Jahre, die in Europa nicht ihresgleichen hatte und auf transzendente Wurzeln zurückzuführen ist, auf ein ,,gewaltiges Bedürfnis nach ,überpersönlicher Hingabe' – selbst dann, wenn das Ziel, wofür sie angesetzt wird, bloß die persönliche Karriere ist''[174].

Ebenso wie *Wallich* hebt *Schlamm* das durchgehende Streben nach Teilnahme an materiellem Wohlergehen und wirtschaftlichem Aufstieg hervor[175] und spricht von der Faszination, die von der eigenen Karriere ausgehend der ,,gemeinsame Nenner der kollektiven Sehnsüchte'' ist. Das Erstaunlichste ist für ihn jedoch, daß er als Außenstehender so wenig Stolz auf die eigene Leistung zu spüren bekam. Er bezeichnet die Deutschen als ,,wahre Rekordträger der Reserviertheit und des korrekten ,understatement'. ,Innerlich waren sie natürlich alle stolz; aber es war ein Stolz auf dieses einen Menschen privaten Erfolg – kein hörbarer Hochmut auf die nationale Leistung''[176].

Die Beobachtung ,,konservativer Eleganz'' bei bestimmten Investitionen[177] stimmt überein mit dem Streben zum Leistungshaft-Soliden, das mit Hilfe ,,sachgebundener'' Investitionen die Unternehmungsleistung demonstriert[178].

Solidität, Arbeitswut und leidenschaftliche Hingabe an die Unternehmung als objektiven Wert kennzeichneten bereits den Unternehmer des 19. Jahrhunderts[179]. Während dieser jedoch nie an der Spitze der sozialen Rangordnung stand[180] – ganz im Gegensatz etwa zu Nordamerika, wo Staat und hochkapitalistischer Unternehmer gleichzeitig geboren wurden – hat sich heute ein bedeutender Wandel vollzogen: ,,German management of today no longer resembles its lower-middle-class predecessors. Over the years, the acquisition of economic and political power carried the executive into higher status groups . . . After some setbacks under Hitler and in the early postwar period, the businessman managed to reestablish

---

[173] *Schlamm*, W. S.: a.a.O., S. 12.

[174] *Schlamm*, W. S.: a.a.O., S. 14.

[175] *Schlamm*, W. S.: a.a.O., S. 18: „Die deutsche Luft ist in der Tat dick von physischem Wohlergehen, und die Üppigkeit des Lebens ist beinahe klebrig."

[176] *Schlamm*, W. S.: a.a.O., S. 19.

[177] Vgl. *Pritzkoleit*, K.: Glück und Geld, a.a.O., S. 122.

[178] Vgl. Spiegel-Interview mit Generaldirektor H. Nordhoff, in: Der Spiegel, 13. Jg. (1959), Nr. 40, S. 40 ff.

[179] Vgl. *Sombart*, W.: Die Deutsche Volkswirtschaft im neunzehnten Jahrhundert und im Anfang des zwanzigsten Jahrhunderts, 7. Aufl., Berlin 1927.

[180] Zu den Ausnahmen in Staat und Gesellschaft vgl. *Knight*, Maxwell E.: The German Executive, Stanford 1952.

himself in the upper ranks of society. On the solid bases of prestige, power, and wealth, he views for prominence among the members of other high-status groups"[181].

Der Unternehmer, insbesondere der ‚Eigentümer-Unternehmer' betrachtet sich nach *Hartmann* als Sachwalter des Privateigentums, der zu seiner Tätigkeit ‚berufen' wurde und als Mitglied einer gesellschaftlichen Elite eine außerordentlich mächtige Persönlichkeit darstellt[182], trotz aller betrieblicher Entwicklungen.

„Mag die Unternehmerfunktion noch so sehr aufgespalten und in Teilaufgaben an bürokratisierte Verwaltungsorgane delegiert sein: die Tragweite der Entscheidungen an der Spitze hat eher noch zugenommen, der Anspruch an Intelligenz, Weitblick und persönliche Durchschlagskraft der Inhaber führender Posten ist eher noch größer geworden"[183].

Der die Investitionsentscheidungen treffende Spitzenstab der Unternehmung, das „top management", ist augenblicklich in der Bundesrepublik zumeist so organisiert, daß er von einem technischen und einem kaufmännischen Direktor gebildet wird, über denen der Generaldirektor bzw. Vorstandsvorsitzer steht. Andere Stabsleiter mit eigenen Ressorts bzw. Funktionen können dem Direktorium bei- oder untergeordnet sein[184]. Die Vorbereitung der Investitionsentscheidungen auf den unteren Stufen der Hierarchie ist von großer Wichtigkeit, da sich „in der Großunternehmung die letzte Entscheidung typischerweise in zahllosen Sitzungen und inoffiziellen Unterhaltungen und Debatten auf verschiedenen Stufen der Unternehmungshierarchie" formt[185]. Insbesondere können sich dabei auch Untersuchungen auswirken, die ‚Stabsleuten', Chemikern, Psychologen, Volkswirten, Statistikern und Technikern übertragen werden, um Tatsachen oder Entwicklungstendenzen festzustellen. Durch die Auswahl der Tatsachen und die Form ihrer Darstellung gewinnen diese Personen oft einen unbeabsichtigten Einfluß auf die endgültige Entscheidung. Über diese Beziehungen berichtet *Schmalenbach*:[186]

„Besonders die jungen Ingenieure kommen immer mit Vorschlägen, die mit Betriebsverbesserungen Erhöhungen der Kapazität verbinden. Der Zusammenhang ist von einer derartigen Regelmäßigkeit, daß man schon von

---

[181] *Hartmann*, H.: Management in Germany, in: *Harbison*, F. und *Myers*, Ch. A.: a.a.O., S. 268.

[182] *Hartmann*, H.: a.a.O., S. 269.

[183] Vgl. *von Eynern*, M.: Artikel „Unternehmer", in: Handwörterbuch der Soziologie, a.a.O., S. 581.

[184] Vgl. *Salin*, E.: Artikel „Manager", in: HdSW, 1959, S. 111.

[185] Vgl. *Redlich*, F.: Artikel „Unternehmungs- und Unternehmergeschichte", a.a.O., S. 540.

[186] *Schmalenbach*, E.: Der freien Wirtschaft zum Gedächtnis, 3. Aufl., Köln u. Opladen 1958, S. 90.

einer Gesetzmäßigkeit sprechen kann. Aber die Kehrseite besteht darin, daß auf diese Weise in einem fort eine Erhöhung der Kapazität eintritt, auch wenn die wirtschaftliche Lage dagegen spricht."

Im Streben nach Expansion der Betriebe erblickt *Schmalenbach* auch den bestimmenden Grund für die „Übersteigerung der Kapazitäten", die er als durchgängige Krankheitserscheinung der ‚freien Wirtschaft' ansieht:

„Wohl alle Wirtschaftsberater, die für solche Dinge ein offenes Auge haben, geben zu, daß bei den weitaus meisten Gewerbezweigen die vorhandenen Kapazitäten in normalen Zeiten übersetzt waren"[187]. Und aus seinen persönlichen Erfahrungen mit Unternehmern berichtet er:

„Von den vielen erfolgreichen Unternehmern, die mir in meinem Leben begegnet sind und mit denen ich mich über ihre Betriebe, ihre Absichten und ihre Träume unterhalten habe, habe ich kaum einen gekannt, dem nicht als Ideal der größere Betrieb vor Augen schwebte . . . Auch diejenigen meiner Unternehmerfreunde, die ausgezeichnet zu rechnen verstanden, vergaßen das Rechnen, wenn sie an ihre Luftschlösser dachten"[188].

Die Neigung zur Vergrößerung der Kapazität über den Optimalbedarf hinaus und damit zur Kapitalfehlleitung und Kostensteigerung wurde bereits in früheren Jahren beobachtet und ermittelt[189]; nach dem Kriege ist die Produktionskapazität nach *Schäfers* Ermittlungen insbesondere in der Seifenindustrie, der Teigwarenindustrie und der Kunstseidenindustrie, die nicht mit der Abwendung der Moderichtung von der Kunstseide (Rayon) gerechnet hatte, übersteigert worden[190].

Während sich hier die Auswirkungen der Überkapazität auf die ganze Branche erstreckten, kamen auch Fehlexpansionen einzelner Unternehmungen bei an sich gesunden Wirtschaftszweigen vor, die dem „embarras de richesse" zum Opfer fielen[191], sei es in Fragen der persönlichen Lebenshaltung[192], oder auf Grund expansionistisch eingestellter Verwaltungen:

---

187 *Schmalenbach*, E.: a.a.O., S. 87.

188 *Schmalenbach*, E.: a.a.O., S. 88.

189 So stellte Albert *Hesse* auf Grund der Materialien des Vereins Deutscher Maschinenbauanstalten für die Maschinenindustrie in den Jahren 1925–1927 eine Auslastung der Kapazität von nur 51%–64% fest (vgl. *Hesse*, A.: Die wirtschaftliche Lage und Entwicklung der deutschen Maschinenindustrie seit der Stabilisierung, Diss. Köln 1930). – Vgl. auch *Fleege-Althoff*, F.: Die notleidende Unternehmung, Bd. I: Krankheitserscheinungen und Krankheitsursachen, Stuttgart 1930.

190 Vgl. *Schäfer*, E.: Die Unternehmung, Köln u. Opladen 1956, S. 356.

191 Vgl. *Schäfer*, E.: ebenda.

192 Vgl. *Schäfer*, E.: a.a.O., S. 358; vgl. auch *Hahn*, G.: Ursachen von Unternehmermißerfolgen, Diss. Köln 1956, S. 42 f.: „Im Einklang mit den hohen Schulden und dem ‚ausgewiesenen Gewinn' standen Lebensführung und Aufwand der schließlich gescheiterten Unternehmer, die sich nicht auf die veränderte wirtschaftliche Lage umstellen konnten oder wollten. Es ist bemerkenswert, daß eine

„Sehr viele Betriebserweiterungen sind lediglich aus Prestigegründen erfolgt. Die Verwaltungen konnten der Sucht nach Expansion nicht widerstehen, obwohl ihr Betrieb bisher recht gut im Markt lag und einen Konkurrenzkampf nicht ernstlich zu fürchten brauchte. Aber das ersehnte Monopol war noch nicht erreicht. Das genügte dann als Anlaß zu unrentablen Angliederungen und Erweiterungen"[193].

Da das Verwaltungselement in der westdeutschen Wirtschaft nach dem Kriege gegenüber früher erheblich stärker geworden ist, führt auch diese Tendenz zur Stärkung des „Betriebes an sich" mit Hilfe zusätzlicher Kapazitätserweiterungen[194].

Einige Erscheinungsformen dieser Entwicklung werden im folgenden Abschnitt darzustellen sein, soweit dies nicht schon im direkten Zusammenhang geschehen ist. Insbesondere soll dabei versucht werden, zu einer Verfeinerung der aufgestellten Hypothesen zu gelangen.

Es bedarf hier keines näheren Hinweises auf die Schwierigkeit und Zufallsbedingtheit der Materialerhebung. Die von uns ausgewählten Beispiele sollen und können auch nicht die statistisch-repräsentative Testung der Prestigeelemente im Investitionsverhalten ersetzen; sie verfolgen vielmehr den Zweck, die in den beiden letzten Paragraphen untersuchten Abhängigkeiten zusammenzufassen und beispielhaft zu verdeutlichen.

§ 5 Erscheinungsformen des Prestigeelementes

1. Zur Methodik

Die empirische Untersuchung des Prestigeeinflusses auf die unternehmerischen Investitionsentscheidungen bedarf einer operationalen Definition des ‚Prestigeelementes', mit deren Hilfe es gelingt, Prestigeeinflüsse im Investitionsverhalten eindeutig zu ermitteln. Zur näheren Bestimmung des Prestigeelementes können wir uns auf die Ausführungen des zweiten Kapitels stützen, die als literarischer Hinweis für die Bildung unserer Hypothese zu betrachten sind.

Die Hypothese selbst soll im folgenden an Hand von Beispielfällen entwickelt werden. Diese mit einer gewissen Willkür herausgegriffenen Beobachtungen können die Aussagen über mögliche Zusammenhänge zwischen

---

in Hinsicht auf die wirtschaftlich unhaltbare Situation der Unternehmung nur als verschwenderisch zu bezeichnende Lebenshaltung oder auch Geschäftsführung der Unternehmer von diesen in der Regel nicht als anstößig angesehen wurde. Vielmehr betrachteten sie ihr Verhalten meistens als der besonderen Lage der Unternehmung angemessen."

[193] *Schmalenbach*, E.: Die Aktiengesellschaft, 7. Aufl., Köln und Opladen 1950, S. 218.

[194] Vgl. *Leist*, K.: Investitionen und Sozialstruktur in Westdeutschland, a.a.O., S. 75 f.

dem Prestigefaktor und seinen Auswirkungen im Investitionsverhalten zwar verdeutlichen, jedoch nicht in signifikanter Weise belegen.

„In other words, we make observations of each of the variables involved in the hypothesis and then determine, whether the relationship is of the nature stated by the hypothesis"[195].

Wir bewegen uns deshalb auf der ersten Stufe der exakten empirischen Arbeit, indem wir zu bestimmen versuchen, „wie und auf welche Art und Weise die zu testenden Variablen beobachtet und aufgezeichnet werden können"[196].

„A question, properly phrased, becomes a hypothesis which can then be subjected to empirical test"[197], wodurch sie verifiziert oder falsifiziert wird.

Auf die Probleme der Methodik und praktischen Durchführung der Hypothesentestung[198] kann in diesem Zusammenhang nur insoweit eingegangen werden, als sie zu unserer Themenstellung bereits vorliegende Untersuchungsergebnisse betreffen; diese werden im Schlußkapitel zu referieren sein.

2. Investition und Demonstrationseffekt

Als Kriterium für die Wirksamkeit des Prestigeelementes im Investitionsverhalten kann man den Wunsch nach Demonstration des sozialen Status des Unternehmers bzw. der Unternehmung benennen.

In Verbindung mit der unternehmerischen Persönlichkeitsstruktur sind hier alle jene Kräfte und Strebungen zu nennen, die der Umwelt gegenüber zur Erhöhung des eigenen Ichs tendieren und im direkten Sinne prestigemotiviert sind[199].

Sie finden ihren Niederschlag im Streben nach Teilhabe am sozialen Status der Geschäftsfreunde, die bereits etwa ein Reitpferd, Sportflugzeug, Land- und Jagdhaus, einen Golfplatz oder eine renommierte Inneneinrichtung besitzen. Die Demonstration vollzieht sich hier zumeist als

---

[195] *Edwards*, Allen L.: Experiments: Their Planning and Execution, in: Handbook of Social Psychology, Vol. I, ed. by Gardner Lindzey, 3. Aufl., Reading, Massachusetts, London 1959, S. 261.

[196] *Edwards*, Allen L.: a.a.O., S. 264.

[197] *Edwards*, A. L.: a.a.O., S. 286.

[198] Vgl. dazu *Scherhorn*, G.: Methodologische Grundlagen der sozialökonomischen Verhaltensforschung; Köln u. Opladen 1960; ferner die Beiträge von *Mosteller*, Frederick, *Bush*, Robert R. und *Green*, Bert F., in: „Handbook of Social Psychology", a.a.O., S. 289 ff., 335 ff.

[199] Im direkten Sinne bedeutet hier die Vorrangigkeit von Prestigeüberlegungen vor möglichen anderen Zielsetzungen, die insbesondere bei unternehmerischen Privatinvestitionen auftreten.

nachahmende Investition, deren Art und Ausmaß von den je gültigen Normen des Standesgemäß-Repräsentativen bestimmt wird. Diese wechseln nicht nur im historischen Ablauf[200], sondern differieren auch von Land zu Land[201] und interregional nach Landschaften und Mentalitätsstruktur:

In einer westfälischen Industriestadt ist der Besitz eines Reitpferdes beispielsweise eine ebenso wirksame Demonstration des errungenen sozialen Status wie sie der Kauf einer Villa mit anliegendem Golfplatz am Starnberger See für einen Münchener Industriellen bedeutet.

Die Anschaffung von firmeneigenen Sportflugzeugen stellt ein Statusmerkmal dar, bei dem sportlicher Ambitionismus, betriebliches Zweckdenken und gesellschaftlicher Luxusaufwand häufig miteinander gekoppelt sind.

Eine Reihe deutscher Industrieller betrachtet es als persönlichen Prestigegewinn, ‚vom Straßenkreuzer in den Luftkreuzer umzusteigen' und damit an dem sozialen Nimbus zu partizipieren, den der Besitz eines Privat- oder Firmenflugzeuges vermittelt[202,203].

Der Demonstrationseffekt dieser Investitionen, die nicht streng ‚produktionsorientiert' sind, hängt nicht nur von ihrer Ausgestaltung und Auffälligkeit, sondern auch von der Persönlichkeit des Investors ab. *Martineau* stellte dazu fest:[204]

„The conservative prefers the less flamboyant colors, and has been the last to accept lighter colors and two tones. He hangs back on each new innovation, he walks a middle road on chrome and extras, he wants a neat looking new car rather than a high style or extreme design . . .

The next broad group of personality types are people who emphasize the wish to be sociable, who don't want to be extreme conservatives or too advanced. They are the ones anxious to be up to date, to be popular,

---

200 Zu den soziokulturellen Normen der Gründerjahre vgl. z. B. *Hamann*, Richard und *Hermand*, Jost: Naturalismus, Berlin 1959, S. 44 ff.

201 Der Erwerb von Landgütern im England des 18. Jahrhunderts entsprang einer „wahren Agrikulturmanie" (vgl. W. *Hasbach*, Untersuchungen über Adam Smith und die Entwicklung der politischen Ökonomie, Leipzig 1891, S. 331), die das Land ganz im Gegensatz zum amerikanischen Farmer als etwas ansah, das nicht in erster Linie wirtschaftlichen Zwecken diente, sondern ein Mittel des behaglichen Lebens und sozialen Einflusses war (vgl. *Brodnitz*, G.: Englische Wirtschaftsgeschichte, 1. Bd., Jena 1918, S. 332). Vgl. auch *Smith*, A.: Der Reichtum der Nationen, Leipzig 1924, S. 522.

202 Vgl. *Schnabel*, E.: Ein Stück vom Himmel, in: Der Spiegel 1959/42: „Die meisten fliegen aus Angeberei!"

203 „Überheblichkeit und Geltungssucht" werden von Dipl.-Ing. *Ritz* vom Referat Flugunfall-Untersuchung der Luftfahrt-Bundesamtes in Braunschweig als hervorstechende Unfallursachen beim privaten Motorflugverkehr angegeben (vgl. *Schnabel*, E.: a.a.O.).

204 *Martineau*, P.: What Automobiles mean to Americans, in: Ferber und Wales, a.a.O., S. 43.

to do the fashionable things. If many people are moving toward glamor and sportiness in their tastes, this group wants to be on the bandwagon. Consequently, this attitude is the most suggestible, and the easiest to influence. It is essential to establishing a new fashion . . .

The third personality type stresses the wish for attention. This is a perfectly human trait which in some degree is in everybody, but in this group becomes very important. These people especially want to be different and outstanding; they enjoy being talked about. Consequently, they are the innovators and the style setters just because they are looking for the newest things. They don't hesitate to try some novelty."

Bei all diesen Investitionen spielt ferner das gesellschaftliche ‚Leitbild' eine hervorragende Rolle, die unterbewußt wirkende Vorstellung von „vornehm", „reich", „chic", „prominent" und „Luxus", die als soziokulturelle Norm von den Gliedern der Eigen- oder Fremdgruppe adaptiert wird[205].

Sie geht auch in die Anlagen-Investitionen der Unternehmungen ein: in der modernen Industriearchitektur zeigt sich deutlich der Wandel von den rein funktionalen Bauten des Bauhauses zu der Kombination von Zweckgebundenheit und Ästhetik, die moderne Verwaltungsbauten kennzeichnet. Die Formel lautet nun nicht mehr: „Funktionale Sachlichkeit und Wirtschaftlichkeit um jeden Preis", sondern: „Wirtschaftlichkeit *und* Schönheit", „Gebrauchtüchtigkeit *und* Bequemlichkeit"[206].

Die Art und Weise der Demonstration unterliegt einem beständigen Wandel: Neigte man früher dazu, die Stärke eines Konzerns in den Bauformen nach außen treten zu lassen und damit symbolhaft technische und industrielle Leistungskraft zu demonstrieren, so findet die moderne Wirtschaft und Technik einen viel indirekteren Ausdruck ihrer Macht:

„Auch in der Architektur gilt nicht mehr das kokette Sichtbarmachen der gleitenden Energien und das Zeigen ihrer Kraft, sondern in der Verhüllung formt sich der Stilwille der Zeit . . . Die vulkanischen und einstmals zerstörerischen Kräfte des neunzehnten Jahrhunderts wurden ummantelt, versteckt und in Hüllen umschlossen"[207].

Der Wunsch nach sachgebundener Zweckhaftigkeit und Demonstration dieser ‚persönlichen Note'[208] tritt insbesondere bei konsumnahen Investi-

---

[205] Vgl. *Papalekas*, J. Chr.: Das Problem der sozialen Leitbilder unter den Bedingungen der entwickelten Industriegesellschaft, Jb. f. Soz. Wiss. 1959, S. 222 ff.; vgl. auch „Prestige unterwegs", Frankfurter Allgemeine Zeitung v. 17. März 1960.

[206] Vgl. z. B. die Erzeugnisse des „modern design" der seit 1955 im „Verbundkreis" zusammengeschlossenen neun Firmen, bei denen von der Blumenvase bis zur Werkzeugmaschine moderne Sachlichkeit und formschöne Ästhetik miteinander kombiniert werden.

[207] Vgl. *Schulz*, E.: Die Zähmung der Gewalt, in: Frankfurter Allgemeine Zeitung vom 16. Januar 1960.

[208] Vgl. *Eick*, Jürgen: Grenzen der Typisierung, in: Frankfurter Allgemeine Zeitung vom 27. Oktober 1955.

tionen auf, deren Anteil am ‚Investitionswunder'[209] in ständigem Anstieg begriffen ist[210].

Ein besonders augenfälliges Beispiel für die Verbindung von Gebrauchsnutzenüberlegungen mit Prestigegesichtspunkten stellt die Investition eines Automobiles dar[211], bei der Vernunft und finanzielle Möglichkeiten für den Kauf eines wirtschaftlichen Wagens sprechen, während Fahrzeuge mit einer sportlichen Note fast immer der Wunschtraum sind, weil sie „dem immer stärker spürbaren Geltungstrieb sehr entgegenkommen – um nicht das harte Wort Angeberei zu gebrauchen . . .

Man denke nur an das ursprüngliche Serienmodell, dem bald das wesentlich repräsentativer wirkende sogenannte „Exportmodell" folgte, das trotz eines erheblichen Preisaufschlages heute den Markt beherrscht. Ihm folgte das „sport-coupé", und auch seine Verkaufsziffern liegen überraschend hoch"[212].

Während die kleinen Wagen nicht nur Motor der Konjunktur, sondern des Lebens überhaupt sind, schlägt bei den großen Wagen die Verzierung, das Hybride aus. „Die Armut, so ließe sich sagen, tritt noch einfach und verständlich auf, der Reichtum ergeht sich in konfusen Gefilden des Prestiges"[213].

Bestimmte Autofirmen tragen an sich schon das Odium des Exklusiven an sich, man denke etwa an BMW oder Mercedes-Benz: der Firmenname ‚Mercedes' verbindet sich bei Laien und Fachleuten mit dem Hauch des Kraftvoll-Soliden, des Elegant-Repräsentativen und des Rassig-Sportlichen: das 59er Modell des Mercedes 220 wurde geradezu als „Familien-Repräsentations-Sportwagen" bezeichnet[214].

Einen ausgesprochenen „snob-appeal" besitzen in Deutschland nur die Sportwagen aller Art, vom Porsche über den Mercedes 190 SL bis hin zu den BMW-Sportwagen vom Typ 503 und 507, daneben aber auch die großräumigen und PS-starken Importwagen aus den USA. Bestimmte Rollenerwartungen und damit verbundene Sanktionen sorgen dafür, daß bei diesen Investitionen gewisse Ober- und Untergrenzen beachtet werden, zwi-

---

[209] Vgl. den Geschäftsbericht der Industrie-Kreditbank AG, Düsseldorf, für das Geschäftsjahr 1958/59.

[210] Vgl. Deutschland im Wiederaufbau, Tätigkeitsbericht der Bundesregierung für das Jahr 1958, S. 56 ff.

[211] Vgl. *Vershoven*, W.: Aus welchen Gründen kauft man Kraftfahrzeuge, in: Frankfurter Allgemeine Zeitung vom 13./14. November 1959.

[212] *Schweder*, P.: Die große Anziehungskraft des sportlichen Wagens, in: Frankfurter Allgemeine Zeitung vom 22. September 1959.

[213] *Schulz*, E.: Das Glück der Automobile, in: Frankfurter Allgemeine Zeitung vom 22. September 1959; vgl. auch *Cannell*, Charles: A Psychologist's View, in: Ferber und Wales, a.a.O., S. 7.

[214] Vgl. *Pohle*, F. Gert: Der neue Mercedes 220, in: Die *Welt* vom 7. 10. 1959.

schen denen sich die endgültige Wahl vollzieht[215]. Naturgemäß hängen diese Grenzen eng mit den Gewohnheiten der ,reference-group' zusammen: in Italien ist der Alfa-Romeo-Spyder das Automobil für die „jeunesse d'orée", in USA der Cadillac der standesgemäße Wagen für den „president" einer Unternehmung, in Großbritannien der MG das Fahrzeug des jugendlichen Sportfahrers, und in Deutschland genießt der Mercedes 300 hohes Ansehen bei Spitzenfunktionären und Generaldirektoren. Und wer etwa einen Mercedes 300 SL durch die Lande lenkt, wird von der Daimler-Benz-Werbung als „König der Landstraße" gefeiert[216].

Im Demonstrationseffekt verbindet sich das Element des Standesgemäßen mit dem Wunsch, die Bedeutung der Firma – oft bei bescheidener persönlicher Lebensführung[217] – auch nach außen hervortreten zu lassen[218]. Die Demonstration des Unternehmungsstatus kann dabei sowohl durch ,autonome' als auch ,induzierte' Investitionen erfolgen[219]; beide Formen können im Bereich der Investitionen ,mit Kapazitätseffekt' und der Investitionen ,ohne Kapazitätseffekt' auftreten[220]. Allen gemeinsam ist aber das Merkmal eines zusätzlichen ,Geltungsnutzens', durch den diese Investitionen in anderer Weise motiviert werden, als auf Grund einer rein zweckhaft-funktionalen Analyse zu erwarten wäre.

---

[215] Vgl. *Bergler*, G.: Leitbild und Werbung, in: Jahrbuch der Absatz- und Verbrauchsforschung, 4. Jg., 1958, Heft 4, S. 239 ff.

[216] Automobil Revue, 1959, Nr. 39, Sondernummer: Zur Internationalen Automobil-Ausstellung in Frankfurt/Main, S. 2; vgl. auch *Glosse* „SL: Anmerkung über Liebe und Autos", in: Frankfurter Allgemeine Zeitung v. 30. November 1959.

[217] Bezeichnend dafür ist ein Aufruf, den Alwin *Münchmeyer* in seiner Eigenschaft als Präsident des Deutschen Industrie- und Handelstages auf der 5. Bundesarbeitstagung der Juniorenkreise der Deutschen Unternehmerschaft erließ: „Das Leben des Unternehmers wird von seiner Umgebung heute sehr kritisch unter die Lupe genommen. Über diese Tatsache ist viel gesagt und geschrieben worden. Aber es sollte uns allen immer wieder – täglich – vor Augen stehen, daß die Beurteilung des gesamten Unternehmertums von unserer persönlichen, aufrechten, durchsichtigen und bescheidenen Lebensführung abhängt. Lassen Sie uns jede Übertreibung, jede allzu aufwendige Lebensführung vermeiden . . ." (vgl. Die Zeit, vom 24. Oktober 1958).

[218] Vgl. *Vogel*, D.: Steuern Snobs die Wirtschaft? in: Frankfurter Allgemeine Zeitung vom 2. Januar 1960: „Eine Aufzählung all jener Industrien und Wirtschaftszeige, die zu einem guten Teil vom Streben nach Sozialprestige leben, müßte Seiten füllen. Es sind nicht nur die Bauwirtschaft, nicht nur die Automobil- und Elektroindustrie, viele Textilproduzenten, Schmuckwarenhersteller, Delikatessen-Erzeuger, sondern auch relativ kleine Unternehmen, wie Antiquitätengeschäfte, Bildergalerien und Kürschnerbetriebe.

Es ist kaum übertrieben zu behaupten, daß das ständig wachsende Verlangen nach Neuerem, Besserem und Ausgefallenerem zahlreiche Kleinbetriebe und handwerkliche Existenzen heute allein am Leben erhält."

[219] Vgl. *Hicks*, J. R.: A Contribution to the Trade Cycle, 2. Aufl., Oxford 1951, S. 37 ff.; *Jöhr*, W.A.: Theoretische Grundlagen der Wirtschaftspolitik, Bd. II: Die Konjunkturschwankungen, Tübingen u. Zürich 1952, S. 577 f.

[220] Vgl. *Meinhold*, H.: Artikel „Investitionen", a.a.O., S. 335 f.

Dieser Zusatznutzen kann auch darin bestehen, daß Investitionen des meinungsführenden Nachbarunternehmens nachgeahmt werden. Häufig vollzieht sich diese ‚folgsame' Investition in Verbindung mit der Teilnahme am technischen Fortschritt:[221]

„Es kommt vor, daß der Umbau einer Fabrik weniger der produktionstechnischen Vorteile wegen vorgenommen wird als durch eine moderne Musteranlage zu imponieren und einen deutlich sichtbaren Beweis für die schnelle Entwicklung des Unternehmens zu erbringen"[222].

Prestigegewinn und funktionaler Grundnutzen treten hier miteinander gekoppelt auf. Um jedoch Prestige zu erzielen, wird der Betrieb sichtbar demonstrieren müssen, daß er ebenso modern oder noch moderner eingestellt ist als seine Konkurrenten.

Im ersten Falle verbindet sich das Prestige des Unternehmers mit dem seiner Konkurrenten, deren Investitionen als Signale zur Nachahmung betrachtet werden[223].

Schmalenbach berichtet von einer solchen ‚folgsamen' Investition aus der Textilindustrie, in der sich ein mittlerer Unternehmer trotz wenig günstiger Konjunkturprognose zur Anschaffung von 20 000 neuen Spindeln entschlossen hatte. Auf *Schmalenbachs* erstaunten Hinweis auf die wirtschaftliche Gesamtlage entgegnete dieser Unternehmer:

„Ja, sehen Sie, das ist so. Der Soundso (der ortsansässige Konkurrent) hat kürzlich 20 000 Spindeln bestellt, und da konnte ich nicht zurückbleiben"[224].

Als weiteres Beispiel einer ‚Nachahmungsinvestition' sei die französische *Renault*-Automobilgesellschaft genannt, deren Generaldirektor Pierre *Dreyfus* bei der Eröffnung eines neuen, weitgehend automatisierten Renault-Werkes in Cleon mitteilte, daß die tägliche Produktion im Jahre 1960 auf 3000 Wagen gesteigert werden solle, um mit der Entwicklung der Volkswagen-Produktion Schritt zu halten[225].

Prestigefaktoren können auch im Bereich der Grundstoffindustrien eine wichtige Entscheidungshilfe darstellen.

So waren 1954/55 die Planungsüberlegungen zum Bau einer neuen Breitbandstraße bei der Westfalenhütte, einer hundertprozentigen Tochtergesellschaft der Hoesch-Holding, wesentlich durch den Gesichtspunkt mitbestimmt, daß die August-Thyssen-Hütte als erste westdeutsche Hütte An-

---

221 Vgl. dazu die Forschungsergebnisse im sechsten Abschnitt.

222 *Goldmann*, H. M.: a.a.O., S. 30.

223 Vgl. z. B. „Südwestfalen vor neuem Umsatz-Boom", Geschäftsbericht des Handelsblattes vom 5./6. Februar 1960.

224 Vgl. *Schmalenbach*, E.: Der freien Wirtschaft zum Gedächtnis, a.a.O., S. 89.

225 Vgl. Die *Welt* vom 2. Oktober 1959.

fang 1955 eine leistungsfähige Breitbandstraße in Betrieb nehmen wollte, und auch die Klöcknerwerke daran dachten, auf ihrem Bremer Gelände eine Breitbandstraße zu errichten. Darüberhinaus mußte man berücksichtigen, daß die modernen westeuropäischen Stahlwerke ebenso wie die USA längst mit Breitbandstraßen ausgerüstet waren.

Als besonders intensiv kann die Interdependenz der Investitionen im Bereich der Banken angesehen werden[226].

So beschloß das Bankhaus C. G. Trinkaus in Düsseldorf auf der letztjährigen Sitzung der Hauptversammlung, zum 1. Juli 1959 sowohl eine rund 45 prozentige Kapitalerhöhung vorzunehmen als auch in Düsseldorf Zweigstellen zu errichten. Zu diesem für eine Privatbank ungewöhnlichen Schritt hatte sich die Bank vor allem deshalb entschlossen, weil die Filialnetze von anderen Kreditinstituten mit ähnlicher Geschäftsstruktur in den letzten Jahren stark erweitert worden waren[227].

Eine ähnliche Interdependenz der Anlageninvestitionen ist in der Versicherungsbranche festzustellen[228].

Wird die Teilnahme am technischen und wissenschaftlichen Fortschritt als Statusmerkmal betrachtet, so drängt diese Einstellung in aller Regel auch zur sichtbaren Demonstration, die am Aufforderungscharakter des Investitionsobjektes abzulesen ist[229].

Eine bekannte Bielefelder Hemden- und Blusenfabrik demonstriert ihre Fortschrittlichkeit durch Zurschaustellung ihrer modernen Telefonanlage, die sich unmittelbar hinter der Pförtnerloge gegenüber einer Reihe von Besuchszimmern befindet und von jedermann durch eine Glaswand hindurch betrachtet werden kann.

Prestigegesichtspunkte führten bei einem mittleren Betrieb der chemischen Industrie in Süddeutschland zur Anschaffung eines chemischen Sammelwerkes, das nunmehr in 8. Auflage vorliegt und mit seinen zahlreichen Einzelbänden eine Investition von rund 25 000,– DM darstellt, deren geltungsbedingter ‚Zusatznutzen' zum ‚Grundnutzen' geworden ist.

Die Demonstration der unternehmerischen Leistung erfolgt auch häufig in Verbindung mit werbepolitischen Gesichtspunkten und ist dann in erster

---

[226] Man beachte z. B. die Gleichförmigkeit in der Veränderung der Namensbuchstaben an den Fronten der drei Großbanken. Siehe auch Artikel „Wer die City regiert", Soziologie der Banken, in: Die *Zeit* 1960, Nr. 9.

[227] Vgl. Handelsblatt-Bericht vom 7. Juli 1959.

[228] Vgl. *Pritzkoleit*, K.: Wem gehört Deutschland, Wien – München – Basel 1957, 244 ff.

[229] Vgl. *Leopold*, L.: Prestige. Ein gesellschaftspsychologischer Versuch, Berlin 1916, S. 53; *Benesch*, H.: Wissenschaft der Menschenbehandlung, Heidelberg 1958, S. 131; *Riesman*, D.: Some Relationships between Technical Progress and Social Progress, in: Individualism Reconsidered, a.a.O., S. 291 ff.

Linie nicht eigenmotiviert, sondern von werbepsychologischen Erwägungen gesteuert[230].

Als Beispiel für viele mag in diesem Zusammenhang die „steigende Pracht der Ausstattung" mancher Warenhäuser genannt werden, die ihre repräsentativen und kostspieligen Gebäude als reklamepolitische Weckung des Käuferprestiges benutzen[231].

Die Bedeutung der unternehmerischen Mentalität für prestigemotivierte Investitionen mag aus einem Beispiel des Schiffsbausektors erhellen:

So bezeichnete es die Deutsche Dampfschiffahrts-Gesellschaft „Hansa" in Bremen bei ihrer letztjährigen Hauptversammlung im Juli 1959 als einen „erfreulichen Schritt für die Schiffahrtsinteressen der Hansestadt Bremen", daß es ihr gelungen war, die zum Verkauf stehende Aktienmajorität der Atlas Levante-Linie AG in Bremen zu übernehmen, für die Interessen bei der Hamburger Parallel-Reederei, der Deutschen Levante-Linie von Rudolf A. Ötker bestanden[232].

3. Zusammenfassung

Für das Verhältnis von ‚Prestige und Gewinn', ‚Demonstrationseffekt' und ‚Einkommenseffekt' gilt bei allen Erscheinungsformen *Schmalenbachs* Ausspruch: „Da wo Branchen-, Familien-, Firmen- und Personenprestige sich stark geltend machen, kann der Kalkulator nur leise weinend dabeistehen"[233].

Zur Verdeutlichung sei auf den Mißerfolg der Bayerischen Motorenwerke AG München im Automobilbau hingewiesen, dessen Ursachen in der mangelhaften Abstimmung auf die Marktsituation verbunden mit Prestigegesichtspunkten zu suchen sind[234].

Als die Firma nämlich 1952 die Automobilproduktion wieder aufnahm, ging man nicht von der Aufnahmebereitschaft des Marktes, sondern von den durch die bisherige Motorradproduktion gegebenen technischen Möglichkeiten und der leitbildhaften Vorstellung aus, daß die schweren Sechszylinder BMW-Wagen die ‚Visitenkarte der deutschen Gesellschaft' wer-

---

230 Vgl. *Speer*, W. E.: Das sogenannte Meinungsmonopol im Lichte der ökonomischen Verhaltensforschung, Diss. Köln 1957, S. 81 ff.

231 Vgl. *Hirsch*, Julius: Der moderne Handel. Seine Organisation und Formen und die staatliche Binnenhandelspolitik, in: Grundriß der Sozialökonomik, Bd. V/2, 2. Aufl., Tübingen 1925, S. 236 ff.

232 Vgl. Handelsblatt-Bericht vom 29. Juli 1959.

233 *Schmalenbach*, E.: Die Aufstellung von Finanzplänen, 2. Aufl., Leipzig 1937, S. 68.

234 Vgl. *Grossmann*, A.: BMW scheiterte am Automobil, in: Handelsblatt vom 13./14. November 1959; ferner Artikel „Bayerische Motorenwerke AG", in: Der Spiegel, 14. Jg. 1959, Nr. 3.

den und als solche den Konkurrenzkampf mit Mercedes aufnehmen sollten. Als BMW den ersten 2-Liter-Wagen vom Typ 501 baute, wurde den Repräsentationsnormen aber noch nicht diejenige Bedeutung beigemessen, die sie später erfahren sollten. – Auch dem 1954 in Serie gehenden Achtzylinder-Wagen, der mit 120 PS in Normalausführung und 140 PS in ‚Super'-Ausführung geliefert wurde, fehlte der mengenmäßige Absatz, der die Produktion rentabel gestaltet hätte. Dieser Wagen hatte ebenso wie der erste nicht nur technische Mängel, sondern wies auch gegenüber dem billigen Sechszylinder keine wesentlichen Differenzierungsmerkmale im Karosserieaufbau auf, mit deren Hilfe Mercedes in seinen 180er, 220er und 300er Typen das Prestigestreben seiner Kunden befriedigte. Es gelang dem Werk auch nicht, durch die überteuerten Sportmodelle vom Typ 503 und 507 die alte Weltgeltung zurückzugewinnen. Zudem erwies sich die Umorientierung der Produktion auf den Bau von Isetta-Kleinwagen vom Typ 600 als eine Produktions-Fehldisposition, die dazu von vielen Käufern als ‚BMW-unwürdig' empfunden wurde und dem BMW-Image empfindlich schadete.

Prestigeüberlegungen müssen jedoch nicht denknotwendig zu Fehlinvestitionen führen, sondern können auch zumindest bei einer long-run-Betrachtung betriebswirtschaftliche Vorteile erwirken. Das ist immer dann der Fall, wenn Prestige nicht als Selbstzweck erstrebt wird[235], sondern seinerseits wieder das ‚Kulissenmotiv' für andere Zielsetzungen bildet.

So ist beispielsweise die weltweite Überkapazität und damit verbundene Deroutierung des Marktes in der Mineralölindustrie darauf zurückzuführen, daß der Ausbau der Raffinierungsindustrie dem effektiven Bedarf an Mineralölen vorauseilt. Den großen internationalen Konzernen ist es nämlich entscheidend wichtig, zur Wahrung ihrer marktbeherrschenden Stellung an möglichst jedem Raffinierungsprojekt unabhängig davon beteiligt zu sein, ob dieses Vorhaben zur Zeit rentabel ist oder nicht. Dieser wahllose Beteiligungseifer der großen Ölkonzerne an den Verarbeitungsprojekten erklärt sich daraus, daß der Besitz oder die Beteiligung an der Raffinerie die Belieferung mit Rohöl garantiert, das ihre Hauptgewinnquelle darstellt[236].

In diesem Falle wird das Prestige zu einer zusätzlichen betrieblichen Norm, die notwendigerweise erfüllt werden muß, um die Rentabilität der Unternehmung zu sichern[237].

---

[235] Vgl. z. B. *Drucker*, Peter F.: Das Fundament für Morgen, Düsseldorf 1958, S. 237.

[236] Vgl. *Michaelis*, A.: Weltweite Überkapazität in der Mineralölindustrie, in: Frankfurter Allgemeine Zeitung vom 7. Mai 1960.

[237] Vgl. *Bowen*, Howard R.: Social Responsibilities of the Businessman, New York 1953, und die Ergebnisse des „Fortune Management Poll", Fortune, 33 (März 1946).

Diese Norm erfordert dann Investitionen, die im Dienste der Absatzsteigerung und Umsatzsicherung stehen und letztlich der Kontinuität und Fortschrittlichkeit des Unternehmens dienen[238]. *Machlup* hat deshalb auch keine Bedenken, das Erringen von Sozialprestige zu den „pekuniären" Überlegungen eines Unternehmens zu zählen, wenn dadurch der ‚good will' dieser Firma, „on which it expects to cash in later", erhöht wird[239].

Die Formen der Demonstration bestimmen sich sowohl nach individuellen Motiven als auch nach den soziokulturellen Leitbildern der Gesellschaft und den spezifischen Gruppennormen, die von Branche zu Branche und von Betriebsgröße zur Betriebsgröße schwanken[240].

Demonstrationseffekte können in Verbindung mit und unabhängig von gewinnrationalen Überlegungen auftreten. Das hierüber bereits verfügbare empirische Forschungsmaterial wird im folgenden Kapitel darzustellen sein.

---

238 Vgl. *Taymans*, A.: L'homme, agent du développement économique, Louvain 1951, S. 285.

239 Vgl. *Machlup*, F.: Marginal Analysis and Empirical Research, in: Am. Ec. Review, September 1946, S. 527.

240 Vgl. dazu *Gehlen*, A.: Urmensch und Spätkultur, a.a.O., S. 143 f.

Drittes Kapitel

Das Prestigeelement in der empirischen Forschung

§ 6 Ergebnisse amerikanischer Investitionsuntersuchungen

In den Vereinigten Staaten ist in den vergangenen zwei Jahrzehnten eine Reihe von Untersuchungen makroökonomischer und mikroökonomischer Art über das Investitionsverhalten der Unternehmer durchgeführt worden, die hier jedoch nur in ihren Ergebnissen referiert werden sollen. Wir werden dabei insbesondere auf diejenigen Variablen einzugehen haben, die in Zusammenhang mit der von uns aufgestellten Hypothese stehen. Es sei vorausgeschickt, daß diese unseres Wissens einer statistisch-repräsentativen Testung auch in den USA bisher noch nicht unterworfen worden ist, sondern nur gelegentlich in ‚qualitativen' Befragungen in Zusammenhang mit der Unternehmermotivation angesprochen wurde.

Die ökonometrischen Untersuchungen von *Klein* und *Goldberger*[1] enthalten als Investitionsvariable außer den laufenden Gewinnen und Zinsen für langfristige Darlehen die Liquiditätslage der Betriebe, den Kapitalstock einschließlich der Abschreibungen und einen Faktor für Zufallsabweichungen.

Kleins Untersuchung der Investitionen in der Eisenbahn-Industrie während des Zeitraums von 1920 bis 1943 zeigte eine starke Abhängigkeit der aggregierten Investitionssumme von der Gewinnsumme des vorangehenden Jahres, die Abhängigkeit dieser Investitionen vom herrschenden Zinssatz und den zusätzlichen Einfluß von Fremdvariablen, insbesondere des Kapitalstocks[2].

Tinbergens[3] konjunkturtheoretische Untersuchungen für die Jahre 1919 bis 1932 ergaben positive Korrelationen zwischen der Investition und den Investitionsgüterpreisen, den erwarteten Gewinnen, der Aktienrendite, der Veränderung der Kapitalintensität der Produktion und der Differenz zwischen dem Fertigfabrikate-Preisindex und gewichtetem Lohnsatz.

---

[1] Vgl. *Klein*, L. R. und *Goldberger*, A. S.: An Econometric Model of the United States 1929 – 1952, Amsterdam 1955.

[2] Vgl. *Klein*, L. R.: Studies in Investment Behavior, a.a.O., S. 305.

[3] Vgl. *Tinbergen*, J.: Business Cycles in the United States of America 1919 – 1932, Genf 1939, S. 46; vgl. auch ders.: Statistical Testing of Business-Cycles Theories, I, A Method and its Application to Investment Activity, Genf 1939.

Die Investitionsbefragungen Robert *Eisners*[4] zielten insbesondere auf die Rolle der Erwartungen für die unternehmerischen Investitionspläne ab. Eisner stellte dazu fest, daß der Erklärungswert von Erwartungsvariablen den von Vergangenheitswerten vor allem bei Großunternehmen übertrifft, während bei Klein- und Mittelbetrieben zusätzlich noch Gegenwarts- und Vergangenheitsdaten in der Investitionsfunktion zu berücksichtigen sind.

Auf die Bedeutung der Erwartungen gehen auch *Modigliani* und *Sauerlender* ein[5]. Sie berichten insbesondere über die Erhebungen der „Shipper Forecasts"[6], der „Executive Forecasts", die von der Zeitschrift *Fortune* von 1946 – 1950 durchgeführt wurden, und des „Survey of Business Trends and Business Expectations" der Firma *Dun and Bradstreet*. Auf Grund ihrer Untersuchungen kommen *Modigliani* und *Sauerlender* zu dem Ergebnis, daß die Investitionsgröße von dem Auftragsbestand, den saisonbedingten Absatzschwankungen und dem „Spekulationsmotiv" in bezug auf erwartete Preissteigerungen abhängig ist[7].

Eine Zusammenfassung der amerikanischen Untersuchungen über Investitionsentscheidungen findet sich bei *Friend*[8], der ebenso wie die genannten Autoren über die Methoden und Ergebnisse der quantitativen Erfassung von Investitionsvariablen berichtet. *Friend* geht insbesondere auf die Untersuchungen des „Department of Commerce" und der „Securities and Exchange Commission", des McGraw Hill-Verlages und der kanadischen Regierung, der „Oxford Economists' Research Group", der „Business Executives' Research Group" an der Wharton School of Finance and Commerce (Universität Pennsylvania), der Zeitschrift Fortune und der Federal Reserve Bank von Philadelphia sowie der Firma *Dun and Bradstreet* ein.

---

[4] Vgl. *Eisner*, R.: Determinants of Capital Expenditures – An Interview Study, Studies in Business Expectations and Plannings, No. 2, Urbana 1956; ders.: Plans und Capital Expenditures, A Synthesis of Ex Post and Ex Ante Data, in: Bowman, M. J. (Hrsg.): Expectations, Uncertainty, and Business Behavior, New York 1958.

[5] Vgl. *Modigliani*, Franco und *Sauerlender*, Owen H.: Economic Expectations and Plans of Firms in Relation to Short-Term Forecasting, in: Short Term Economic Forecasting, Studies in Income and Wealth, Vol. 17, Princeton 1955, S. 261 ff.

[6] Seit 1927 veranstaltet vom „Regional Shipper's Advisory Board of the Association of American Railroads".

[7] Vgl. *Modigliani*, F. und *Sauerlender*, O. H.: a.a.O., S. 310 f.; vgl. ferner: An Appraisal of Data and Research on Businessmen's Expectations about Outlook and Operating Variables, in: Hearings before the Subcommittee of Economic Statistics of the Joint Committee on the Economic Report, Congress of the United States, Washington 1955, S. 499 ff.

[8] Vgl. *Friend*, Irwin: Critical Evalution of Surveys of Expectations, Plans, and Investment Behavior, in: *Bowman*, Mary Jean: Expectations, Uncertainty, and Business Behavior, New York 1958, S. 189 – 198.

Auf empirischen Befragungen beruhen auch die Untersuchungen *Terborghs*[9] über die Investitionsentscheidungen, insbesondere die praktischen Verfahren der Investitionsrechnung.

Auf die Investitionsuntersuchungen *Meyers* und *Kuhs*[10] ist bereits in anderem Zusammenhange verwiesen worden. Sie stellten auf Grund einer Befragung von 750 Unternehmen aus 9 Industriezweigen in den Jahren 1946–1950 fest, daß außer dem Nettogewinn Absatz und Absatzänderungen, Umsatzvergleichsgrößen, Abschreibungskosten, die Liquidität und der Kapitalstock als Investitionsvariable beachtet wurden, deren Bedeutung jedoch je nach der konjunkturellen Situation und der Liquiditätslage der Unternehmung schwankte. *Meyer* und *Kuh* räumen ferner dem ‚trade position motive' einen bestimmenden Einfluß auf die Investitionsentscheidungen ein; dieses Motiv zählen sie zu den ‚institutionellen Faktoren', mit deren Hilfe die Einstellungen und Eigenschaften der amerikanischen Wirtschaftsführer eingefangen werden[11].

Diesen Bestimmungsgrößen geht Spencer *Klaw*[12] in einer Befragung von rund 600 selbständigen Unternehmern nach. *Klaw* stellte einen ausgeprägten Egoismus[13] und eine starke Verwurzelung des Unternehmers mit der Unternehmung fest[14], hinter deren Namen jedoch nur wenige der Befragten ihren ‚driving egoism' zu verbergen suchten[15].

„Most are pleasantly uninhibited about employing the first person singular, e. g., *I* knew *I* had to turn the business around, and the first thing *I* did was to fire the controller . . ."[16].

---

[9] Vgl. *Terborgh*, George: Equipment Replacement and Depreciation Policies and Practices, hrsg. v. Machinery and Allied Products Institute, Washington 1956; ders.: Business Investment Policy. *A Mapi* Study and Manual, Machinery and Allied Products, Institute and Council for Technological Advancement, Washington 1958.

Zu *Terborghs* Arbeiten vgl. auch *Albach*, H.: Investitionspolitik in Theorie und Praxis, in: Zeitschr. f. Betriebswirtsch., 28. Jg. (1958), Nr. 12, S. 766 ff.

[10] Vgl. *Meyer*, J. R. und *Kuh*, E.: The Investment Decision, Cambridge/Mass. 1957.

[11] Vgl. *Meyer*, J. R. und *Kuh*, E.: a.a.O., S. 4.

[12] Vgl. *Klaw*, Spencer: The Entrepreneurial Ego, in Fortune, August 1956, S. 100 ff.

[13] „To put it simply, the entrepreneur is an egoist" (*Klaw*, Sp.: a.a.O., S. 100).

[14] „His company he sees as a tangible projection of himself; he glories in the triumph, and having triumphed as an individual, not as a member of the team, he seldom wears the mask of modesty that is standard for the corporation man." (*Klaw*, Sp.: ebenda).

[15] „Der typische junge Unternehmer identifiziert sich vollständig mit seiner Firma, und blickt feindselig und argwöhnisch auf jeden, der die Unternehmung nur unter dem Gesichtspunkt der Ausnutzung betrachtet." (*Klaw*, Sp.: a.a.O., S. 143).

[16] *Klaw*, Sp.: a.a.O., S. 138 (Hervorhebungen von Sp. K.).

Klaw beobachtete ferner, daß der Lebensstandard des selbständigen Unternehmers verschwenderischer als der des leitenden Angestellten war, zumal er auch seine Ausgaben für Privatflugzeuge, Yachten und besonders kostspielige Automobile der Unternehmung belasten konnte.

Die meisten ‚young presidents' hatten den Drang nach Expansion ihrer Unternehmung und wollten diese als ihr privates ‚Reich' ausbauen[17].

Die befragten Personen trugen dazu alle Zeichen des Optimismus in bezug auf ihre eigene Firma zur Schau: 90 Prozent berichteten, daß ihre Gesellschaften 1955 Gewinn gemacht hatten und 80 Prozent sagten, daß sie im kommenden Jahr noch größere Umsätze und Gewinne zu erzielen hofften[18].

Diese optimistische Grundeinstellung, verbunden mit Abneigung gegen jegliche Art von Panik, verhalf den Unternehmern auch dazu, die recession 1957/58 besser zu überstehen. Brookman[19] berichtet über eine *Fortune*-Befragung von 165 Leitern von Unternehmungen und Banken, deren optimistische Stimmung als Stabilisator der Wirtschaft wirkte: „Their self-assurance, indeed, probably delayed the impact of the recession"[20].

Fortune veranstaltet überdies eine halbjährliche Umfrage bei den 500 größten amerikanischen Unternehmungen, um die ‚business mood' an Hand der Erwartungen über Verkaufsziffern und Preissteigerungen festzustellen[21].

Wie *Lauterbach*[22] in einer pilot study mit Hilfe des Social Science Research Council auch im europäischen Raum feststellte, sind die Persönlichkeitszüge und individuellen Qualitäten der Unternehmer und Manager das für Einstellung und Verhalten bei weitem ausschlaggebende Element, zumal „top managers tend to emphasize that final decisions are unmistakably reserved for their own uncontestable authority"[23].

Die Unternehmerfunktion besteht nach *Lauterbachs* Erhebungen zwar nach wie vor in der Erzielung von Gewinnen für die Unternehmung[24],

---

[17] „Expansion is a sort of disease with us", sagte einer der befragten Unternehmer.

„Let's face it", sagte ein anderer. „We're empire builders. The tremendous compulsion and obsession is not to make money, but to build an empire." (*Klaw*, Sp.: a.a.O., S. 143).

[18] Vgl. *Klaw*, Sp.: a.a.O., S. 148.

[19] Vgl. *Brookman*, George B.: How Top Businessmen View the Recession, in: Fortune, April 1958.

[20] *Brookman*, G. B.: a.a.O., S. 110.

[21] Vgl. z. B. The Fortune Directory, in: Fortune, Juli 1958, S. 131 ff.

[22] Vgl. *Lauterbach*, Albert: Diskussionsbeitrag zu *Hickman*, C. Addison: Managerial Motivation and the Theory of the Firm, in: Am. Ec. Review, Vol. 45 (2), 1955, S. 555 ff.

[23] *Lauterbach*, A.: a.a.O., S. 557.

[24] „Profit is widely considered the indispensable starting point of managerial job satisfaction, not its true essence. The latter is mostly seen in doing the job itself; that is, in being active, getting things done, fulfilling an assignment, justi-

doch geht sie bei den heutigen Unternehmern oft weit darüber hinaus. „Additional elements of the managerial function are seen in striving for a financial basis and public standing, assurance of stable employment, up-to-date equipment and possible expansion in the interest of coming generations of managers and owners, and the performance of a public service of one kind or another"[25].

Ebenso wie die genannten Autoren hat auch *Katona* das Problem der prestigemotivierten Investitionen in seinen Untersuchungen bisher lediglich am Rande berührt. So sagt er im Zusammenhang mit den ‚habituellen'[26] Investitionsentscheidungen:

„Gelegentliche Beobachtungen scheinen weiter anzudeuten, daß Unternehmerinvestitionen in manchen Fällen auf nichts anderem beruhen als nur auf die Befolgung des Gewohnheitsprinzips, das Beispiel des in der Branche führenden Unternehmens nachzuahmen. Wenn technische Entwicklungen die Aufstellung neuer Maschinen oder die Produktion eines neuen oder abgeänderten Artikels möglich machen, dann ist es nur die erste Firma, bei der echte Entscheidungen erforderlich zu sein scheinen, damit diese neue Technik auch tatsächlich zum Einsatz kommt. Nachdem aber nur eine Unternehmung vorangegangen ist, besonders wenn es sich dabei um die führende oder beherrschende Firma der Branche handelt, kann sich für alle übrigen eine neue Situation ergeben haben. Diese Unternehmen können dann nämlich gezwungen sein, auch ihrerseits größere Geldbeträge für neue Ausrüstungen auszugeben, weil vielleicht ihre Kunden für die von ihnen hergestellten Erzeugnisse die gleiche Qualität fordern, wie sie das Erzeugnis des vorangegangenen Konkurrenten aufweist – zum Beispiel eine automatische Kupplung bei Personenwagen. Es kann andererseits zum habituellen Verhalten von Unternehmungen werden, die Schritte des Führers der Branche zu beobachten und Kapitalaufwendungen nur dann vorzunehmen, wenn es das führende Unternehmen tut"[27].

Auf Grund einer Befragung von 200 Unternehmern, die unter *Katonas* Leitung im Herbst 1950 durch das *Survey Research Center* an der Universität Michigan vorgenommen wurde, kam *Katona* zu folgenden Ergebnissen:[28]

---

fying the trust of associates and employees, building an up-to-date and durable structure, being considered successful by others, being respected, doing something useful, meeting a challenge." (*Lauterbach*, A.: a.a.O., S. 558).

[25] *Lauterbach:* a.a.O., S. 557.

[26] Als „habituelle" im Unterschied zu „echten" Investitionsentscheidungen bezeichnet *Katona:* a) Ersatzinvestitionen auf der Grundlage von Abschreibungen, b) Ersatzinvestitionen auf der Grundlage verfügbarer Mittel, c) das Verlangen nach kurzfristiger Amortisation der Investition und andere Investitionen, die auf Grund bestimmter Faustregeln getätigt werden. (Vgl. *Katona*, G.: Das Verhalten der Verbraucher und Unternehmer, a.a.O., S. 295 ff.).

[27] *Katona*, G.: a.a.O., S. 299.

[28] Vgl. *Katona*, G.: a.a.O., S. 306.

1. Es gibt Investitionen, bei denen die Investoren praktisch keine Wahlmöglichkeit haben und zur Ausweitung ihrer Kapazität einfach gezwungen werden.
2. Anderen Entscheidungen liegen klare und bestimmte Erwartungen zugrunde: durch sie soll die Position des Unternehmens verbessert werden – im Sinne einer Gewinn- und Umsatzsteigerung, eines Gleichziehens mit Konkurrenten oder einer Steigerung der Rentabilität.
3. Es besteht ein bestimmter Zusammenhang zwischen dem Erwartungsniveau und den Investitionsüberlegungen: je günstiger der Investor die Branchensituation beurteilt, um so wahrscheinlicher befaßt er sich mit Plänen zur Erweiterung seiner Kapazität. Bei günstiger Beurteilung der geschäftlichen Situation erfolgen die Investitionsentscheidungen häufig „automatisch" oder habituell[29].

Zusammenfassend läßt sich feststellen, daß der Prestigefaktor in einigen uns vorliegenden amerikanischen Untersuchungen des unternehmerischen Investitionsverhaltens zwar tangiert, explizite bislang aber noch nicht erfaßt worden ist.

Im folgenden Abschnitt soll nun berichtet werden, welche Ergebnisse die empirische Erforschung des Investitionsverhaltens in der deutschen Wirtschaft zu unserer Problematik beizusteuern vermag.

§ 7 Ergebnisse empirischer Forschung in Deutschland

1. Gutenbergs Untersuchung der Investitionsentscheidungen

Mit seinen „Untersuchungen über die Investitionsentscheidungen industrieller Unternehmen"[30] hat *Gutenberg* mit Unterstützung des EMNID-Instituts eine erste empirische Untersuchung des Investitionsverhaltens deutscher industrieller Betriebe vorgelegt.

Gutenbergs volkswirtschaftliches Anliegen ist dem unsrigen verwandt: die Prämissen der Investitionsfunktionen sollen mit Hilfe empirischer Untersuchungen des unternehmerischen Investitionsverhaltens überprüft werden, denn „die Investitionsfunktionen in den dargestellten Formen ermöglichen es . . . nur in begrenztem Maße, Aussagen über das unternehmerische Investitionsverhalten in eindeutiger Weise zu machen"[31].

---

[29] Vgl. auch *Katona,* G. und *Morgan,* James N.: The Quantitative Study of Factors Determining Business Decisions, in: The Quarterly Journal of Economics, Vol. 67, 1952, S. 85 ff.

[30] Vgl. *Gutenberg,* E.: Untersuchungen über die Investitionsentscheidungen industrieller Unternehmen, Köln und Opladen 1959.

[31] Vgl. *Gutenberg,* E.: a.a.O., S. 22.

Weil diese Funktionen die produktionszweigindividuellen und die betriebsindividuellen Strukturen und Verhaltensweisen nicht berücksichtigen können, andererseits die wirklichkeitsnahe Behandlung des Investitionsproblems im Rahmen des Betriebes aber eine genaue wissenschaftliche Durchleuchtung des empirisch vorfindlichen unternehmerischen Verhaltens erfordert, hat *Gutenberg* mit Hilfe eines vorgegebenen Frageschemas[32] etwa 80 Unternehmen aus den Wirtschaftsbereichen Steinkohlenbergbau (4), Erdölindustrie (6), Hütten- und Stahlindustrie (7), Chemische Industrie (12), Elektroindustrie (3), Maschinenbau-Industrie (24), Automobilindustrie (5), Textilindustrie (11) und Brauerei-Industrie (4 Unternehmen) über ihr Verhalten bei Ersatzinvestitionen, Investitionen zum Zwecke der Erweiterung der Produktionstiefe sowie der Variierung des Produktionsprogramms und bei Erweiterungsinvestitionen befragt. Seine Untersuchungen erstreckten sich ferner auf die jeweilige Organisation der Investitionsplanung, den Investitionsetat und die in der industriellen Praxis gebräuchlichen Methoden der Investitionsrechnung.

Die für unsere Fragestellung wichtigen Ergebnisse seien zusammenfassend referiert:

Ein großer Teil der *Ersatzinvestitionen* wurde vorgenommen, um am technischen Fortschritt teilzunehmen und dadurch entweder „fertigungstechnische Verbesserungen" oder „Arbeitszeiteinsparungen" als Rationalisierungserfolge zu erzielen[33]. Abgesehen von einigen Betrieben der chemischen Industrie spielte dabei das Motiv „Investitionen der Konkurrenz" keine große Rolle.

Erweiterungsinvestitionen wurden hauptsächlich getätigt, weil die langfristigen „Absatzerwartungen" als günstig beurteilt wurden[34]. Die Untersuchungen ergaben den interessanten Nachweis, daß der Ausdruck „Gewinnerwartungen" in der industriellen Praxis nicht gebräuchlich ist, sondern stattdessen der Begriff „Absatzerwartungen" verwandt wird: „Die Besprechungen, die über diesen Punkt geführt wurden, haben gezeigt, daß in der Praxis mit dem Begriff Absatzerwartungen in der Regel die Vorstellung verbunden ist, daß ein höherer Absatz zugleich auch einen höheren Gewinn bedeute, ohne daß damit unterstellt wird, zwischen Absatz- und Gewinnentwicklung bestehe unbedingt ein proportionales Verhältnis. Sieht man die Dinge so, dann läßt sich sagen, daß in der Praxis Absatz- und Gewinnerwartungen weitgehend miteinander identifiziert werden"[35].

---

[32] Vgl. *Gutenberg*, E.: a.a.O., S. 31 – 35.

[33] Vgl. *Gutenberg*, E.: a.a.O., S. 95 ff. (Hervorhebungen vom Verf.).

[34] Vgl. *Gutenberg*, E.: a.a.O., S. 157 ff.

[35] Vgl. *Gutenberg*, E.: a.a.O., S. 117.

Günstige Absatz- und Ertragserwartungen bildeten das hervorstechende Motiv der Vornahme von Erweiterungsinvestitionen, die häufig durch systematisch vorgenommene Marktanalysen unterstützt wurden.

Die Motive „Gefährdung des eigenen Marktanteils durch Investitionen der Konkurrenz" und „verbesserte Erzeugnisse der Konkurrenz" waren dagegen im allgemeinen nur von untergeordneter Bedeutung, differierten jedoch in den einzelnen Wirtschaftszweigen:

Im *Steinkohlenbergbau* wurde der Tatsache, daß der eigene Marktanteil durch Investitionen der Konkurrenz gefährdet werden könnte, keine Bedeutung beigemessen[36].

Von den sechs befragten Unternehmen der *Erdölindustrie* hielt ein Betrieb dieses Motiv für sehr wichtig, jedoch nicht ausschlaggebend für seine Investitionsentscheidung, während zwei weitere Firmen es immerhin noch berücksichtigten. Die Qualitätskonkurrenz („verbesserte Erzeugnisse der Konkurrenz") war dagegen für die vier befragten Unternehmen der *Erdölverarbeitung* „wichtig" bzw. „sehr wichtig"[37].

Drei von sieben befragten Betrieben der *Hütten- und Stahlindustrie* maßen den Investitionen der Konkurrenz wichtige Bedeutung für ihre eigenen Entschlüsse bei bzw. berücksichtigten sie als Entscheidungshilfe. Verbesserte Erzeugnisse der Konkurrenz spielten durchweg eine wichtige Rolle für die Investitionsplanung.

Die Gefährdung des Marktanteils war in der *Chemischen Industrie* zwar ohne ausschlaggebende Bedeutung, doch gingen insbesondere in den Werken der Grundstoff- und Verbrauchsgüterindustrie von diesem Motiv starke Impulse auf die Investitionsentscheidungen aus[38]. In zunehmendem Maße wurde dabei die Investitionstätigkeit ausländischer Konkurrenzfirmen beobachtet. „So berichtet ein Werk, daß man den Forschungs- und Entwicklungsarbeiten ausländischer Konkurrenzwerke die größte Aufmerksamkeit widme. Zum Beispiel habe die Kenntnis und positive Beurteilung gewisser, im Ausland entwickelter neuer Synthetika dazu veranlaßt, die Investitionsmittel für ein betriebliches Großobjekt bereitzustellen"[39].

Da im Chemiebereich in der Regel bei der Erzeugung neuer Produkte sehr vorsichtig disponiert wird, haben Konkurrenzinvestitionen im Hinblick auf die Absatzsituation mitunter auch den Verzicht auf ursprünglich geplante eigene Investitionen zur Folge gehabt[40].

---

36 Vgl. *Gutenberg*, E.: a.a.O., S. 120.
37 Vgl. *Gutenberg*, E.: a.a.O., S. 124.
38 Vgl. *Gutenberg*, E.: a.a.O., S. 135 f.
39 Vgl. *Gutenberg*, E.: a.a.O., S. 136.
40 Vgl. *Gutenberg*, E.: ebenda.

„Die Frage, inwieweit die Konkurrenzerzeugnisse die eigenen Investitionsentscheidungen beeinflussen, ist für die chemische Verbrauchsgüterindustrie ein sehr wichtiges Faktum . . .

Obwohl die eigenen Forschungs- und Entwicklungsarbeiten zum Zwecke der Produktverbesserung und der Entwicklung neuer Produkte in allen Werken mit großer Intensität betrieben werden, beobachtet man die erzielten Erfolge und den Stand der Forschung bei der Konkurrenz aufmerksam, um hieraus Schlüsse für die eigene Investitionsplanung zu ziehen und durch die Aufnahme gewisser Anschlußgebiete in die Produktion Schritt mit der allgemeinen Entwicklung der großen Chemieunternehmen der Welt zu haben."

Auch in der *Elektro-Industrie* wurden von den befragten Firmen die langfristigen Absatzerwartungen als wichtigste Determinante für Investitionsentschlüsse bezeichnet. Von den Investitionen der Konkurrenzunternehmen gingen Einflüsse auf das eigene Investitionsverhalten nur insofern aus, als die gesamte Summe dieser Investitionen Schlüsse auf die Beurteilung der Marktentwicklung durch die Konkurrenzunternehmen zu ziehen gestattete[41].

In der *Maschinenbau-Industrie* wurden nur selten Erweiterungsinvestitionen vorgenommen, um den durch Konkurrenzinvestitionen bedrohten Marktanteil zu halten. „Ein Unternehmen (sc. des Kältemaschinenbereichs) erklärte allerdings, es habe stets Wert darauf gelegt, daß seine Stellung am Markt nicht beeinträchtigt würde. Der Einfluß, den ein Unternehmen auf dem Markt ausübe, sei u. a. von der Größe des Unternehmens bzw. seines Marktanteils abhängig. Bestehe die Gefahr, daß dieser Marktanteil durch Erweiterungsinvestitionen der Konkurrenzunternehmen in Frage gestellt werde, dann müsse investiert werden; anderenfalls müsse man auf die Möglichkeit verzichten, auf das Preisniveau Einfluß zu nehmen"[42].

Im *Automobil- und Ackerschlepperbau* fand die Investitionstätigkeit der Konkurrenzunternehmen keine oder nur geringe Beachtung. Verbesserte Konkurrenzerzeugnisse spielten jedoch bei denjenigen Unternehmen eine „sehr wichtige" bzw. „ausschlaggebende" Rolle, die in besonders enger Wettbewerbssituation mit anderen Firmen der Branche stehen[43]. Die Wichtigkeit dieses Motivs erhellt also aus der absatzwirtschaftlichen Besonderheit und der eigenen Marktstellung.

In der *Brauerei-Industrie* berücksichtigte man zwar die Konkurrenzinvestitionen bei den eigenen Dispositionen, betrachtete jedoch die Nachfrageseite als ausschlaggebend für Erweiterungsinvestitionen[44].

---

[41] Vgl. *Gutenberg*, E.: a.a.O., S. 141.
[42] Vgl. *Gutenberg*, E.: a.a.O., S. 147.
[43] Vgl. *Gutenberg*, E.: a.a.O., S. 151.
[44] Vgl. *Gutenberg*, E.: a.a.O., S. 154.

Die *Textil-Industrie* zeichnete sich durch generelle Vorsicht in der Investitionspolitik aus. Eine starke Stellung innerhalb der Entscheidungsvariablen räumte man der Mode ein, deren Wechsel häufig zu ungewollten und unerwünschten Kapazitätserweiterungen zwinge[45].

Zusammenfassend stellt *Gutenberg* fest:[46]

„Unsere Untersuchungen haben zu dem Ergebnis geführt, daß Erweiterungsinvestitionen in fast eindeutiger Weise von der Beurteilung der langfristigen Lage durch die Unternehmen abhängen. Günstige Absatz- und Ertragserwartungen forcieren die Investitionsentschlüsse, ungünstige Absatz- und Ertragserwartungen hemmen die investitionspolitische Aktivität...

Nur relativ selten ist die Befürchtung, die Erweiterungsinvestitionen der Konkurrenzunternehmen könnten den eigenen Marktanteil gefährden, von Einfluß auf die Investitionsplanungen der befragten Gesellschaften gewesen."

Und in dem eine vergleichende Darstellung der Investitionsmotive enthaltenden Schlußkapitel wird resümiert: „Die Tabelle zeigt unmißverständlich, daß insbesondere Investitionen allein zur Erhaltung des Marktanteils, also ohne den Anreiz zusätzlicher Gewinne aus einem erweiterten Produktions- und Absatzvolumen, verhältnismäßig selten vorgenommen wurden"[47].

Damit ergibt sich aus der Interpretation dieser Ergebnisse insofern ein übereinstimmendes Bild mit unseren Hypothesen, als auch wir den engen Zusammenhang des Prestigemotivs mit Gewinnerwartungen und anderen Überlegungen ableiteten.

Da als Befragungsmethode ein fixes Fragenschema mit bereits formulierten Alternativantworten gewählt wurde, können die Untersuchungsergebnisse über ‚Prestigeinvestitionen'[48] für unsere Fragestellung jedoch nur generelle Hinweise liefern[49].

Gutenberg bestätigt, „daß alle Investitionsentscheidungen auf diesem merkwürdigen Neben- und Ineinander von Rechenbarem und Nichtrechenbarem beruhen. Die Schwierigkeiten, die Investitionsentscheidungen industriellen Unternehmen bereiten, gründen in dieser Situation, die nicht aufhebbar ist, aus der heraus alle Investitionsentschlüsse gefaßt werden müssen"[50].

---

[45] Vgl. Gutenberg, E.: a.a.O., S. 157.
[46] Vgl. Gutenberg, E.: a.a.O., S. 157 ff.
[47] Vgl. *Gutenberg*, E.: a.a.O., S. 223.
[48] *Gutenberg* versteht darunter diejenigen Investitionsentscheidungen, welche von Konkurrenzinvestitionen ausgelöst werden (vgl. *Gutenberg*, E.: a.a.O., S. 221).
[49] Vgl. dazu die Ausführungen im Schlußabschnitt.
[50] Vgl. *Gutenberg*, E.: a.a.O., S. 215.

Vor allem beschäftigen uns diejenigen Investitionsentscheidungen, die bewußt nicht von dem Ergebnis einer Wirtschaftlichkeitsrechnung abhängig gemacht werden, und deren zusätzliche Motivierung allein bereits erkennen läßt, daß man sie auch durchzuführen gedenkt, wenn sie investitionsrechnerischen Überlegungen nicht standhalten. (Vielfach stellen sie dann für sich betrachtet „Fehlinvestitionen" dar, die aber oft deshalb nicht erkenntlich sind, weil sie durch die Ergebnisse anderer rentabler Anlagen alimentiert werden können.)

Zu den Investitionen dieser Art zählt *Gutenberg* etwa die aus sozialen oder hygienischen Gründen vorgenommenen, einen Großteil der Ersatzinvestitionen und einzelne sogenannte „strategische" Investitionen, die lediglich dem Streben nach Aufrechterhaltung der Marktposition entspringen[51].

Die *Gutenbergsche* Untersuchung beschränkt sich auf die sogenannten Produktivinvestitionen, also diejenigen Investitionen in Maschinen und maschinellen Aggregaten, deren Verwendungszweck unbedingt ein rechnerisches Kalkül erforderlich macht. Prestigemotive können sich in der Tat stärker bei denjenigen Investitionsobjekten durchsetzen, deren Struktur ohnehin die Durchführung von exakten Wirtschaftlichkeitsrechnungen ausschließt oder zumindest sehr erschwert[52]. Das Problem ist jedoch, inwieweit es gelingt, die Stärke des demonstrativen Motivs aus dem Gesamtzusammenhang der Variablen zu eliminieren. *Gutenberg* äußert sich sehr skeptisch zu diesem Problem[53], und sicherlich ist es mit den Mitteln der betriebswirtschaftlichen Methodik allein nicht befriedigend zu lösen.

Gutenbergs Untersuchungen bedeuten auch eine Verfeinerung und Ergänzung der Investitionsbefragungen des *Ifo*-Konjunkturtestes[54], der sich

---

[51] Vgl. *Gutenberg*, E.: a.a.O., S. 196 f.

[52] „Neben den Investitionen für wirtschaftliche Zwecke im engeren Sinne, deren Ertragskraft sich in Geld messen läßt, kommt es auch in den privaten Betrieben zu solchen Investitionen, die vorwiegend humanitäre, soziale und andere Ziele im Auge haben . . . In Wirtschaftszweigen mit effektiver Konkurrenz wird den Möglichkeiten, die sich hier bieten, ein verhältnismäßig enger Rahmen gezogen sein . . . Größer wird ihr Anteil sein, wenn die Einnahmen leichter fließen; es ist unzweifelhaft ein lebhafter Wunsch sehr vieler Betriebsinhaber und -leiter, nicht nur hohe Gewinne hereinzuholen, sondern auch nach außen hin ein „Gesicht" zu zeigen und zu einem Musterbetrieb zu werden . . ." (Vgl. *Dammann*, Axel: Investeringspolitikk i Norge etter krigen (Die Investitionspolitik in Norwegen nach dem Kriege). Schriftenreihe Økonomi Nr. 34, Oslo 1958, S. 12.

[53] Vgl. *Gutenberg*, E.: a.a.O., S. 225.

[54] Vgl. *Marquardt*, W. und *Striegel*, W.: Der Ifo-Konjunkturtest, München 1957; dies.: Der Konjunkturtest, Schriftenreihe des Ifo-Instituts für Wirtschaftsforschung, Nr. 38, Berlin – München 1959; *Langelütke*, H.: Investitionspolitik und Investitionsstatistik, Die Aktiengesellschaft, 1957, S. 77 ff.; vgl. auch *Stutz*, F. N.: Der Konjunkturtest. Neue Wege der Konjunkturdiagnose und -prognose, Zürich und St. Gallen 1957.

insbesondere auf die Erfassung von Entwicklungstendenzen und Erwartungen hinsichtlich der Produktionstätigkeit, Geschäftslage, Lagergröße, Auftragsbestände, Inlandsverkaufspreise und Materialkosten erstreckt. Sie werden im Hinblick auf die Wirksamkeit des Prestigefaktors ergänzt durch die Befragungsresultate einiger deutscher Markt- und Meinungsforschungsinstitute, die uns freundlicherweise zur Veröffentlichung freigegeben wurden.

2. Die Beiträge der Marktforschungsinstitute

Zum Problem der prestigegesteuerten Investitionen liegen bisher noch keine geschlossenen Untersuchungen seitens der Marktforschungsinstitute vor. Es sind lediglich einige Ansatzpunkte in bereits durchgeführten sowie geplanten Unternehmerbefragungen, aus denen auf die Bedeutung des Prestigeelements für das Investitionsverhalten geschlossen werden kann. Diese Ergebnisse sollen hier vorgetragen werden, soweit sie uns zugänglich gemacht wurden. Es ist dabei vorauszuschicken, daß die jeweiligen Auftraggeber dieser Untersuchungen namentlich nicht angegeben werden können. Auch sind die referierten Ergebnisse recht selten auf Grund statistisch-repräsentativer Untersuchungen, sondern in aller Regel mit Hilfe branchenspezifischer Erhebungen in bestimmten Gebieten ermittelt worden. Denn „die Voraussetzungen für die Anwendung repräsentativ-statistischer Verfahren sind auf Absatzmärkten häufig, auf den Absatzmärkten für Produktionsgüter jedoch relativ selten anzutreffen“[55].

Im Jahre 1958 wurde von der *Intermarket* GmbH in Düsseldorf eine Befragung durchgeführt, die u. a. die Investitionsentscheidungen der landwirtschaftlichen Betriebe beim Kauf von Erntemaschinen untersuchte[56]. In dieser mit Hilfe eines Samples von 418 Personen durchgeführten Untersuchung ergaben sich insbesondere im Hinblick auf die Investitionsgewohnheiten einige Ergebnisse, die auf stark prestigemotiviertes Verhalten dieser Betriebe schließen lassen.

Intermarket unterzog sich der Aufgabe, die Ausstattung der befragten Unternehmen mit motorischer Zugkraft festzustellen und insbesondere den Schlepperbesatz und die Schlepperstärke mit der Betriebsgröße zu vergleichen[57]. Die Auswertung der Ergebnisse zeigt folgende Zusammenhänge: Die Mittelwerte der PS-Zahlen des neuesten Schleppers lagen bis zur Betriebsgröße von 30 ha beständig über den entsprechenden Vergleichs-

---

[55] Vgl. *Strothmann*, K.-H.: Marktforschung für Produktionsgüter mit Fragebogen? in: Der Volkswirt, 13. Jg. (1959), Nr. 13, S. 1047.

[56] Vgl. „Tendenzen der Landtechnik“, Düsseldorf 1958.

[57] Die entsprechenden Fragen lauteten: „Wieviel PS haben Ihre Schlepper?“ „Wieviel PS würden Sie das nächste Mal (beim nächsten Schlepperkauf) nehmen?“

zahlen für den einzigen bzw. ältesten Schlepper. Sie betrugen (in Klammern die Vergleichszahlen):

für Betriebsgrößen von durchschnittlich 12 ha 21,7 PS (19,3 PS), von 18 ha 27 PS (24,1 PS) und von 25 ha 26,2 PS (24,4 PS). Da bei höheren Betriebsgrößen zu dem ersten großen Schlepper im allgemeinen ein zweiter wesentlich schwächerer Zusatzschlepper gekauft wird, ergab sich von etwa 30 ha Betriebsgröße an aufwärts eine Umkehrung dieses Verhältnisses.

Die künftigen Pläne zeigen ebenfalls deutlich den prestigemotivierten Trend zu Überkapazitäten:[58]

Gewünscht wurden bei Betriebsgrößen von rund 12 ha Schlepper in der Stärke von 22 PS (21,7; 19,3 PS), bei 18 ha Schlepperstärken von 28 PS (27; 24,1 PS), bei 25 ha Schlepperstärken von 29 PS (26,2; 24,4 PS), bei 40 ha von 28,9 PS (23,8; 26,5 PS) und bei 100 ha wurden 38 PS (32; 35,2 PS) als gewünschte Motorzugkraft angegeben.

Diese Ergebnisse erfahren zwar gewisse Modifizierungen, wenn man die jeweilige Wirtschaftsstruktur (getrennt nach überwiegend Ackerland, Weideland oder Sonderkulturen) und den Intensitätsgrad der Maschinenbeanspruchung als zusätzliche Variablen einbezieht, doch stehen sie durchaus im Einklang mit globalen statistischen Erhebungen[59] und können somit als repräsentativ für das Investitionsverhalten der landwirtschaftlichen Betriebe angesehen werden[60].

Eine Spezialuntersuchung der Überkapazitätserscheinungen bei Motorschleppern befindet sich zur Zeit bei der *Intermarket* GmbH in Vorbereitung[61].

Vom EMNID-Institut für Produktionsgüter-Marktforschung sind anläßlich von Primär-Erhebungen auf Absatzmärkten für Produktionsgüter folgende für unsere Fragestellung relevanten Beziehungen festgestellt worden:

Die Einführung ölbeheizter Dampfkessel in der Wäschereibranche stellte eine ausgesprochen prestigegesteuerte Investition dar. Der Besitz von

---

[58] In den Klammern werden an erster Stelle die Vergleichszahlen für den neuesten Schlepper, dahinter die PS-Zahlen des einzigen bzw. ältesten Schleppers angegeben.

[59] Vgl. „Landtechnik in Zahlen", hrsg. v. d. Fachgemeinschaft Landmaschinen (LMV) und der Arbeitsgemeinschaft Ackerschlepper (AGA), Wolfratshausen b. München, 1958, S. 52 ff. 1959, S. 47 ff.

[60] Vgl.: Der Grüne Plan, Erster Grüner Bericht 1956, hrsg. im Auftrage des Bundesministeriums für Ernährung, Landwirtschaft und Forsten, Bonn – München – Wien 1956, S. 564 f. Zur Wirksamkeit des Prestigefaktors in der Landwirtschaft siehe ferner *Preuschen*, G.: Der Landmaschinenberater, München – Bonn – Wien 1959, S. 13 ff.

[61] Zur Bedeutung des Prestiges für die Adaptierung des technischen Fortschritts in der Landwirtschaft vgl. auch *Chaparro*, Alvaro: Soziale Aspekte des kulturellen Wandels, in: Kölner Zeitschr. f. Soziol. u. Sozialpsych., NF Bd. 8, 1956, S. 569 – 594.

Dampfkesseln galt bei Wäschereibesitzern nämlich als Statusmerkmal, nachdem ein ‚opinion leader' in dieser Richtung vorangegangen war.

Der Nachahmungs- und Demonstrationseffekt spielte ferner eine wichtige Rolle bei der Anschaffung von Pflanzenschutzmitteln in den Weinbaugebieten von Rhein und Mosel. Hier zeigte sich deutlich die bestimmende Rolle der Gruppennormen und gesellschaftlichen Leitbilder, die ein nachahmendes Verhalten auf diesem Gebiet forderten und durch zusätzlichen Prestigegewinn belohnten.

Die Bedeutung des prestigebesetzten Firmennamens förderte eine EMNID-Untersuchung über die Investition von ‚Porsche-Diesel'-Ackerschleppern zutage. Auf diesem Feld der Image-Forschung befindet sich eine Reihe weiterer Untersuchungen in Vorbereitung.

Die ‚soziale Ansteckung' ist besonders dann zu spüren, wenn die Unternehmer unter sich informelle Gruppenbeziehungen unterhalten. Deren Bedeutung für ‚folgsame' bzw. nachahmende und ‚übertrumpfende' Entscheidungen zeigte sich insbesondere beim Investitionsverhalten der chemischen Reinigungsbetriebe, die sich im sog. Riviera-Club zusammengeschlossen hatten.

Eine EMNID-Untersuchung über den Kettenbedarf ergab, daß bei Neuanschaffungen der technische Leiter, bei Ersatzbedarf dagegen der betreffende Werkmeister die Investitionsentscheidung traf. Es wurde festgestellt, daß letzterer in viel stärkerem Maße als der Techniker emotionalen Einflüssen zugänglich war.

Diesem Ergebnis entspricht auch das Untersuchungsresultat einer *Intermarket*-Befragung über die Anschaffung von Baggern. Danach entscheidet der Baggerführer zunächst auf Grund des Verdienstes, den ihm der eine oder andere Bagger einbringt, über die Anschaffung des Modells, bei gleichem Verdienst jedoch auf Grund des Ansehens, das ihm der Baggertyp nach Größe, Farbe und Fabrikat bei seinen Kollegen verschafft. Diese Erfahrung wurde in der gesamten Fahrzeuggruppe, darüberhinaus aber auch bei bestimmten Werkzeugmaschinen, insbesondere im Zusammenhang mit Rationalisierungsinvestitionen bestätigt.

Eine EMNID-Untersuchung über den Einfluß der Mode und soziokultureller Normen auf die Anschaffung von Büromöbeln befindet sich zur Zeit in Vorbereitung.

Das *Ifo*-Institut für Wirtschaftsforschung hat unlängst eine Untersuchung des Investitionsverhaltens durchgeführt, bei der die Einflüsse des Prestigeelementes jedoch nur am Rande berührt wurden. Die Ergebnisse dieser Untersuchung werden voraussichtlich gegen Ende des Jahres veröffentlicht[62].

[62] Eine Reihe anderer Institute hat bisher ebenfalls die Rolle des Prestigeelementes in ihren Befragungen angesprochen, doch konnten uns im Hinblick

Damit konnten wir über einiges empirisches Material berichten, das die theoretisch-systematische Darstellung unserer Hypothese von der betrieblichen Praxis her zu ergänzen vermag. Auf die methodologischen Probleme einer Testung des Prestigeelementes im Investitionsverhalten wird im Schlußabschnitt einzugehen sein.

3. Zusammenfassung und Ausblick

Am Schlusse unserer Untersuchung bleibt die Frage offen, in welcher Weise es gelingen kann, den ‚Demonstrationseffekt' einer Investition empirisch zu bestimmen.

Wir haben nachzuweisen versucht, daß Prestige als Motiv des Unternehmers und Norm der Unternehmung in komplexem Zusammenhang mit anderen Antrieben und Normen, insbesondere dem Gewinnstreben, auftreten kann. Im Demonstrationseffekt können sich individuelles Geltungsstreben und normierte Verhaltensbahnungen miteinander verbinden, er kann sowohl ‚autonom' erfolgen, als auch von Außenfaktoren, insbesondere der sozialen Rolle und dem sozialen Status, ‚induziert' sein.

Motivationsanalyse und Normen- bzw. Institutionsanalyse müssen deshalb zusammenwirken, um diesen zusätzlichen ‚Effekt'[63] einer Investition zu erfassen. Dieser wird stets in der Befriedigung bestimmter Persönlichkeitswerte der für die Investitionsentscheidung zuständigen Personen liegen, auch wenn diese weitgehend unter dem sozialpsychologischen ‚Gesetz der Rollenerwartungen'[64] stehen und ihre individuellen Motive auf das „zweckrationale Gebilde Betrieb" (L. *Heyde*) im Prozeß der Identifikation übertragen haben[65].

Das Prestige der Unternehmung schlägt sich dann in gesteigertem Ansehen ihrer dispositive und ausführende Arbeit verrichtenden Angehörigen nieder.

Auch im Falle der Überkapazitäten und Fehlinvestitionen, in denen sich echte „demonstrative Investitionen"[66] niederschlagen können, ist auf

auf die Vertraulichkeit dieser Untersuchungen keine näheren Angaben zur Verfügung gestellt werden.

[63] Zur Systematik der Investitionseffekte vgl. *Meinhold*, H.: Artikel „Investitionen", a.a.O., S. 337.

[64] Vgl. *Dahrendorf*, R.: Homo Sociologicus, a.a.O., S. 6, und *Hofstätter*, P. R.: Einführung in die Sozialpsychologie, a.a.O., S. 177 ff., 397.

[65] Vgl. *Gehlen*, A.: Urmensch und Spätkultur, a.a.O., S. 41.

[66] Vgl. dazu *Schmölders*, G.: Der wirtschaftende Mensch als soziales Wesen", in: Merkur, 14. Jg. 1960, Heft 5, S. 446; *Seidenfus*, H. St.: Artikel, Sozialökonomische Verhaltensforschung, in: HdSW, 29. Lieferung, 1960, S. 101.

[67] Vgl. *Herscovits*, Melville J.: Economic Anthropology, a.a.O., S. 477: „Der Grund für die Verschwendung ist das Sichtbarmachenwollen des Status, der Stellung des einzelnen in der jeweiligen Sozialstruktur."

die individuelle Motivation unter Berücksichtigung ihrer sozialen Bezogenheit einzugehen[67]. Zwar können fehlende Wirtschaftlichkeitsrechnungen im Zusammenhang mit einem hohen Liquiditätsgrad ein Indiz für das Auftauchen von Prestigefaktoren in der Investitionsentscheidung sein[68], doch sind umgekehrt nicht alle Fehlplanungen im Investitionsbereich Ergebnisse ‚demonstrativer' Aufwendungen. Eher kann schon ein bestimmter ‚Luxus' als Kennzeichen prestigemotivierter Investitionen angesehen werden, wenn mit seiner Hilfe eine Erweiterung des sozialen Abstands vorgenommen werden soll[69]. Wird ein bestimmter Luxusaufwand betrieben, um den bereits errungenen sozialen Status innerhalb der Unternehmung oder der Unternehmung nach außen um seiner selbst willen sichtbar zu machen, so kann man die darauf verwandten Investitionen als im eigentlichen Sinne prestigemotiviert bezeichnen[70].

Schwierigkeiten ergeben sich in diesem Falle aber bei der Festlegung genauer Grenzen für den Luxusaufwand: die ‚obere Grenze' der normalen Bedürfnisse ist mit Hilfe der Bedarfsforschung zwar festzustellen, nicht aber die ‚untere Grenze' der Luxusbedürfnisse[71]. Von den äußeren Kennzeichen der aufwendigen Demonstration allein sind deshalb noch keine allgemein zutreffenden Kriterien für die Bestimmung von Prestigeeinflüssen zu gewinnen. Zwar kann man von der „imponierenden Überhöhung der Erscheinung"[72] auf ein bestimmtes ‚Imponiergehaben' schließen, doch wird das Streben nach sozialem Ansehen und sozialer Geltung beim Menschen nicht durch ein spezifisches „Organ des Imponiergehabens" analog zum Tierreich kanalisiert und an die Außenwelt projiziert[73], sondern ergeht sich in ebenso vielen Ausdrucksformen und Symbolen wie die an sich ‚plastische' Motivations- und Antriebsstruktur des Menschen selbst. „Es gibt daher auch keine allgemeingültige Regel für die Beschaffenheit dieser Symbole außer der, daß sie die unerfüllten und unerfüllbar erscheinenden Bedürfnisse verkörpern müssen, den Prunk und Glanz, wo eine gewisse Kargheit und Glanzlosigkeit das Gesetz des All-

[68] So bei *Wessels*, Th.: Diskussionsbeitrag in Z. f. h. F., N. F. 10. Jg. (1958), S. 136; Diese Hypothese wird durch die betriebliche Praxis in deutschen Unternehmen bestätigt. Vgl. auch *Meyer*, J. R. und *Kuh*, E.: a.a.O., S. 17.

[69] Vgl. *Specht*, K. G.: Artikel „Luxus", in: HdSW, 27. Lieferung, 1959, S. 71 – 73.

[70] Vgl. *Cheskin*, Louis: Why People Buy, a.a.O., S. 64: „The luxury car is a class symbol. It is a prestige identification element. It provides ego satisfication. It has social status."

[71] Nach F. *Marbach* (Luxus und Luxussteuer, Bern 1948) gibt es „ein breites Band von Qualitäts- und Ausführungsvarietäten, innerhalb dessen die Ansichten, ob das oder jenes schon oder noch Luxus sei, nicht mehr übereinstimmen." (Zit. nach *Specht*, K. G.: a.a.O., S. 72).

[72] Vgl. Artikel, „Kulturanthropologie", in: Fischer-Lexikon Anthropologie, hrsg. v. G. *Heberer*, G. *Kurth*, I. *Schwidetzky-Roesing*, Frankfurt 1959, S. 103.

[73] Vgl. *Lorenz*, K.: Über tanzähnliche Bewegungsweisen bei Tieren, in: Studium Generale, 1952, S. 256 ff.

tags ist, Schlichtheit der Formen und gedämpfte Töne, wo Überladenheit und schreiende Farben den Alltag beherrschen"[74].

Zur Erfassung prestigemotivierter Investitionen bedarf es deshalb der Analyse der Einstellungen und Erwartungen, die mit der Demonstration eines bestimmten Status verbunden sind[75].

Das Prestigestreben kann aber auch als Wunsch nach berechtigter und unerwünschter Repräsentation in der Weise normiert sein, daß nichtprestigehaftes Investitionsverhalten von der Gesellschaft mit finanziell spürbaren Sanktionen belegt wird; in diesem Fall ist ‚Prestige' ein unerläßlicher Faktor für jedes Unternehmen, das sich im Markt behaupten und durchsetzen will.

Unsere Betrachtung der gegenwärtigen Leitbilder des gesellschaftlichen Verhaltens im wirtschaftlichen Bereich hat gezeigt, daß Repräsentations- und Aufwandsnormen zu dominanten Faktoren unserer „acquisitive society" geworden sind und sich als zusätzliche Determinanten auch im betrieblichen Investitionsverhalten niederschlagen. Gleichzeitig wurde auch das stark sachgebundene Interesse deutlich, daß diese Gesellschaft an zweckhafter Produktion schlechthin hat.

„Sie nimmt für sich in Anspruch", sagt Carlo *Schmid*, „in erster Linie rational begreifbaren Antrieben zu folgen"[76].

Nun wissen wir aus der Motivationspsychologie, daß ‚Rationalisierungen'[77] von stärker emotional bedingten Antrieben besonders bei denjenigen Gruppen auftreten, die „in der Vernunft einen sozialen Wert erblicken"[78]. Dieser Wertschätzung ‚rationaler', ‚vernünftiger' und ‚zweckmäßiger' Verhaltensweisen in unserer Gesellschaft korrespondiert deshalb der Wunsch nach Kaschierung prestigemotivierter Handlungen, falls diese überhaupt ‚bewußt' als solche empfunden werden.

„Fast nie kann ein Geschäftsmann sein eigenes Vorgehen entsprechend analysieren", sagt *Schumpeter*[79] und spricht damit einen Tatbestand an,

---

[74] *Kluth*, H.: Sozialprestige und sozialer Status, a.a.O., S. 38.

[75] Vgl. *Katona*, G.: Psychological Analysis of Business Decision, in: Am. Ec. Review, Vol. 36, 1946, S. 57; *Guilford*, J. P.: Personality, New York 1959; *Vaughn*, Charles L.: A Scale for Assessing Socio-Economic Status in Survey Research, in: The Public Opinion Quarterly, Vol. 22, 1958, S. 28; *Kropff*, H. F. J.: Bilder und Symbole in Motivforschung und Werbung, in: Ztschr. f. Markt- u. Meinungsforschung, 3. Jg. (1959/60), Heft 1, S. 582 ff.

[76] Vgl. *Schmid*, C.: Grenzen rechtlicher Regelung innerhalb der modernen Gesellschaft, in: Universitas, 14. Jg., 1959, S. 1236.

[77] Vgl. *Allport*, Gordon W.: Personality, London 1956, S. 172 f.; *Hofstätter*, P. R.: Einführung in die Sozialpsychologie, a.a.O., S. 215; *Hartley*, E. L. und *Hartley*, R. E.: a.a.O., S. 215 f.; *Cheskin*, L.: Why People Buy, a.a.O., S. 117.

[78] Vgl. *Hartley*, E. L. und *Hartley*, R. E.: a.a.O., S. 215.

[79] Vgl. *Schumpeter*, J. A.: Wie studiert man Sozialwissenschaft, in: Aufsätze zur ökonomischen Theorie, Tübingen 1952, S. 565.

den die Motivationspsychologie im einzelnen erläutert[80]. *Toman* schließt daraus für die empirische Ermittlung der Motive[81]: „Die direkte Befragung der Person ist wahrscheinlich das naivste Mittel, um das Gewünschte zu erfahren. Die betreffende Person wird nämlich unter gewissen Umständen gar keine komplette Antwort geben wollen. Darüber hinaus wird sie auch keine komplette Antwort geben können, sofern sie es wollte . . . Sie wird auf die direkte Frage manches, aber nicht alles sagen können, selbst wenn sie das möchte."

Will man deshalb die prestigebedingten Investitionsvariablen erfassen, muß man versuchen, die Rationalisierungen der Verhaltensbegründung zu umgehen. Dies kann jedoch nicht durch direktes Ansprechen auf die Motive und erst recht nicht mit Hilfe fixierter Frageschemata geschehen.

„Written replies to questionnaires are hopelessly inadequate for such purposes . . . Only through detailed discussions of different situations and decisions, actual as well as hypothetical, will an investigator succed in bringing out true patterns of conduct of the individual business man"[82].

In Anlehnung an die von *Vershofen* als ‚Colloquium' bezeichnete ‚Objektanalyse'[83] wird deshalb der Form des ‚persönlichen Interviews' („in aufgelockerter Form bis hin zu psychologisch vertieftem Auskundschaften")[84] der Vorzug zu geben sein[85].

Zur operationalen Ermittlung des Prestigefaktors liegen inzwischen auch erste sozialpsychologische Untersuchungsverfahren vor, an deren Umstandardisierung auf deutsche Verhältnisse gegenwärtig gearbeitet wird[86]. Mit ihrer Hilfe dürfte es auch möglich sein, die aufgestellten Hypothesen einer Nachprüfung zu unterziehen und dadurch einen bescheidenen Beitrag zur Theorie des Investitionsverhaltens beizusteuern. Denn für diese gilt in besonderem Maße *Kleins* Mahnung:

„We must learn more facts about investment and try to use them to establish a sound theory of investment among the embarrassing number of candidates"[87].

---

[80] Vgl. *Cannell*, Ch.: A Psychologist's View, in: Ferber und Wales, a.a.O., S. 8; *Dichter*, E.: Toward an Understanding of Human Behavior, in: Ferber und Wales, a.a.O.,S. 30; *Thomae*, H.: Der Mensch in der Entscheidung, München 1960.

[81] Vgl. *Toman*, W.: Dynamik der Motive, Frankfurt – Wien 1954, S. 177.

[82] *Machlup*, F.: Marginal Analysis and Empirical Research, a.a.O., S. 538.

[83] Vgl. *Vershofen*, W.: Die Marktentnahme als Kernstück der Wirtschaftsforschung, a.a.O., S. 116 f.

[84] Vgl. *Schäfer*, E.: Artikel „Marktforschung", in: HdSW, 27. Lieferung, 1959, S. 169.

[85] Vgl. *König*, R. (Hrsg.): Das Interview – Praktische Sozialforschung Bd. I, 2. Aufl., Köln 1957; ders.: Beobachtung und Experiment in der Sozialforschung, Praktische Sozialforschung, Bd. II, Köln 1956.

[86] Vgl. *Gough*, Harrison G.: California Psychological Inventory, Palo Alto, Calif. 1959, und die dort angegebene Bibliographie, S. 30 ff.

[87] Vgl. *Klein*, L. R.: Studies in Investment Behavior, a.a.O., S. 233.

Literaturverzeichnis

Abbot, L.: Qualität und Wettbewerb, München – Berlin 1958.

Aftalion, A.: Les crises périodiques de surproduction, Paris 1913.

Åkerman, J.: Das Problem der sozialökonomischen Synthese, Lund 1938.

Albach, H.: Wirtschaftlichkeitsrechnung bei unsicheren Erwartungen, Köln und Opladen 1959.

– Zur Theorie der Unternehmensorganisation, in: Z.f.h.F., 1959, Heft 5.

– Investitionspolitik in Theorie und Praxis, in: Z.f.B., 28 Jg., 1958, Nr. 12.

Alchian, A. A.: Uncertainty, Evolution, and Economic Theory, in: Journ. of Pol. Econ., 1950.

Allport, G. W.: Personality, London 1956.

– Artikel ‚Attitudes', in: Handbook of Social Psychology (hrsg. v. C. Murchison), Worcester/Mass. 1935.

Anschütz, G.: Psychologie. Grundlagen, Ergebnisse und Probleme der Forschung, Hamburg 1953.

Barnard, Ch. J.: Organization and Management, Cambridge/Mass. 1949.

– The Funktions of the Executive, Cambridge/Mass. 1956.

Baudin, L.: Irrationality in Economics, in: The Quarterly Journ. of Econ., Vol. 66, 1954.

Benesch, H.: Wissenschaft der Menschenbehandlung, Heidelberg, 1958.

Benoit-Smullyan, E.: Status Types, and Status Interrelations, in: American Sociological Review, Vol. 9, 1944.

Bergler, G.: Leitbild und Werbung, in: Jahrbuch der Absatz- und Verbrauchsforschung, 4. Jg., 1958, Heft 4.

Bernsdorf, W.: Artikel ‚Autorität', in: Wörterbuch der Soziologie, hrsg. v. W. Bernsdorf und F. Bülow, Stuttgart 1955.

Blackburn, J.: Psychology and the Social Pattern, 5. Aufl., London 1953.

Böhler, E.: Nationalökonomie, 3. Aufl., Zürich 1957.

– Zur Psychologie der nationalökonomischen Erkenntnis, in: Wirtschaftstheorie und Wirtschaftspolitik, Festschrift für A. Amonn, Berlin 1953.

– Das Gewissen, Zürich – Stuttgart 1958.

Bonner, H.: Social Psychology, New York 1959.

v. Borch, H.: Selbstkorrekturen des amerikanischen Kapitalismus, in: Merkur, 1960, Heft 2.

Boulding, K. E.: The Skills of the Economist, London 1958.

– The Image, University of Michigan 1956.

– A Reconstruction of Economics, New York 1950.

Bouniatian, M.: Les crises économiques, 2. Aufl., Paris 1930.

Bowen, H. R.: Social Responsibilities of the Businessman, New York 1953.

Brandt, H.: Investitionspolitik des Industriebetriebes, Wiesbaden 1959.

Brodnitz, G.: Englische Wirtschaftsgeschichte, 1. Bd., Jena 1918.

Brookman, G. B.: How Top Businessmen View the Recession, in: *Fortune*, April 1958.

Burnham, J.: Das Regime der Manager, Stuttgart 1951.

Cannell, Ch.: A Psychologist's View, in: Ferber und Wales, Motivation and Market Behavior.

Carter, C. F.: A Revised Theory of Expectations, in: Econ. Journ. 1953.

Cartier, R.: 48 mal Amerika, München 1954.

Carver, T. N.: A Suggestion for a Theory of Industrial Depressions, in: Quarterly Journ. of Econ., 1903.

Cassel, G.: Theoretische Sozialökonomik, Leipzig 1919.

Chaparro, A.: Soziale Aspekte des kulturellen Wandels, in: Kölner Zeitschr. f. Soziol. u. Sozialpsych., N. F., Bd. 8, 1956.

Cheskin, L.: Why People Buy, New York 1959.

Clark, J.M.: Business Acceleration and the Law of Demand, in: Journal of Political Economy, März 1917.

– Economics of Overhead Costs, Chicago 1923.

– Strategic Factors in Business Cycles, New York 1934.

Coase, R. H. und *Fowler*, R. F.: The Analysis of Producer's Expectations, in: Economica 1940.

Cooper, W. W.: Theory of the Firm – Some Suggestions for Revisions, in: Am. Ec. Review, 1949.

– A Proposal for Extending the Theory of the Firm, in: Quart. Journ. of Econ., 1951.

Crankshaw, E.: Big Business in Russia, in: The Atlantic Monthly, Vol. 202, 1958, Nr. 6.

Dahrendorf, R.: Homo Sociologicus, Köln – Opladen 1959.

– Artikel ‚Betriebssoziologie', in: HdSW, 2. Bd., Stuttgart – Tübingen – Göttingen 1959.

Dammann, A.: Investeringspolitikk i Norge etter krigen (Die Investitionspolitik in Norwegen nach dem Kriege). Schriftenreihe Økonomi Nr. 34, Oslo 1958, S. 12.

Dean, J.: Capital Budgeting, New York 1951.

Dichter, E.: Toward an Understanding of Human Behavior, in: Ferber und Wales, S. 30.

Domar, E. D. und *Musgrave*, R. A.: Proportional Income Taxation and Risk-Taking, in: Quarterl. Journ. of Econ., Bd. 58, 1944.

Dowrie, G. W. u. *Fulfillner*, D. R.: Investments, 2. Aufl., New York – London 1950.

Drucker, P. F.: The New Society, New York 1950.

– Das Fundament für Morgen, Düsseldorf 1958.

Duesenberry, J. S.: Income, Saving, and the Theory of Consumer Behavior, Cambridge/Mass. 1949.

Edwards, A. L.: Experiments: Their Planning and Execution, in: Handbook of Social Psychology, Vol.I, ed. by Gardner Lindzey, 3. Aufl., Reading, Massachusetts, London 1959.

Egerton, R. A. D.: Investment, Uncertainty, and Expectations, in: Review of Econ. Stud., 1954/55, Nr. 58.

Eisermann, G.: Wirtschaftssystem und Gesellschaftsform, in: Die Einheit der Sozialwissenschaften.

Eisner, R.: Determinants of Capital Expenditures – An Interview Study, Studies in Business Expectations and Plannings, Nr. 2, Urbana 1956.

Enthoven, A. C. und *Arrow*, K. J.: A Theorem on Expectations and the Stability of Equilibrium, in: Econometrica, 1956.

Eucken, W.: Die Grundlagen der Nationalökonomie, 6. Aufl., Berlin – Göttingen – Heidelberg 1950.

v. Eynern, M.: Artikel ,Unternehmer', in: Handwörterbuch der Soziologie.

Fellner, W.: Competition among the Few; Oligopoly and Similar Market Structures, New York 1949.

Fenn, D. H.: (Hrsg.), Management in a Rapidly Changing Economy, New York – Toronto – London 1958.

Ferber, R. und *Wales*, H. G.: Motivation and Market Behavior, Homewood/Ill. 1958.

Fischer, K. A.: Schichtung und Siebung in Unternehmung und Betrieb, in: Kölner Zeitschr. f. Soziol. u. Sozialpsych., 1. Jg., Heft 1.

Fleege-Althoff, F.: Die notleidende Unternehmung, Bd. I: Krankheitserscheinungen und Krankheitsursachen, Stuttgart 1930.

Friend, I.: Critical Evaluation of Surveys of Expectations, Plans, and Investment Behavior, in: Mary Jean Bowman, Expectations, Uncertainty, and Business Behavior, New York 1958.

Galbraith, J. K.: The Affluent Society, London 1958, deutsch: Gesellschaft im Überfluß, München – Zürich 1959.

Gehlen, A.: Soziologie als Verhaltensforschung, in: Zeitschr. f. d. Ges. Staatsw., 1959.

– Der Mensch, Bonn 1950.

– Probleme einer soziologischen Handlungslehre, in: Carl Brinkmann (Hrsg.), Soziologie und Leben, Tübingen 1952.

Georgescu-Roegen, N.: Choice, Expectations and Measureability, in: Quart. Journ. of Econ., 1954.

Gernhardt, J.: Unternehmertum und Wirtschaftsführung, Tübingen 1930.

Goldmann, H. W.: Wie man Kunden gewinnt, 3. Aufl., Essen 1958.

Gordon, R. A.: Business Leadership in the Large Corporation, Washington D. C. 1945.

Gorer, G.: Die Amerikaner, Hamburg 1958.

Gough, H. G.: California Psychological Inventory, Palo Alto, Calif. 1959.

Graham, B.: The Intelligent Investor, 2. Aufl., New York 1954.

Granick, D.: The Red Executive, New York 1960.

Griffin, C. E.: Enterprise in a Free Society, Chicago 1949.

Grossmann, A.: BMW scheiterte am Automobil, in: Handelsblatt vom 13./14. November 1959.

Guilford, J. P.: Personality, New York 1959.

Gutenberg, E.: Grundlagen der Betriebswirtschaftslehre, Bd. I: Die Produktion, 3.Aufl., Berlin – Göttingen – Heidelberg 1957.

– Der Stand der wissenschaftlichen Forschung auf dem Gebiet der Investitionsplanung, in: Z. f. h. F. 1954.

Gutenberg, E.: Untersuchungen über die Investitionsentscheidungen industrieller Betriebe, Köln u. Opladen 1959.

– Zur neueren Entwicklung der Wirtschaftlichkeitsrechnung, Zeitschr. f. d. Ges. Staatswiss., 1952.

Haberler, G.: Prosperität und Depression, 2. Aufl., Tübingen – Zürich 1955.

Halbwachs, M.: The Psychology of Social Class, London – Melbourne – Toronto 1958.

Hahn, G.: Ursachen von Unternehmermißerfolgen, Diss. Köln 1956.

Hamann, R. und *Hermand*, J.: Naturalismus, Berlin 1959.

Harbison, F. und *Myers*, Ch. A.: Management in the Industrial World, New York 1959.

Harrod, R. F.: The Trade Cycle, Oxford 1936.

Hart, A. G.: Anticipations, Business Planning, and the Cycle, in: Quarterly Journ. of Econ., 1937, Nr. 2.

– Anticipations, Uncertainty, and Dynamic Planning, Chicago 1940.

– Uncertainty and Inducements to Invest, in: Rev. of Econ. and Stat., 1940.

Hartley, E. L. und *Hartley*, R. E.: Die Grundlagen der Sozialpsychologie, Berlin 1955.

Hartmann, H.: Management in Germany, in: F. Harbison und Ch. A. Myers, a.a.O.

Hasenack, W.: Die Anlagenabschreibung im Wertumlauf der Betriebe und die Sicherung der Wirtschaft, in: Z. f. B., 15. Jg.

Hayek, F. A.: Monetary Theory and the Trade Cycle, London 1933.

Heberer, G., *Kurth*, G. und *Schwidetzky-Roesing*, I.: Fischer-Lexikon ‚Anthropologie', Frankfurt 1951.

Heilbroner, R. L.: The Quest for Wealth, New York 1956.

Heinen, E.: Zum Begriff und Wesen der betriebswirtschaftlichen Investition, Betriebswirtschaftliche Forschung und Praxis 1955.

Heller, W.: The Anatomy of Investment Decisions, in: Harv. Bus. Review, Bd. 29, 1951.

Hellpach, W.: Der deutsche Charakter, Bonn 1954.

Herscovits, M. J.: Economic *Anthropology*, New York 1952.

Hesse, A.: Die wirtschaftliche Lage und Entwicklung der deutschen Maschinenindustrie seit der Stabilisierung, Diss. Köln 1930.

Heyde, L.: Abriß der Sozialpolitik, 11. Aufl., Heidelberg 1959.

Hickman, C. A.: Managerial Motivation and the Theory of the Firm, in: Am. Ec. Review, Vol. 45, 2, 1945.

Hickman, C. A. und *Kuhn*, M. H.: Individuals, Groups, and Economic Behavior, New York 1956.

Hicks, J. R.: A Contribution to the Trade Cycle, 2. Aufl., Oxford 1951.

Hicks, J. R., *Hart*, A. G. und *Ford*, J. W.: The Social Framework of the American Economy, New York 1955.

Higgins, B.: Elements of Indeterminacy in the Theory of Non-Perfect Competition, in: Am. Ec. Rev., 1939.

Hillebrand, M., J.: Psychologie des Lernens und Lehrens, Bern – Stuttgart 1958.

Hirsch, J.: Der moderne Handel. Seine Organisation und Formen und die staatliche Binnenhandelspolitik, in: Grundriß der Sozialökonomik, Bd. V/2, 2. Aufl., Tübingen 1925.

Hirshleifer, J.: A Note on Expectations, in: Am. Ec. Review, 1946.

Hofstätter, P. R.: Einführung in die Sozialpsychologie, Stuttgart – Wien 1954.

– Einführung in die quantitativen Methoden der Psychologie, München 1953.

– Fischer-Lexikon ‚Psychologie', Frankfurt a.M. 1957.

v. Holzschuher, L.: Praktische Psychologie. Die Primitivperson im Menschen, Seebrück 1949.

Homans, G. C.: Theorie der sozialen Gruppe, Köln – Opladen 1959.

Hoover, E. M.: Some Institutional Factors in Business Investment Decision, in: Am. Ec. Rev., 1954.

Hurwicz, L.: Theory of the Firm and of Investment, in: Econometrica Bd. 14, 1946.

– The Theory of Economic Behavior, in: Am. Ec. Rev. 1945.

Jöhr, W. A.: Theoretische Grundlagen der Wirtschaftspolitik, Bd. II: Die Konjunkturschwankungen, Tübingen u. Zürich 1952.

Kahn, R. L. und *Cannell*, Ch. F.: The Dynamics of Interviewing, New York – London 1958.

Kaldor, N.: A Model of the Trade Cycle, in: Economic Journal, 1940.

Kapp, W.: Volkswirtschaftliche Kosten der Privatwirtschaft, Tübingen – Zürich 1958.

Katona, G.: Psychological Analysis of Economic Behavior, New York 1951, deutsch: Das Verhalten der Verbraucher und Unternehmer, hrsg. v. E. Boettcher, Tübingen 1960.

– Psychological Analysis of Business Decisions and Expectations, in: Am. Ec. Review, 1946.

– Psychological Studies of Business Expectations and Decisions, in: Econometrica, 1951.

Katona, G. und *Morgan*, J. N.: The Quantitative Study of Factors Determining Business Decisions, in: Quarterly Journ. of Econ., Bd. 62, 1952.

Kaysen, Carl: A Dynamic Aspect of the Monopoly Problem, in: Rev. of Economics and Statistics, Bd. 31, 1949.

Klaw, Sp.: The Entrepreneurial Ego, in: *Fortune*, August 1956.

Klein, L. R.: Economic Fluctuations in the United States, 1921 – 1941, New York 1950.

– Studies in Investment Behavior, in: National Bureau of Economic Research, Conference on Business Cycles, New York 1951.

Kluth, H.: Sozialprestige und sozialer Status, Stuttgart 1957.

Knauth, C.: Business Practices, Trade Position, and Competition, New York 1956.

Knight, F. H.: Risk, Uncertainty and Profit, London 1957.

Knight, M. E.: The German Executive, Stanford 1952.

König, R.: Das Interview – Praktische Sozialforschung Bd. I, 2. Aufl., Köln 1957.

– Beobachtung und Experiment in der Sozialforschung, Praktische Sozialforschung Bd. II, Köln 1956.

Kosiol, E.: Organisation des Entscheidungsprozesses, Berlin 1959.

Krelle, W.: Theorie wirtschaftlicher Verhaltensweisen, Meisenheim – Wien 1953.

Kropff, H. F. J.: Bilder und Symbole in Motivforschung und Werbung, in: Ztschr. f. Markt- u. Meinungsforschung, 3. Jg. (1959/60), Heft 1.

Kuznets, S.: Relations between Capital Goods and Finished Products in the Business Cycle, in: Economic Essays in Honour of Wesley Clair Mitchell, New York 1935.

Lachman, L. M.: A Note on the Elasticity of Expectations, in: Economica 1940.

– The Role of Expectations in Economics as a Political Science, in: Economica, 1943.

Lange, O.: A Note on Expectations, in: Rev. of Econ. and Stat., 1943.

Langelütke, H.: Investitionspolitik und Investitionsstatistik, Die Aktiengesellschaft, 1957.

Lauterbach, A.: Man, Motives, and Money, Ithaka, N. Y. 1954, deutsch: Mensch-Motive-Geld, Stuttgart – Düsseldorf 1957.

– Social Factors in Business Uncertainty, in: Mary Jean Bowman, a.a.O.

– Diskussionsbeitrag zu C. Addison Hickman, Managerial Motivation and the Theory of the Firm, a.a.O.

Leavitt, H. J.: Managerial Psychology, 2. Aufl., Chicago 1959.

Leist, K.: Investitionen und Sozialstruktur in Westdeutschland, Diss. Hamburg 1956.

Leopold, L.: Prestige. Ein gesellschaftspsychologischer Versuch, Berlin 1916.

Lersch, Ph.: Aufbau der Person, 6. Aufl., München 1953.

Likert, S. und *Hayes*, S. P.: Some Applications of Behavioural Research, Paris 1957.

Linton, R.: The Cultural Background of Personality, London 1947.

– The Study of Man, New York 1936.

Lohmann, M.: Einführung in die Betriebswirtschaftslehre, 2. Aufl., Tübingen 1955.

Lorenz, K.: Über tanzähnliche Bewegungsweisen bei Tieren, in: Studium Generale, 1952.

Lückert, H.-R.: Konfliktpsychologie, München – Basel 1957.

Lutz, F. A. und *Lutz*, V. C.: The Theory of Investment of the Firm, Princeton 1951.

Machlup, F.: Marginal Analysis and Empirical Research, in: Am.Ec. Rev., 1949.

– Börsenkredit, Industriekredit und Kapitalbildung, Wien 1931.

Mack, R.: The Flow of Business Funds and Consumer Purchasing Power, New York 1941.

Mahr, W.: Artikel ‚Investition', in: Staatslexikon, hrsg. v. d. Görresgesellschaft, 4. Bd., Freiburg 1959.

Marquardt, W. und *Striegel*, W.: Der Ifo-Konjunkturtest, München 1957.

Marschak, J.: Money and the Theory of Assets, in: Econometrica, Bd. 6, 1938.

Martineau, P.: Motivation in Advertising, New York – Toronto – London 1957.

Mayntz, R.: Die soziale Organisation des Industriebetriebes, Stuttgart 1958.

Meade, J. E. und *Andrews*, W. S.: Summary of Replies to Questions on the Effects of Rates of Interest, in: Oxford Economic Papers, No. 3, 1940.

Meinhold, M.: Artikel ‚Investitionen', in: HdSW, 5. Bd., Stuttgart – Tübingen – Göttingen 1956.

Merton, R. K.: Social Theory and Social Structure, 2. Aufl., Glencoe, Ill. 1957.

Meyer, J. R. und *Kuh*, E.: The Investment Decision. An Empirical Study, Cambridge/Mass. 1957.

Michaelis, A.: Weltweite Überkapazität in der Mineralölindustrie, in: Frankfurter Allgemeine Zeitung vom 7. Mai 1960.

Müller, F.: Zur Theorie der Funktionen des modernen Unternehmers, Würzburg 1926.

Modigliani, F.: Measurement of Expectations, in: Econometrica, 1952.

Modigliani, F. und *Sauerlender*, O. H.: Economic Expectations and Plans of Firms in Relation to Short-Term Forecasting, in: Short Term Economic Forecasting, Studies in Income and Wealth, Vol. 17, Princeton 1955.

Müller-Freienfels, R.: Psychologie des deutschen Menschen und seiner Kultur, 2. Aufl., München 1930.

Murphy, G.: Artikel ‚Social Motivation', in: Handbook of Social Psychology, a.a.O.

Myrdal, G.: Das politische Element in der nationalökonomischen Doktrinenbildung, Berlin 1930.

Newcomb, Th.M.: Sozialpsychologie, Meisenheim 1959.

Nettl, J. P.: Note on Entrepreneurial Behavior, in: Review of Economic Studies, 1957.

v. Neumann, J. und *Morgenstern*, O.: Theory of Games and Economic Behavior, 2. Aufl., Princeton 1947.

Nicolin, R.: Die Theorie der Spiele und ihre Bedeutung für die Theorie der oligopolistischen Konkurrenz, Diss. Köln 1958.

Pack, L.: Investition und Investitionsarten, Diss. Saarbrücken 1956.

Packard, V.: The Hidden Persuaders, New York 1957.

– The Status Seekers, New York 1959.

Papalekas, J. Chr.: Das Problem der sozialen Leitbilder unter den Bedingungen der modernen Industriegesellschaft, in: Jahrb. f. Soz. Wiss. 1959.

Papandreou, A. G.: Some Basic Problems in the Theory of the Firm, in: Haley (Hrsg.), A Survey of Contemporary Economics, Homewood/Ill., 1952.

Parkinson, C. N.: Parkinsons Gesetz und andere Studien in der Verwaltung, Düsseldorf 1959.

Parsons, T.: Motivation of Economic Activities, in: Essays in Sociological Theory, 2. Aufl., Glencoe, Ill., 1958.

Parsons, T. und *Shils*, E. A.: Toward a General Theory of Action, Cambridge/Mass. 1952.

Popper, K.: Logik der Forschung, Wien 1935.

Potthoff, E.: Der Betrieb als Teil der Wirtschaft, in: Mitteilungen des WWI, VI. Jg. 1953.

Preiser, E.: Der Kapitalbegriff und die neuere Theorie, in: Die Unternehmung am Markt, Festschrift für Wilhelm Rieger, Stuttgart – Köln 1953.

Prime, J. H.: Investment Analysis, 2. Aufl., New York 1952.

Pritzkoleit, K.: Die neuen Herren, Wien – München – Basel 1955.

– Wem gehört Deutschland, Wien – München – Basel 1957.

– Bosse, Banken, Börsen, München o. J.

Redlich, F.: Artikel ‚Unternehmer', in: HdSW, 26. Lieferung, Stuttgart – Tübingen – Göttingen 1959.

Redlich, F.: Unternehmungs- und Unternehmergeschichte, in: HdSW 1959.

Rexhausen, F.: Der Unternehmer und die volkswirtschaftliche Entwicklung, Volkswirtschaftliche Schriften, Heft 48, Berlin 1960.

Riebel, P.: Die Elastizität des Betriebes, Köln – Opladen 1954.

Riesman, D.: New Standards for Old: From conspicuous consumption to conspicuous production, in: Individualism Reconsidered, Glencoe/Ill. 1957.

– Die einsame Masse, Hamburg 1958.

– *Thorstein Veblen*, A Critical Interpretation, New York – London 1953.

Riesman, D. und *Roseborough*, H.: Careers and Consumer Behavior, in: Consumer Behavior, Vol. 2, New York 1955.

Riesman, D. und *Larrabee*, E.: Die Straßenkreuzer, in: Der Monat, Dezember 1957.

Rinsche, G.: Der aufwendige Verbrauch, Diss. Köln 1960.

Robbins, L.: The Great Depression, London 1934.

Robertson, D. H.: A Study of Industrial Fluctuation, London 1915.

– Banking Policy and the Price Level, 3. Aufl., London 1932.

Roos, Ch.F.: A Dynamical Theory of Economics, in: Journ. of Polit. Economy, Bd. 35, 1924.

Rosenstock-Huessy, E.: Soziologie, Bd. 1: Die Übermacht der Räume, Stuttgart 1956.

Ruchti, H.: Bilanz und Investition, in: Der Industriebetrieb und sein Rechnungswesen, Festschrift für M. R. Lehmann, 1957.

Salin, E.: Artikel ‚Manager', in: HdSW, 1959.

Schäfer, E.: Artikel ‚Marktforschung', in: HdSW, 27. Lieferung, 1959.

– Die Unternehmung, Köln u. Opladen 1956.

Schelsky, H.: Artikel ‚Industrie- und Betriebssoziologie', in: A. Gehlen und H. Schelsky (Hrsg.): Soziologie, Düsseldorf – Köln 1955.

Scherhorn, G.: Bedürfnis und Bedarf, Beiträge zur Verhaltensforschung, Heft 1, Berlin 1959.

– Verhaltensforschung und Konsumtheorie, in: Schmollers Jahrbuch für Gesetzgebung, Verwaltung und Volkswirtschaft, 80. Jg., 1960.

– Methodologische Grundlagen der sozialökonomischen Verhaltensforschung, Köln u. Opladen 1960.

Schlamm, W. S.: Die Grenzen des Wunders, Zürich 1959.

Schmalenbach, E.: Der freien Wirtschaft zum Gedächtnis, 3. Aufl., Köln und Opladen 1959.

– Die Aktiengesellschaft, 7. Aufl., Köln u. Opladen 1950.

– Die Aufstellung von Finanzplänen, 2. Aufl., Leipzig 1937.

Schmölders, G.: Ökonomische Verhaltensforschung, ORDO, Bd. 5, Düsseldorf – München 1953.

– Ökonomische Verhaltensforschung, Arbeitsgemeinschaft für Forschung des Landes Nordrhein-Westfalen, Heft 71, Köln u. Opladen 1957.

– Allgemeine Steuerlehre, 3. Aufl., Berlin 1958.

– Der wirtschaftende Mensch als soziales Wesen, in: Merkur, 14. Jg., 1960.

– Vorlesung ‚Sozialökonomische Verhaltensforschung', Wintersemester 1959/60.

Schneider, E.: Wirtschaftlichkeitsrechnung, 2. Aufl., Tübingen – Zürich 1957.

– Einführung in die Wirtschaftstheorie, 4. Aufl., Tübingen 1956.

Schörry, O.: Artikel ‚Investitionsstatistik', in: HdSW, 5. Bd., 1956.

Schreiber, K.: Die Hypothese planmäßigen Kaufverhaltens der Verbraucher und ihre empirische Verifizierung, Diss. Berlin 1954.

Schultz-Hencke, H.: Lehrbuch der Analytischen Psychotherapie, Stuttgart 1951.

Schumpeter, J. A.: Unternehmer heute, in: Strukturwandlungen der deutschen Volkswirtschaft, hrsg. v. B. Harms, Bd. 1, Berlin 1929.

– Artikel ‚Unternehmer', in: Handwörterbuch d. Staatswiss., 4. Aufl., Bd. VIII, Jena 1928.

– Theorie der wirtschaftlichen Entwicklung, 5. Aufl., Bonn 1952.

– Wie studiert man Sozialwissenschaft, in: Aufsätze zur ökonomischen Theorie, Tübingen 1952.

Seidenfus, H. St.: Verkehrsmärkte, Veröffentlichungen der List-Gesellschaft, Bd. 14, Tübingen 1959.

– Artikel ‚Sozialökonomische Verhaltensforschung', in: HdSW, 29. Lieferung, 1960.

– Zur Theorie der Erwartungen, in: G. Schmölders-R. Schröder-H. St. Seidenfus, John Maynard Keynes als ‚Psychologe', Berlin 1956.

Seraphim, H.-J.: Theorie der allgemeinen Wirtschaftspolitik, Göttingen 1955.

Shackle, L. S.: Expectations in Economics, New York 1948.

Shaffner, F.I.: The Problem of Investment, New York 1936.

Shubik, M.: Information, Risk, Ignorance and Indeterminacy, in: Quart. Journ. of Econ. 1954.

– Information, Theories of Competition and the Theory of Games, in: Journ. of Polit. Econ. 1952.

Simon, H. A.: Administrative Behavior, 2. Aufl., New York 1957.

– On the Application of Servomechanism Theory in the Study of Production Control, in: Econometrica, 1952.

Smith, A.: Theorie der ethischen Gefühle, deutsche Ausgabe Frankfurt 1949.

Sodhi, K. S.: Urteilsbildung im sozialen Kraftfeld, Göttingen 1953.

Sombart, W.: Die Deutsche Volkswirtschaft im neunzehnten Jahrhundert und im Anfang des zwanzigsten Jahrhunderts, 7. Aufl., Berlin 1927.

Specht, K. G.: Artikel ‚Luxus', in: HdSW, 27. Lieferung, 1959.

Speer, W. E.: Das sogenannte Meinungsmonopol im Lichte der ökonomischen Verhaltensforschung, Diss. Köln 1957.

Spiethoff, A.: Artikel ‚Krisen', in: Handwörterbuch der Staatswissenschaften, Bd. 6, Jena 1925.

Stock, W.: Die Investitionspolitik in nationalisierten Industrieunternehmungen Frankreichs seit ihrer Nationalisierung, Köln u. Opladen 1959.

Strothmann, K.-H.: Marktforschung für Produktionsgüter mit Fragebogen? in: Der Volkswirt, 13. Jg. (1959), Nr. 13.

Stutz, F. N.: Der Konjunkturtest. Neue Wege der Konjunkturdiagnose und -prognose, Zürich und St. Gallen 1957.

Terborgh, G.: A Dynamic Equipment Policy, New York 1949.

– Equipment Replacement and Depreciation Policies and Practices, hrsg. v. Machinery and Allied Products Institute, Washington 1956.

– A *Mapi* Study and Manual, Machinery and Allied Products Institute and Council for Technological Advancement, Washington 1958.

Thomae, H.: Der Mensch in der Entscheidung, München 1960.

Tinbergen, J.: Statistical Testing of Business-Cycle Theories, A Method and its Application to Investment Activity, Genf 1939.

– Business Cycles in the United States of America 1919–1932, Genf 1939.

Tinbergen, J. und *Polak*, J. J.: The Dynamics of Business Cycles. A Study in Economic Fluctuations, Chicago 1950.

Toman, W.: Dynamik der Motive, Frankfurt–Wien 1954.

Vaughn, Ch. L.: A Scale for Assessing Socio-Economic Status in Survey Research, in: The Public Opinion Quarterly, Vol. 22, 1958.

Veblen, Th.: The Theory of the Leisure Class, New York 1899; deutsch: Die Theorie der feinen Leute, Köln–Berlin 1957.

Vershofen, W.: Die Marktentnahme als Kernstück der Wirtschaftsforschung, Berlin–Köln 1959.

– Aus welchen Gründen kauft man Kraftfahrzeuge, in: Frankfurter Allgemeine Zeitung v. 13./14. November 1959.

Wallich, H. C.: The Mainsprings of the German Revival, deutsch: Triebkräfte des deutschen Wiederaufstiegs, Frankfurt 1955.

Walther, A.: Einführung in die Wirtschaftslehre der Unternehmung, 2. Bd., Die Unternehmung, Zürich 1953.

Warner, W. L. und *Abegglen*, J.: Karriere in der Wirtschaft, Eine Untersuchung über die Erfolgreichen, Düsseldorf 1958.

Weckstein, R. S.: On the Use of the Theory of Probability in Economics, in: Review of Economic Studies, Bd. 20, 1952/53.

Wessels, Th.: Artikel ‚Akzelerator', in: Staatslexikon, hrsg. v. d. Görresgesellschaft, Bd. 1.

– Das Problem der Geldwertstabilität, in: Beihefte der Konjunkturpolitik, Zeitschrift für angewandte Konjunkturforschung, Heft 4, Berlin 1959.

– Fragen der Wirtschaftlichkeitsrechnung in volkswirtschaftlicher Sicht, München 1955.

– Diskussionsbeitrag auf der Arbeitstagung der Schmalenbach-Gesellschaft: Bessere Marktanpassung durch unternehmerisches Planen, Z. f. h. F., 10. Jg., 1958.

Werner, J.: Die Wirtschaftsverbände in der Marktwirtschaft, St. Galler wirtschaftswissenschaftliche Forschungen, Bd. 12, Zürich–St. Gallen 1957.

Whyte, W. H.: The Organization Man, London 1957, deutsche Ausgabe: Herr und Opfer der Organisation, Düsseldorf 1958.

Wicksell, K.: Geldzins und Güterpreise, Jena 1898.

– Lectures on Political Economy, London 1934.

Wittmann, W.: Unternehmung und unvollkommene Information, Köln u. Opladen 1959.

Zahn, E.: Die Fragen des Konsumverhaltens in der heutigen Sozialforschung, in: Kölner Zeitschr. f. Soziol. u. Sozialpsych., 11. Jg., 1959, Heft 2.

‚Landtechnik in Zahlen', hrsg. v. d. Fachgemeinschaft Landmaschinen (LMV) und der Arbeitsgemeinschaft Ackerschlepper (AGA), Wolfratshausen b. München 1958, 1959.

Der aufwendige Verbrauch

Sozialökonomische Besonderheiten geltungsbedingter Nachfrage

Von

Dr. Günter Rinsche

Inhalt

Einleitung

Das Leitbild des rational handelnden „homo oeconomicus", verstanden entweder als Realtypus eines kapitalistischen Unternehmers des 19. Jahrhunderts oder aber als Idealtypus der ökonomischen Theorie[1], hat in der Volkswirtschaftslehre der letzten hundert Jahre zu einer Verengung des Betrachtungsfeldes geführt. Der Verzicht auf die Einbeziehung der rational nicht erklärbaren Handlungsweisen des Menschen in die nationalökonomische Theorie hat insbesondere zu der ungenügenden Entwicklung der Lehre vom Konsum beigetragen. Der „Sachzwang", der in der Produktionssphäre – schon aus Gründen technischer und organisatorischer Art – vorherrscht, erklärt die Tatsache, daß der Einkommenserwerb in weit größerem Maß durch rationale Momente bestimmt wird als die Einkommensverwendung. Diesen Faktoren ist es zuzuschreiben, daß die Volkswirtschaftslehre zwar eine hervorragend ausgebaute Produktions- und Verteilungslehre entwickeln konnte, die Lehre vom Konsum aber – abgesehen von der Versuchen der Grenznutzenschule und der auf der Grundlage der innerpersonalen Nutzenvergleiche aufgebauten Theorie der Wahlakte – fast völlig vernachlässigte.

Die Vernachlässigung des Käuferverhaltens in der Wirtschaftswissenschaft[2] wird heute besonders stark empfunden, da die Rolle des Verbrauchers als Lenker der Wirtschaftsprozesse in einer Marktwirtschaft, die durch sogenannte Käufermärkte charakterisiert ist, naturgemäß besondere Beachtung erfordert[3]. Während der Konsument in den Systemen der zentralen Verwaltungswirtschaft ex definitione keine wirtschaftslenkende Funktion erfüllen kann und auch in der Marktwirtschaft in Zeiten des Nachfrageüberhangs, in denen die beherrschende Stellung dem Anbieter zufällt, eine wirtschaftslenkende Macht nicht auszuüben vermag, wird

---

[1] Vgl. *Michels*, R.: Das psychologische Moment im Welthandel, Leipzig 1931, S. 23. *Schmölders*, G.: Ökonomische Verhaltensforschung, in: ORDO, Bd. V, Düsseldorf 1953, S. 211 ff. *Zwiedineck-Südenhorst*, O. v.: Der Begriff homo oeconomicus und sein Lehrwert, in: Mensch und Wirtschaft, Berlin 1955, S. 276 ff. Vgl. auch *Weisser*, G.: Wirtschaft, in: Handbuch der Soziologie, hrsg. von W. Ziegenfuß, Stuttgart 1956, S. 996 f.

[2] Vgl. *Schmölders*, G.: Hypothese und Wirklichkeit des Käuferverhaltens, in: Schweizer Monatshefte, 38. Jahr, Heft 8, November 1958, S. 672.

[3] Vgl. *Wesemann*, H.-O.: Der Verbraucher hat das Wort, Frankfurt 1953. Vgl. auch: Verbraucherpolitik, hrsg. von J. Bock u. K. G. Specht, Köln 1958. Über die moderne Entwicklung einer sozialökonomischen Konsumtheorie. Vgl. *Scherhorn*, G.: Verhaltensforschung und Konsumtheorie, in: Schmollers Jahrbuch für Gesetzgebung, Verwaltung und Volkswirtschaft, 80. Jg., 1. Heft, Berlin 1960, S. 1 ff.

seine Kaufentscheidung in einer konsumorientierten Marktwirtschaft von ausschlaggebender Bedeutung für den Vollzug und die Entwicklung des Wirtschaftsprozesses. Eine Folge dieser „Machtergreifung" des Verbrauchers ist der Vorrang der Absatzprobleme in den Marktwirtschaften der freien Welt; eine Volkswirtschaftslehre, die das wissenschaftliche Rüstzeug zur Lösung der volkswirtschaftlich relevanten Absatzprobleme zu erbringen hat, muß sich daher in verstärktem Maß um Verständnis für das Verbraucherhandeln bemühen.

Die Interdependenz der verschiedenen Formen und Ausdrucksweisen des menschlichen Verhaltens macht es erforderlich, den Ursachen und Hintergründen des Käuferverhaltens nachzugehen. Neben den objektiven Bestimmungsgründen – wie z. B. Einkommen und Vermögen – verdienen die nur psychologisch und soziologisch zu erklärenden Faktoren, wie etwa das menschliche Auszeichnungs- und Geltungsbedürfnis, die Aufmerksamkeit des Nationalökonomen[4].

Die vorliegende Arbeit hat sich zur Aufgabe gestellt, bestimmten Einflüssen des menschlichen Geltungsstrebens auf das Käuferverhalten nachzugehen und insbesondere die ökonomischen Probleme des sogenannten aufwendigen Verbrauchs (z. B. der „Conspicuous Consumption" im Sinne Veblens) darzustellen. Da der Einfluß des menschlichen Strebens nach Anerkennung und Geltung auf die Verbraucherstruktur in anderen wissenschaftlichen Disziplinen in vielfältiger Weise untersucht worden ist[5], liegt es nahe, diese Ergebnisse der Nachbarwissenschaften für die volkswirtschaftliche Analyse des aufwendigen Verbrauchs heranzuziehen[6]; hierbei wird vor allem der soziologischen Literatur zu Wirtschaftsfragen Beachtung zu widmen sein[7], besonders einigen Gemeindeuntersuchungen. Daneben ist jedoch auch die umfangreiche amerikanische Literatur zur Konsumfrage heranzuziehen. Einerseits haben unter dem Eindruck des für die wirtschaftliche Entwicklung problematischen „surplus" an verfügbarem Einkommen in weiten Volksschichten der reichen amerikanischen Volkswirtschaft amerikanische Nationalökonomen unter verschiedenen Gesichtspunkten die konsumtive Verwendung dieses „surplus" zu analysie-

---

[4] Vgl. *Behrens*, K. C.: Vom Verbraucher, in: Wirtschaftsfragen der freien Welt, Frankfurt 1957, S. 209.

[5] „Während die volkswirtschaftliche Theorie also in Bezug auf die Lehre vom Konsum heute noch immer eine gewisse Starrheit aufweist, finden wir den Verbrauch durch Nachbargebiete behandelt, und zwar unter Gesichtspunkten, die bisher in der volkswirtschaftlichen Theorie noch fehlten."
Reichenau, Ch. v.: Konsum und volkswirtschaftliche Theorie, in: Jahrbücher für Nationalökonomie und Statistik, Bd. 159, Jena 1944, S. 87 f.

[6] Vgl. *Schmölders*, G.: Ökonomische Verhaltensforschung, a.a.O., S. 205.

[7] Vgl. *König*, R.: Wirtschaft, in: Soziologie, hrsg. von René König, Frankfurt 1958, S. 310.
Über die „Wirtschaftswissenschaft als spezielle Soziologie", vgl. *Weisser*, G.: Wirtschaft, a.a.O., S. 970 ff.

ren versucht[8]; zugleich ließ das betriebswirtschaftliche Interesse einer im Überfluß produzierenden und daher besonders auf Sicherung des Absatzes angewiesenen Wirtschaft[9] an einer Erforschung des Konsumentenverhaltens die modernen Formen der Markt- und Motivforschung entstehen[10], deren Erkenntnisse für die vorliegende Arbeit ebenfalls nutzbar gemacht werden konnten.

---

[8] Vgl. *Kyrk*, H.: A Theory of Consumption, Boston und New York 1923. Ferner *Hoyt*, E. E.: American Income and Its Use, New York 1954. Einen Überblick über die amerikanische Literatur zur Konsumfrage enthält *Meyer-Dohm*, P.: Consumer Economics; Aufgabe, Entstehung und Problemkreise, in: Hamburger Jahrbuch für Wirtschafts- und Gesellschaftspolitik, 2. Jg., Tübingen 1957.

[9] *Galbraith*, J. K.: The Affluent Society, London 1958.

[10] Vgl. *Packard*, V.: The Hidden Persuaders, New York 1957, dtsch.: Die geheimen Verführer, Düsseldorf 1958.

Erstes Kapitel

Der aufwendige Verbrauch und seine Ursachen

§ 1 Der Begriff des aufwendigen Verbrauchs

a) Luxus und Aufwand

Die Aufgabe einer Definition und Abgrenzung des aufwendigen Verbrauchs hat im Prinzip die gleichen Schwierigkeiten vor sich, die einer eindeutigen Festlegung der Begriffe „Luxus" und „Aufwand" im Wege stehen[1]. Die aus den verschiedenartigen Ressentiments entstandene negative Wertung, die diesen Begriffen anhaftet, läßt Worte wie „Luxus", „Aufwand" und „aufwendiger Verbrauch" zu vielbenutzten Vokabeln in kulturkritischen Abhandlungen und politischen Auseinandersetzungen werden. Im Streit der Meinungen hat der Bedeutungsgehalt dieser Worte mancherlei Wandlungen erfahren, so daß von einer Begriffsklarheit nicht mehr gesprochen werden kann. Es muß an dieser Stelle darauf verzichtet werden, den historischen Ursachen und Gründen nachzugehen, die einer mehr oder weniger gefühlsmäßigen Ablehnung des aufwendigen Verbrauchs zugrunde liegen und die eine Vielfalt von Begriffsauslegungen entstehen ließen. Wir beschränken uns hier auf eine begriffliche Abgrenzung, die den Rahmen dieser Arbeit festlegt, ohne den Anspruch auf Lückenlosigkeit und Allgemeingültigkeit zu erheben.

Der aufwendige Verbrauch in unserem Sinne entspricht etwa dem Begriff der „Conspicuous Consumption", der durch den amerikanischen Nationalökonomen und Soziologen Thorstein Veblen in die volkswirtschaftliche Diskussion eingeführt worden ist. Veblen versteht hierunter die Konsumtion von Gütern als Mittel zur Darstellung der wirtschaftlichen Stärke des betreffenden Verbrauchers[2]. Der Begriff „Verbrauch" wird

---

[1] „Luxury is a word of uncertain signification, and may be taken in a good as well es in a bad sense. In general, it means great refinement in the gratification of the senses; and any degree of it may be innocent or blameable, according to the age, or country, or condition of the person." *Hume*, David: Writings on Economics; Edited by E. Rotwein, London 1955, S. 19.

Vgl. auch *Popitz*, J.: Aufwandbesteuerung im allgemeinen (direkt und indirekt), in: Handbuch der Finanzwissenschaft, 2. Bd., 1. Aufl., Tübingen 1927, S. 198 ff., *Schmölders*, G.: Das Verbrauchs- und Aufwandsteuersystem, in: Handbuch der Finanzwissenschaft, 2. Bd., 2. völlig neu bearbeitete Auflage, Tübingen 1956, S. 691 ff., *Bülow*, F.: Luxus, in: Wörterbuch der Soziologie, hrsg. von W. Bernsdorf und F. Bülow, Stuttgart 1955, S. 310 f.

[2] Vgl. *Veblen*, Th.: The Theory of the Leisure Class, London 1899, Mentor Book Edition, New York 1953, S. 60, dtsch.: Theorie der feinen Leute, Köln 1958, S. 79 ff.

hier im weitesten Sinne des Wortes verwendet; er umfaßt nicht nur den Kauf der zum Verzehr bestimmten Güter, sondern auch die Anschaffung langlebiger und hochwertiger Gebrauchsgegenstände sowie die Inanspruchnahme von Dienstleistungen aller Art. Wenn Veblen die Funktion der Conspicuous Consumption als Reichtumsanzeiger herausstellt, so erweitern wir die Aufgabe und Zwecksetzung des aufwendigen Verbrauchs auf die Erzielung von sozialer Anerkennung und Auszeichnung. Die Zurschaustellung von Reichtum, die nach Veblen das Wesen des aufwendigen Verbrauchs ausmacht, ist selbst wiederum nur ein Mittel unter anderen zum Erwerb gesellschaftlichen Ansehens. Die soziale Geltung kann z. B. auch dadurch angestrebt werden, daß man versucht, in den mannigfaltigen Formen des aufwendigen Verbrauchs den guten Geschmack und die Klugheit des Käufers oder andere gesellschaftlich anerkannte Werte sichtbar werden zu lassen. Eine Begriffsbestimmung, die den Zusammenhang von Konsum und menschlichem Geltungsstreben als Wesensmerkmal des aufwendigen Verbrauchs festsetzt, ermöglicht die Einbeziehung auch dieser Motive des Käuferverhaltens.

Zum aufwendigen Verbrauch sollen hier also die Kaufhandlungen und Verhaltensweisen des Käufers gerechnet werden, die nicht nur durch den unmittelbaren Gebrauchsnutzen einer Ware, sondern auch durch ihren „Geltungsnutzen"[3] oder den der Kaufhandlung angeregt und beeinflußt werden.

„Was die Menschen wirklich wollen, sind nicht Güter, sondern befriedigendes Erleben, . . . Die Menschen wünschen Güter, weil sie die Erleben vermittelnden Dienste wünschen, die sie sich von diesen Gütern erhoffen"[4].

Es ist jedoch zu beachten, daß der stofflich-technische Zwecknutzen eines Gutes in der Mehrzahl aller Fälle des aufwendigen Verbrauchs nicht außer Acht gelassen, sondern nach wie vor erstrebt und gesucht wird. Der aufwendige Verbrauch in der modernen westlichen Gesellschaft zeichnet sich gerade durch die Vermischung von zweckrationalen und geltungsbedingten Kaufmotiven aus[5].

---

[3] Vgl. *Vershofen*, W.: Handbuch der Verbrauchsforschung, 1. Bd., Berlin 1940, S. 69.
Vershofen, der den Begriff des Geltungsnutzen geprägt hat, weist in der Neuausgabe seines Handbuches der Verbrauchsforschung ausdrücklich darauf hin, daß Geltungsnutzen und Conspicuous Consumption „auf ein und dasselbe, nämlich auf das Ansehen bei den anderen" abzielen. Vgl. *Vershofen*, W.: Die Marktentnahme als Kernstück der Wirtschaftsforschung, Berlin und Köln 1959, S. 103.

[4] Vgl. *Abbott*, L.: Quality and Competion, New York 1955, dtsch.: Qualität und Wettbewerb, München und Berlin 1958, S. 43 f., vgl. auch *Hofstätter*, P.: Bedarf und Bedürfnis, in: Psychologie, Frankfurt 1957, S. 54.

[5] „The gain and prestige motives are therefore to a large degree fused; we seek material goods partly for their intrinsic worth, partly for their prestige." *Murphy*, G.: Social Motivation, in: Handbook of Social Psychology, Volume II, Cambridge, Mass., 1954, S. 622.

Hier unterscheidet sich der aufwendige Verbrauch heute von jenem verschwenderischen Luxus der exklusiven Gesellschaftsgruppen in früheren Jahrhunderten, bei dem der eigentliche Zwecknutzen der Güter fast gänzlich zum Verschwinden kam[6].

Die Verbindung von zweckrationalen und prestige-orientierten Kaufmotiven, die den heutigen Formen des aufwendigen Verbrauchs zugrunde liegen, schließt aber nicht aus, daß Elemente der Verschwendung und demonstrativen Kostspieligkeit an den Gütern, die dem Prestige ihrer Besitzer dienen, sichtbar werden[7]. Es wird noch zu zeigen sein, wie gerade die kostspielige und modische Aufmachung vieler Konsumgüter auf das Geltungsstreben der Käufer abgestimmt ist.

b) Der aufwendige Verbrauch als ostentativer Luxus

Die Prestigefunktion einer aufwendigen Lebensführung ist bereits von älteren Schriftstellern, so z. B. von dem italienischen Abt und Nationalökonomen Genovesi, scharf von der Sinnenfreude als Ziel und Zweck des Luxus unterschieden worden. Dies kommt sehr klar in den folgenden Worten aus seinen Grundsätzen der bürgerlichen Ökonomie zum Ausdruck:

„Die Künste des Luxus sehen auf zween Puncte.

I. Uns einen Vorzug zu verschaffen. II. Mit Gemächlichkeit zu leben. Jener scheint ein Sohn eines natürlichen Instinkts zu seyn, den jeder hat, mehr seyn zu wollen als jeder anderer; und dieses aus einem stillschweigenden Urtheile der Natur, daß derjenige um so viel glücklicher sey, je höher und größer er sey als andere. Dieser scheint von einer physikalischen Empfindlichkeit herzurühren, deren Reizung uns eine Glückseligkeit zu seyn scheint"[8].

Gemeinsam mit den verschiedenen Prägungen eines ostentativen Luxus („Luxe d'ostentation") hat der aufwendige Verbrauch unserer Zeit seine Grundlage in dem immerwährenden Streben des Menschen nach sozialer Anerkennung und Auszeichnung. Im Unterschied zu den früheren Erscheinungsarten des Luxus, die ohne Rücksicht auf die Meinung der anderen Menschen eine Vergrößerung des materiellen Lebensgenusses durch Befriedigung der Sinne bezwecken, tritt im demonstrativen Aufwand die bequeme Lebensführung hinter dem obersten Ziel des Prestigegewinnes zurück. Wenn man mit J. B. Say den Zweck des Luxuskonsums in einem

---

[6] Vgl. die Darstellung des luxuriösen Aufwands in der vorkapitalistischen Zeit bei *Sombart*, W.: Luxus und Kapitalismus, München und Leipzig 1913.

[7] Vgl. hierzu die Ausführungen Veblens über das Prinzip der sinnlosen Verschwendung. Theorie der feinen Leute, a.a.O., S. 172 ff.

Vgl. auch *Riesman*, D. und *Larrabee*, E.: Die Straßenkreuzer, Menschen und Autos in Amerika, in: Der Monat, 10. Jg., Dezember 1957, Heft 111, S. 14 ff.

[8] *Genovesi*, A.: Grundsätze der bürgerlichen Oekonomie; aus dem Italienischen übersetzt von A. Wißmann, Leipzig 1776, I. Teil, S. 142.

Genuß der Sinne oder in einer Genugtuung menschlicher Eitelkeit sieht[9], so ist die Zurschaustellung der eigenen Reichtümer mehr dem letzteren Zweck einer aufwendigen Lebensweise zuzuordnen. Man wird aber auch hier nicht fehl gehen in der Annahme, daß in sehr vielen Fällen beide Motive für den Kauf von sogenannten Luxusgütern maßgeblich sind[10].

Die Frage, welche Waren zur Kategorie der Luxusgüter gerechnet werden müssen, läßt sich nicht eindeutig beantworten. Definiert man den Luxus als solchen Aufwand, der nach Art und Umfang den Rahmen der in der betreffenden Gesellschaft üblichen Lebensweise bei weitem übersteigt[11], so erhält der Begriff des aufwendigen Verbrauchs eine größere Reichweite als der des Luxuskonsums; er umfaßt neben dem Erwerb außergewöhnlicher Gegenstände auch den Kauf von Massengütern und die Inanspruchnahme von Dienstleistungen, die der finanziellen Leistungsfähigkeit der Mehrheit einer Bevölkerung angepaßt sind.

c) *Der aufwendige Verbrauch als Aufwandskonkurrenz*

Von maßgebender Bedeutung für den Begriffsinhalt des aufwendigen Verbrauchs ist der enge Zusammenhang von menschlichem Geltungs- und Rivalitätsstreben. Der ständige Vergleich der eigenen Position mit der anderer Gruppenangehöriger in einer prestige-orientierten Gesellschaft, der als Ursache für die innere Dynamik des aufwendigen Verbrauchs angesehen werden muß, beruht auf einer Rivalität, als deren Motiv der Wunsch zu wetteifern und hervorzuragen anzusehen ist[12]. Aus dem Zwang zum

---

9 „An object of luxury is of no use from the moment it ceases to gratify either the senses, or the vanity of its possessor."

J. B. *Say*, zitiert nach *Rae*, J.: The Sociological Theory of Capital, London and New York 1905, hrsg. von Chr. W. Mixter, S. 252. Erste Ausgabe in Boston 1834 unter dem Titel: Statement of Some New Principles on the Subject of Political Economy, Exposing the Fallacies of the System of Free Trade, and of Some other Doctrines Maintained in the „Wealth of Nations".

10 „In all classes the desire of show has been able to identify itself with whatever serves the comfort or the conveniences of life."

Storch, H.: Cours d'Economie Politique, liv. VII, zitiert nach *Rae*, J.: a.a.O., S. 252.

11 Vgl. *Popitz*, J.: a.a.O., S. 200. Vgl. auch *Bülow*, F.: Luxus, in: Wörterbuch der Soziologie, a.a.O., S. 310.

12 Vgl. *Hartley*, E. L. und *Hartley*, E. R.: Die Grundlagen der Sozialpsychologie, Berlin 1955, S. 400 f. Aufschlußreiche Erkenntnisse über die Ursachen und Wirkungen des Rivalitätsstrebens erbrachten die anthropologischen und soziologischen Forschungen über die Lebensgewohnheiten der Naturvölker im Stadium der Prestigewirtschaft.

Vgl. hierzu *Herskovits*, M. J.: Economic Anthropology, New York 1952, *Thurnwald*, R.: Werden, Wandel und Gestaltung der Wirtschaft im Lichte der Völkerforschung, Berlin und Leipzig 1932, S. 150 ff. *Gini*, C.: Historischer Rückblick auf die Entwicklung der Psychologie der Arbeit und der Akkumulation, in: Zeitschrift für die gesamte Staatswissenschaft, Jg. 109, 4. Heft, 1953, S. 580. *Benedict*, R.: Urformen der Kultur, Hamburg 1955, S. 152 ff. *König*, R.: Die Mode in der menschlichen Gesellschaft, Zürich 1957, S. 33 f.

Vergleich der eigenen und fremden Konsumnormen entsteht ein Wettbewerb im Konsum, der seine Impulse nicht zuletzt auch aus dem Gefühl des Neides und den Bestrebungen des Ehrgeizes erhält[13]. In dem Maße nun, in dem der Wetteifer im Kaufen und Verbrauchen zu einem Wesensmerkmal des demonstrativen Konsums wird, erscheint es berechtigt, den Begriff der Aufwandskonkurrenz im Sinne von G. Mackenroth[14] synonym zu unserem Begriff des aufwendigen Verbrauchs zu benutzen.

Unter aufwendigem Verbrauch verstehen wir hier zusammenfassend einen Wettbewerb im Verbrauch und in der Inanspruchnahme von solchen Gütern und Dienstleistungen, deren Besitz und Zurschaustellung anerkennende und neidvolle Reaktionen bei den Mitmenschen hervorrufen und gesellschaftliche Hervorhebung durch Steigerung des sozial-ökonomischen Status des Verbrauchers bewirken können.

Über die vielfältigen Motive und verschiedenen Faktoren des aufwendigen Verbrauchs wird noch an anderer Stelle zu sprechen sein (vgl. § 3); seine Äußerungsformen (§ 4 – 6) und seine Wirkungen auf die Nachfragestruktur (§ 7 – 9) und auf den Marktwettbewerb (§ 10 – 12) werden uns noch ausführlich beschäftigen.

§ 2 Der ostentative Aufwand im Spiegel der Literatur

Die Erscheinung des demonstrativen Konsums ist seit Jahrtausenden bekannt. Unter religiösen, sozialen, wirtschaftlichen und staatspolitischen Gesichtspunkten ist der Einfluß menschlichen Geltungsstrebens auf den Verbrauch von Gütern immer wieder beschrieben, verurteilt oder befürwortet worden. Schon in den Bußpredigten der Propheten des alten Testamentes finden sich lebendige Darstellungen des demonstrativen Aufwandes jener Zeit[15].

a) Literarische Zeugnisse über den aufwendigen Verbrauch in der Antike

Die Bedeutung, die dem aufwendigen Verbrauch in der Antike zugemessen wurde, ergibt sich schon aus den Überlegungen, die griechische Denker über die Natur des Menschen anstellten. Wenngleich der Begriff des aufwendigen Verbrauchs in den Schriften der Philosophen nicht ausdrücklich erwähnt wird, so entsprechen die dort beschriebenen menschlichen Handlungsweisen doch in mehrfacher Hinsicht den modernen Be-

---

Über das kompetetive Element des aufwendigen Verbrauchs, vgl. auch *Zahn*, E.: Konsum, Prestige und sozialer Status, in: Frankfurter Allgemeine Zeitung, Nr. 68 vom 21. 3. 1959, S. 5.

[13] Vgl. *Veblen*, Th.: a.a.O., S. 50: „Ein neiderfüllter Vergleich ist also mit anderen Worten eine Wertung von Personen."

[14] Vgl. *Mackenroth*, G.: Bevölkerungslehre, in: Soziologie, hrsg. von A. Gehlen und H. Schelsky, Düsseldorf – Köln 1955, S. 83 ff.

[15] Vgl. *König*, R.: Die Mode in der menschlichen Gesellschaft, a.a.O., S. 3.

griffen der Aufwandskonkurrenz. Die Ausführungen, die Aristoteles in seiner Schrift „Psychologie" über den Neid als eine der Ursachen des geltungsbedingten Verbrauchs von Gütern macht, enthalten bereits Gedanken, die eine Vorstellung von der gruppenspezifischen Natur des demonstrativen Konsums beinhalten:

„Als Gegenstand des Neides sind die äußeren Güter bezeichnet worden. Denn auf alles, worin man nach Ansehen und Ehre trachtet oder nach Ruhm strebt, . . . richtet sich der Neid und insbesondere auf Dinge, nach denen man selbst strebt . . . oder auch auf solches, durch dessen Besitz man andere ein wenig übertrifft. . . . Und so ist es denn auch klar, gegen wen sich der Neid richtet. Wie schon gesagt, gegen Leute, die uns zeitlich, örtlich, nach Alter und Ansehen nahe stehen. Ferner ist man neidisch auf Leute, mit denen man in Wetteifer tritt; denn das tut man mit den genannten . . ."[16].

In einem anderen seiner Meisterwerke, in der „Nikomachischen Ethik", weist Aristoteles ausdrücklich auf die soziale Funktion des Reichtums hin: materieller Reichtum wird letztlich nur um der Ehre willen, die er dem Besitzer einbringt, gesucht und erworben[17].

Aristoteles fordert seine reichen Mitbürger auf, andere Staatsbürger am Reichtum teilhaben zu lassen, indem sie Hilfsbedürftige unterstützen und Einrichtungen schaffen, die dem ganzen Volk zugute kommen[18]. Nur so, folgert dann der Philosoph, würde der Reichtum zum unvergänglichen Ehrenzeugnis der Reichen[19].

Genaue Kenntnis über die aufwendige Lebensführung als Mittel der sozialen Auszeichnung und des Rivalitätsstrebens in den oberen Gesellschaftsklassen Roms verdanken wir den römischen Moralisten und Historikern. So berichten z. B. Horaz und Plinius über die Mode der auffälligen Vernichtung von Wertgegenständen[20].

Beißende Kritik übt Decimus Junius Juvenalis in seinen satirischen Dichtungen an der geltungsorientierten Verschwendung der römischen Oberschicht. Aufschlußreich ist besonders seine Darstellung des Käuferverhal-

---

[16] Vgl. *Aristoteles*, Hauptwerke. Ausgewählt und übersetzt von W. Nestle, Stuttgart 1953, S. 189.

[17] Vgl. *Aristoteles*, Nikomachische Ethik, in: Hauptwerke, a.a.O., S. 209 ff.

[18] Vgl. hierzu die Darstellung von B. *Laum:* Schenkende Wirtschaft, Nichtmarktmäßiger Güterverkehr und seine soziale Funktion, Frankfurt a. M. 1960, S. 28.

[19] Eine moderne Variante dieser aristotelischen Forderung kann auch in dem Aufruf erblickt werden, mit dem L. Erhard und andere westdeutsche Politiker für eine umfangreiche wirtschaftliche Unterstützung der Entwicklungsländer durch die Bundesrepublik eintreten.

[20] „Filius Aesopi detractam ex aure Metallae Scilicet ut decies solidum exsorberet, aceto Diluit insignem baccam." Horaz, Sat. II, 3. Vgl. auch Plinius, IX, 59; zitiert nach *Rae*, J., a.a.O., S. 246.

tens in der elften Satire: „niemals hat der Preis noch beschränkt ihre Gier; wenn genau du's prüfst, so lockt am meisten sie das, was sie teuer bezahlen"[21].

Schon vor Juvenal hatte Marcus Valerius Martialis, der Klassiker des Epigramms, in zahlreichen kleinen Gedichten das Protzentum und den Luxus seiner Zeit gegeißelt. In dem folgenden, sehr modern anmutenden Epigramm wird die ökonomisch zersetzende Wirkung des demonstrativen Aufwands treffend und sarkastisch dargestellt:

„Den ihr da sehet mit gemessnem Schritte
Einherstolzieren durch des Marktes Mitte,
Mit einem Mantel feinster Qualität,
Ein Elegant, wie er im Buche steht;
Die Sänfte, die man nachträgt, hochmodern,
Um ihn ein Schwarm von noblen jungen Herrn
Und angeseh'nen Bürgern; dieser Mann
War im Versatzamt eben jetzt,
Hat für zehn Batzen seinen Ring versetzt,
Damit er's Mittagessen zahlen kann"[22].

In anschaulicher Weise beschreibt Seneca die Prestigefunktion der Bücher- und Kunstsammlungen seiner Mitbürger:

„Nicht Geschmack und Fürsorge war es, sondern gelehrter Luxus; ja nicht einmal gelehrter, denn nicht zum Studium, sondern zur Schaustellung hatten sie gesammelt, wie viele, die nicht so viel Kenntnisse haben wie ein Sklave, Bücher nicht ansehen als Mittel zum Studieren, sondern als Schmuck ihrer Speisesäle"[23]. Über das Motiv dieser Verhaltensweisen werden wir im VI. Buch der Schrift „De re publica" des Marcus Tullius Cicero unterrichtet. In einem klassischen Satz, der uns Aufschluß gibt über die Haltung, die dieser letzte große Vertreter der römischen Republik einnimmt, faßt Cicero seine Ablehnung gegenüber dem geltungsbedingten Konsum in folgenden Worten zusammen: „Wer aus Mahlzeiten, Gastgelagen und Aufwand glaubt sich Geltung unter den Mitmenschen verschaffen zu können, der zeigt nur offen, daß es ihm fehlt an jenem wahren Glanz, den allein die Tugend und Manneswürde verleihen"[24].

---

21 *Juvenal:* Satiren; ins Deutsche übertragen und herausgegeben von W. Plankl, München 1958, S. 122.

22 *Martial:* Römischer Witz, Ausgewählte Epigramme, übertragen von H. Swoboda, München 1960, S. 28.

23 *Seneca:* Von der Gemütsruhe, in: Vom glückseligen Leben und andere Schriften. Auswahl, hrsg. von P. Jaerisch, Stuttgart 1953, S. 46 f.

24 *Cicero,* M. T.: Staatslehre, Staatsverwaltung. Übertragen von K. Atzert, München 1958, S. 104.

b) Ablehnung des ostentativen Aufwands im Mittelalter

Darstellung und Beurteilung des aufwendigen Verbrauchs im europäischen Mittelalter sind uns in vielen Quellen überliefert worden[25]. Über die Folgen einer konsumorientierten Aufwandskonkurrenz zwischen den Ständen der mittelalterlichen Gesellschaft werden wir in einer Predigt eines Sittenpredigers belehrt: „Von der Costlichkeit der Cleider kommt es vil her, daß es abwärts get mit dem Adel in deutschen Landen; sie wollen prunken als die richen Kaufleute in den Städten tun . . . aber sie hant das Geld nit, was jehne hat . . . So kommen sie in große schulden und verfallen dem Wucher der Juden und Christenjuden und müssen ihr Gut verkaufen ganz oder zum Teil"[26].

Das Streben der städtischen Patrizier nach Geltung und Ansehen durch die Zurschaustellung kostbarer Gebrauchsgüter wird in einem bekannten Spottlied über die aufwendige Lebensführung adelsstolzer Kaufleute zum Ausdruck gebracht:

„Sein Sigel macht er groß und schwere
mit einem herrlichen Schein,
der Adel kumpt im here
aus India über mere
von Muskaten und Negelein"[27].

Wie sehr der Kleidungsluxus und andere Formen des demonstrativen Verbrauchs das Bürgerleben seit dem 15. Jahrhundert beeinflußt, beweisen die zahllosen Luxusordnungen der Magistrate in den mittelalterlichen Städten. Die Erfolglosigkeit dieser Methode, auf dem Verordnungswege der – nicht selten ruinösen – Aufwandskonkurrenz Einhalt zu gebieten, ergibt sich plastisch aus einem überlieferten Ausspruch des Lübecker Bürgermeisters Henrich Brömbse, der die Luxusordnung seiner Stadt in den siebziger Jahren des 15. Jahrhunderts mit der lakonischen Bemerkung kommentierte: „Wart wenig geholden"[28].

Nicht viel größeren Erfolg hatten auch die Streitschriften und Predigten, mit denen Geistliche und Gelehrte gegen die auffällige Verschwendung zu Felde zogen[29].

---

[25] In einem Bericht des venezianischen Gesandten Guicciardine aus Antwerpen heißt es: „Men and women of every age make much ado about clothing to show off their position and fortunes, always in the newest and most magnificent fashion, but not seldom far most costly than decency and morals bid." Zitiert nach *Beard*, M.: A History of the Business Man. New York 1938, S. 248, vgl. auch die Quellenangaben über Beispiele des aufwendigen Verbrauchs im Mittelalter bei *Sombart*, W.: a.a.O.

[26] Zitiert nach *Sombart*, W.: a.a.O., S. 100.

[27] Vgl. *Rörig*, R.: Die europäische Stadt im Mittelalter und die Kultur des Bürgertums im Mittelalter, 2. Aufl., Berlin 1955, S. 86.

[28] Vgl. *Rörig*, R.: a.a.O., S. 88.

[29] Späte Musterbeispiele sind hierfür die Predigten des berühmten Hofpredigers Abraham a Sancta Clara: Vgl. seine „Kurze Beschreibung allerlei Stands-, Amts- und Gewerbepersonen", ausgewählt von R. Eger, München 1960, S. 57 ff.

Die ablehnende Haltung der mittelalterlichen Schriftsteller und Theologen gegenüber den Erscheinungen des aufwendigen Verbrauchs folgt aus der Anerkennung des Grundsatzes einer standesgemäßen Lebensführung, der in den Lehren der Scholastiker, vor allem bei Thomas von Aquin, seine höchste Ausprägung erfahren hat[30]. Auch Luther, der den Frühkapitalismus der Fugger und anderer Kaufherren seiner Zeit auf das heftigste bekämpfte, nimmt diese ablehnende Haltung gegenüber dem Prunk und Luxus ein[31].

c) Der aufwendige Verbrauch in der nationalökonomischen Literatur der Neuzeit

In dem Maße, wie die Vorstellungen von einer gottgegebenen Ordnung durch die Anschauungen der Philosophie des 17. und 18. Jahrhunderts beiseite gedrängt werden, kommen andere Gesichtspunkte bei der Beurteilung des aufwendigen Verbrauchs zur Geltung.

Dies hat u. a. zur Folge, daß die einzelnen Motive des luxuriösen Aufwands und demonstrativen Verbrauchs voneinander getrennt und in unterschiedlicher Weise beurteilt und verurteilt werden.

So differenziert der italienische Abt und Nationalökonom Genovesi: „Der Luxus ist also, wie gesagt, wenn man ihn aufmerksam betrachtet, nichts anders, als die Bemühung und Bewegung, sich in seiner Classe hervorzuthun, in der Absicht zu herrschen, oder sich einer der obern Classen gleich zu machen; zwar nicht durch die Quantität der Dinge, sondern durch die Qualität, d.i. durch die geläuterten Manieren zu leben. Man muß ihn daher von der Verschwendung oder von dem thörichten Aufwande, von der Schwelgerey, von der Weichlichkeit, und Verzärtelung des Lebens unterscheiden"[32].

Seit der Mitte des 17. Jahrhunderts mehren sich dann die Stimmen, die unter ökonomischen Aspekt auf die marktbildende Kraft des Aufwandswettbewerbs hinweisen[33].

---

[30] Vgl. hierzu *Vershofen*, W.: Die Marktentnahme als Kernstück der Wirtschaftsforschung, a.a.O., S. 105.

[31] „Wozu dient doch so viel zinnen Gefäß? Es ist mir ein überflüssiger Unrath, ja Verderb. Türken, Tartern, Italiener und Walen brauchen solches nicht, denn nur zur Nothdurft. Allein wir Deutschen, Böhmen, Polen etc. prangen damit. Alles bringen wir also um und verspendens, und wenden unnütz an, mit überflüssiger Kleidung, Seidenwerk, Fressen und Saufen. Das wissen die Fugger und Frankfurtische Messen wol, wie wir das Unsere vernarren und verschleudern."
Luther, Martin: Tischreden; ausgewählt von K. G. Steck, München 1959, S. 46.

[32] *Genovesi*, A.: a.a.O., S. 153.

[33] In seiner geistreichen Schrift über den handeltreibenden Adel betont Abbé Coyer die Bedeutung des Luxusverbrauchs für die wirtschaftliche Entwicklung: „Le luxe tient de la nature du feu qui échauffe et qui peut brûler. S'il consume des maisons opulentes, il soutient nos manufactures. S'il absorbe le patrimoine

Klassischen Ausdruck haben diese Ansichten in der berühmten Bienenfabel des Londoner Arztes Mandeville gefunden.

Sein Lobpreis des luxuriösen Aufwands lautet:

„Der Geiz, dies scheußlich böse Laster,
Keins fluchwürdiger und verhaßter,
War Sklave jener noblen Sünde
Verschwendung; während Luxus diente,
Millionen Arme zu erhalten;
Stolz gleichfalls, den so viele schalten,
Die Eitelkeit, der Neid selbst, sie
Begünstigten die Industrie,
Die Sucht, die Mode mitzumachen,
In Kleidung, Wohnung und andern Sachen
– Belacht stets und bewundert zwar –,
Des Handels wahre Treibkraft war . . ."[34].

Im Kapitel „Vom Ursprung des Ehrgeizes und vom Standesunterschied" seines Hauptwerkes, der „Theorie der ethischen Gefühle", gibt Adam Smith eine originelle Begründung der Aufwandskonkurrenz, wenn er sagt: „Woher entsteht dann also jener Wetteifer, der in all den verschiedenen Ständen der Menschen besteht, und welches sind die Vorteile, die wir mit jenem großen Ziel menschlichen Lebens erstreben, das wir Verbesserung unserer Verhältnisse nennen? Bemerkt zu werden, beachtet zu sein, mit Sympathie, Wohlgefallen und Billigung betrachtet zu werden, das sind die Vorteile, die wir daraus zu ziehen uns vornehmen können. Es ist die Eitelkeit, nicht die Bequemlichkeit und das Vergnügen, die uns interessiert. Aber Eitelkeit beruht stets auf dem Glauben, daß wir Gegenstand der Aufmerksamkeit und Billigung sind"[35].

---

d'un dissipatuer, il nourrit nos ouvriers. S'il deminue les facultes du petit nombre, il multiplie les subsistance publiques." Abbé *Coyer:* Dévelopment et défence du systéme de la noblesse commercante, (1757). Zitiert nach *Sombart,* W.: a.a.O., S. 134.

Vgl. auch *Landauer,* C.: Die Theorien der Merkantilisten und Physiokraten über die ökonomische Bedeutung des Luxus. Heidelberger Dissertation, München 1915. Ferner *Gerloff,* W.: Steuerwirtschaftslehre, in: Handbuch der Finanzwissenschaft, Bd. 2, 2. Aufl., a.a.O., S. 264.

[34] Zitiert nach *Sombart,* W.: a.a.O., S. 135 f. Die Beeinflussung Veblens durch Mandeville und die Unterschiede in ihren Ansichten sind in einer neueren Darstellung von J. Spengler zum Ausdruck gebracht worden.

Vgl. *Spengler,* J. J.: Veblen and Mandeville Contrasted, in: Weltwirtschaftliches Archiv, Bd. 82, Hamburg 1959, Heft 1, S. 35 ff.

[35] *Smith,* A.: Theorie der ethischen Gefühle, oder: Versuch einer Analyse der Grundveranlagungen, mit deren Hilfe die Menschen natürlicherweise das Verhalten und den Charakter zunächst ihrer Mitmenschen und sodann ihrer selbst beurteilen (1. Auflage 1759). Übersetzt nach der 6. Aufl. von 1789 von E. v. Loeschebrand-Horn, Frankfurt 1949, S. 75.

Wenn diese Ansatzpunkte einer sozialökonomischen Theorie des Konsumentenverhaltens bei Adam Smith[36] in seinen späteren Schriften und in den Werken der anderen Klassiker der Nationalökonomie keine Fortsetzung gefunden haben, so dürfte das vor allem auf den Vorrang zurückzuführen sein, der den wirtschaftlichen Problemen der Produktion und Arbeitsteilung im Zeitalter der industriellen Revolution zukam[37].

Der in Amerika lebende Schotte John Rae (1796 – 1872) macht in dem Kapitel über Wesen und Wirkungen des Luxus seines bereits mehrfach zitierten Werkes grundlegende Ausführungen über den Luxuskonsum im Dienste des menschlichen Geltungsstrebens, der im wesentlichen unserem Begriff des aufwendigen Verbrauchs entspricht[38].

Rae, dessen Untersuchung schon im Jahre 1834 erschien, bezeichnet das Verlangen nach Auszeichnung und Überlegenheit im Geltungswettbewerb als Ursache des demonstrativen Konsums. Eine negative Wirkung der konsumtiven Aufwandskonkurrenz auf die wirtschaftliche Entwicklung sieht Rae in einer Behinderung oder Verhinderung der Kapitalbildung[39]. Andererseits weist er aber darauf hin, daß der geltungsbedingte Wettbewerb im Verbrauch stimulierend auf die Entwicklung und Produktion neuer Güter wirken kann. Da nämlich durch Mengenproduktion und billiges Angebot die früher seltenen und als Prestigezeichen verwendbaren Güter und Materialien, wie z. B. Samt und Seide, allen Verbrauchern zugänglich werden und damit nicht mehr als Mittel der Auszeichnung und Hervorhebung verwendet werden können, richtet sich das Verlangen der Menschen auf neuartige Waren, deren Kostspieligkeit sie als Reichtumsanzeiger und Prestigevermittler geeignet werden läßt. Dies wiederum fördert die Bemühungen der Erfinder und Produzenten um die Herstellung neuer Güter, die als Prestigebringer zu hohen Preisen verkauft werden können[40].

Diese und andere bemerkenswerten Gedankengänge über den aufwendigen Verbrauch lassen es gerechtfertigt erscheinen, John Rae als einen Vorläufer von Thorstein Veblen zu bezeichnen. Wenngleich seinem Werk eine nachhaltige Wirkung versagt geblieben ist, so wird man ihm doch das Verdienst zubilligen müssen, erstmalig auf Zusammenhänge verwiesen zu

---

[36] W. Vershofen hat in einer neueren Untersuchung darauf hingewiesen, daß Adam Smith bereits das Phänomen des Geltungsnutzens gesehen hat. Vgl. *Vershofen*, W.: Anmerkungen zu Adam Smith, in: Jahrbuch der Absatz- und Verbrauchsforschung, 1. Jg., Heft 2, April 1955, S. 141 ff. Vgl. hierzu auch *Christ*, H.: Die Verhaltensweisen der wirtschaftenden Menschen bei Adam Smith, unveröff. Kölner Dissertation 1959, S. 87 ff.

[37] Vgl. *Lehmann*, M.: Zum Problem einer Konsumtionstheorie. Unveröff. Kölner Dissertation 1956, S. 3 ff.

[38] *Rae*, J.: a.a.O., S. 245 ff.

[39] Ebenda, S. 245 ff.

[40] Vgl. *Rae*, J.: a.a.O., S. 275.

haben, die in den Lehren der Klassiker der Nationalökonomie noch unbeachtet blieben.

Von weit größerer Wirkung auf die Öffentlichkeit war die kritische Analyse der „Conspicuous Consumption", die Thorstein Veblen im Jahre 1899 unter dem Titel „The Theory of the Leisure Class" veröffentlichte. Die Kenntnis über den demonstrativen Verbrauch von Gütern und die Inanspruchnahme von Dienstleistungen als Mittel des Strebens nach Prestige ist durch das heute als klassisch zu bezeichnende Werk bedeutend erweitert und vertieft worden. Am Beispiel einer reichen Müßiggängerklasse, als deren Vorbild die obere Schicht der amerikanischen Gesellschaft seiner Zeit diente, zeigt Veblen auf, daß das Verlangen der Menschen, im Prestigewettbewerb zu dominieren, entscheidenden Einfluß auf die Verbrauchsgewohnheiten erlangen kann[41]. Im Unterschied zu John Rae sieht Veblen, dessen ironische und satirische Ausdrucksweise keinen Zweifel an seiner verächtlichen Abneigung gegenüber dem geltungsbedingten Konsum läßt, nur die negativen Effekte solcher Verhaltensweisen der Konsumenten. Es erübrigt sich hier, auf die mehr gesellschaftskritischen Betrachtungen einzugehen, mit denen Veblen seine ablehnende Haltung begründet. Von größerem Interesse für unsere Arbeit ist vielmehr die Darstellung der konkreten Verhaltensweisen, auf die im Verlauf unserer Ausführungen noch zurückzukommen sein wird.

Der Überblick über die literarische Behandlung des Verbraucherverhaltens, das wir unter dem Begriff des aufwendigen Verbrauchs zusammengefaßt haben, wäre unvollständig, wollte man die Erörterungen und Hinweise der älteren deutschen Nationalökonomen wie Hermann, Roscher, Wagner, Schmoller und Brentano unerwähnt lassen.

In seinen „Staatswirtschaftlichen Untersuchungen" hat Hermann auf das verhaltensbestimmende Streben des Menschen nach Anerkennung durch seine Mitmenschen ausdrücklich aufmerksam gemacht: „Es liegt tief in der Natur des Menschen das Streben, anderen gleichzustehen, wenn nicht sie zu übertreffen, von anderen mindestens anerkannt zu werden, wenn nicht ihnen zu imponieren und sie zu beherrschen"[42].

Ausführlich erörtert besonders W. Roscher die Motive und Wirkungen des Luxus in seinen vielfältigen Formen und Erscheinungsweisen[43].

Bereits einige Jahre vor dem Erscheinen der „Theory of the Leisure Class" beschäftigte sich Adolph Wagner in einer Analyse der Motive des

---

[41] Vgl. *Veblen*, Th.: Die Theorie der feinen Leute, a.a.O., S. 79 ff.

[42] *Hermann*, F. B. W.: Staatswirtschaftliche Untersuchungen, 2. Aufl., München 1870, S. 99.

[43] *Roscher*, W.: Über den Luxus, Ansichten der Volkswirtschaft, 3. Aufl., Leipzig 1878.

wirtschaftlichen Handelns mit dem Streben nach Geltung, Ansehen und Auszeichnung, das er für ein „ostentatives Auftreten und Ausgeben" verantwortlich machte[44]. Für Gustav Schmoller ist der Anerkennungs- und Rivalitätstrieb als psychologische Grundlage menschlichen Wirtschaftens das „Schwungrad des Fortschritts"[45]. Lujo von Brentano machte in seinem „Versuch einer Theorie der Bedürfnisse" darauf aufmerksam, daß der Verbrauch von Gütern in dem Maße steigt, wie diese das „Bedürfnis nach Anerkennung durch andere" befriedigen können[46].

Diese wenigen Beispiele mögen als Beweis dafür genügen, daß die Verhaltensweisen des ostentativen Konsums den deutschen Nationalökonomen im 19. Jahrhundert nicht unbekannt waren.

Unsere Ausführungen über den aufwendigen Verbrauch im Spiegel der Literatur haben zu zeigen versucht, daß das Streben nach sozialer Anerkennung und Auszeichnung schon in den vergangenen Jahrhunderten von Einfluß auf die Konsumentscheidungen der Menschen gewesen ist. Im Folgenden wird darzustellen sein, welche besondere Bedeutung dem aufwendigen Verbrauch in der modernen Verbrauchergesellschaft zukommt.

§ 3 Voraussetzungen und Motive des aufwendigen Verbrauchs in der modernen Gesellschaft

a) Die „Überschußwirtschaft" als ökonomische Grundbedingung

In der modernen industriellen Gesellschaft hat die anhaltende Zunahme der Produktivität in der Herstellung und Verteilung der Güter eine beachtliche Erhöhung des Realeinkommens der Bevölkerung zur Folge gehabt.

Schon in den letzten 30 Jahren vor dem ersten Weltkrieg war das Volkseinkommen in Deutschland gewaltig gestiegen; die Zahlen der Tabelle 1 zeigen, daß sich das Volkseinkommen pro Kopf der Bevölkerung in der Zeit von 1885 bis 1913 verdoppelte.

Tabelle 1

Das Volkseinkommen Deutschlands in den Jahren 1885, 1895 und 1913

Jahr	Insgesamt (in Mill. M.)	Pro Kopf der Bevölkerung (in M.) (Annäherungswerte)
1885	15	320
1895	25	470
1913	43	640

a) *Woytinski*, W.: Die Welt in Zahlen, I. Buch. Berlin 1925, S. 175. Zitiert nach *Lederer*, E.: Umschichtung der Einkommen und des Bedarfs, in: Strukturwandlungen der Deutschen Volkswirtschaft, hrsg. von B. Harms, 1. Bd., 2. Aufl., Berlin 1929, S. 42.

---

44 *Wagner*, A.: Lehr- und Handbuch der politischen Oekonomie. Erster Teil. Grundlagen der Volkswirtschaft, 3. Aufl., Leipzig 1893, S. 103.

Sieht man von den wirtschaftlichen Rückschlägen durch die beiden Weltkriege und die Weltwirtschaftskrise ab, so kann festgestellt werden, daß die Steigerung des Volkseinkommens und die Vermehrung des individuellen Besitzstandes von bestimmendem Einfluß auf die sozialökonomische Entwicklung der westlichen Industriestaaten im 20. Jahrhundert sind. Betrug das Bruttosozialprodukt im Deutschen Reich vor Beginn der großen Krise im Jahre 1928 52,1 Mrd. RM, so waren es 30 Jahre später in der Bundesrepublik Deutschland rd. 222 Mrd. DM. Entsprechend stieg – wie die Zahlen der Tabelle 2 beweisen – die Bruttolohn- und -gehaltssumme und damit das Einkommen großer Teile der Bevölkerung.

Tabelle 2

Sozialprodukt und Einkommen aus unselbständiger Arbeit

Jahr	Bruttosozialprodukt a)		Bruttolohn- und -gehaltssumme	
	insgesamt (Mrd.RM/DM)	je Einwohner (RM/DM)	insgesamt (Mrd.RM/DM)	je durchschnittlich beschäftigten Arbeitnehmer (RM/DM)
1925	41,6	1167	19,0	1680
1928	52,1	1431	24,0	2090
1935	43,2	1140	17,6	1670
1950	99,0	2111	39,8	2881
1953	142,7	2962	59,2	3798
1955	176,4	3585	73,8	4295
1958 b)	222,3	4348	96,4	5051

Quelle: Statistisches Jahrbuch für die Bundesrepublik Deutchland 1959, Stuttgart 1959, S. 482.
a) In jeweiligen Preisen (von Scheingewinnen bzw. -verlusten nicht bereinigt).
b) Vorläufige Ergebnisse.

Die rasche Vermehrung des Bruttosozialprodukts seit 1950 wird in der Tabelle 3 ersichtlich. Setzt man den Anteil des Bruttosozialprodukts je Einwohner im Jahre 1950 gleich 100, so ist die Vergleichszahl des Jahres 1958 – in Preisen von 1954 gerechnet – gleich 164. Der schnelle Zuwachs des Bruttosozialprodukts und die Vergrößerung der Einkommen spiegeln sich wider in der Entwicklung des privaten Verbrauchs, wie sie ebenfalls in der Tabelle 3 zum Ausdruck kommt.

[45] *Schmoller*, G.: Grundriß der Allgemeinen Volkswirtschaftslehre. Erster Teil. Unveränderter Neudruck der ergänzten und vermehrten zweiten Auflage. München und Leipzig 1923, S. 31.

[46] *Brentano*, Lujo: Versuch einer Theorie der Bedürfnisse, München 1908, S. 23. Vgl. auch *Gurewitsch*, B.: Die Entwicklung der menschlichen Bedürfnisse und die soziale Gliederung der Gesellschaft, Leipzig 1901.

Tabelle 3

Sozialprodukt und privater Verbrauch in der Bundesrepublik Deutschland

Jahr	Bruttosozialprodukt (in Preisen von 1954)				Privater Verbrauch
	insgesamt		je Einwohner		insgesamt
	Mrd. DM	1950=100	DM	1950=100	Mrd. DM
1950	113,1	100	2411	100	62,5
1953	145,6	129	3022	125	87,8
1955	174,4	154	3544	147	103,4
1958 a)	202,1	179	3951	164	134,8

Quelle: Wirtschaft und Statistik, 12. Jg., N.F., Heft 1, Wiesbaden 1960, S. 10. Zahlenangaben über den privaten Verbrauch aus: Monatsbericht der Deutschen Bundesbank, Februar 1960, S. 11.
a) Vorläufige Ergebnisse.

Die Vergrößerung des Realeinkommens enthält für den einzelnen Einkommensbezieher die Möglichkeit, daß ihm nach Befriedigung der Bedürfnisse des unmittelbaren Daseinsunterhalts und einer gewissen Daseinsvorsorge noch ein Rest an Einkommen zur Verfügung steht. Das Vorhandensein eines derartigen Überschusses (Surplus) an verfügbarem Einkommen schafft die Voraussetzung und Grundlage für die Verwirklichung der sogenannten höheren Ansprüche der Konsumenten. Zu diesen Ansprüchen (Basic Wants) rechnet der amerikanische Konsumforscher W. H. Lough auf Grund seiner Erfahrungen durch die Auswertung zahlreicher Familienbudget-Studien die Bedürfnisse nach Lebensfreude, nach sozialer Anerkennung sowie nach Hervorhebung und Auszeichnung[47]. Wenn man mit Lawrence Abbott der Meinung ist, daß Güter gekauft werden, weil die Menschen „die Erleben vermittelnden Dienste wünschen, die sie sich von diesen Gütern erhoffen"[48], dann muß in einer Gesellschaft, in der das Streben nach Prestige und Anerkennung in den Vordergrund rückt, der Kauf vieler Güter von ihrem erwarteten oder erhofften Geltungsnutzen beeinflußt werden.

Es wird im Folgenden noch zu zeigen sein, ob und in welchem Maße die gesellschaftlichen Voraussetzungen für eine Zunahme des geltungsbedingten Konsums gegeben sind. Zunächst ist aber festzuhalten, daß in einer Gesellschaft, die durch eine „verschwenderische Produktion von Konsumgütern"[49] gekennzeichnet ist und die John K. Galbraith als eine „Gesellschaft des Überflusses" apostrophiert[50], die ökonomischen Grundbedingungen den aufwendigen Verbrauch großen Bevölkerungsgruppen begünstigen[51].

[47] Vgl. *Lough*, W. H.: High Level Consumption. Its Behavior; its Consequences. New York 1955, S. 88 ff.
[48] *Abbott*, L.: a.a.O., S. 43 f.
[49] Vgl. *Gehlen*, A.: Die Seele im technischen Zeitalter, Hamburg 1957, S. 42.
[50] *Galbraith*, K. J.: a.a.O., S. 1 ff.

b) *Statusunsicherheit in der dynamischen Gesellschaft*

Zu den eigenartigsten Erscheinungen in der modernen Gesellschaft gehört das zutiefst empfundene Gefühl der Unsicherheit in weiten Kreisen der Bevölkerung westlicher Länder. Trotz einer weitgehenden materiellen Sicherung durch die verschiedenen Formen kollektiver Vor- und Fürsorge vermißt der Mensch ein Gefühl der Geborgenheit, das nicht zuletzt deshalb unbefriedigt bleibt, weil das Streben des Menschen nach Sicherheit den Wunsch nach sozialer Einordnung umschließt[52]. Im Unterschied zum mittelalterlichen Sozialgefüge, in dem der einzelne Mensch seinen festen und von den Mitmenschen anerkannten Platz hatte, fehlt der komplexen Gesellschaft unserer Zeit eine allgemein gültige Statusorganisation[53], die es dem Einzelnen ermöglichen würde, durch Einordnung in eine gesamtgesellschaftliche Ranghierarchie einen seinsmäßigen Status und die hiermit verbundene gesellschaftliche Anerkennung zu erhalten und gleichzeitig seinem Streben nach sozialer Differenzierung Erfüllung zu gewähren.

Sind die statischen Gesellschaftsordnungen früherer Epochen durch eine „generationshafte Stabilität des sozialen Status und der gesellschaftlichen Gruppenzugehörigkeit"[54] bestimmt, so muß eine allgemeine Statusunsicherheit als ein wesentliches Kennzeichen der dynamischen Gesellschaft unserer Zeit in Rechnung gestellt werden. Die Angehörigen der modernen Gesellschaft, die im Hinblick auf ihren materiellen Besitzstand – nach einem viel benutzten Werbeslogan – „reicher als der Sonnenkönig" sind, leiden bewußt oder unbewußt unter dem Mangel an Statussicherheit und gesellschaftlicher Stabilität. Aus dieser dauernden Mangellage resultiert eine Erscheinung, die P. Hofstätter als „Dominanz-Rolle eines Mangels" beschrieben hat[55]. Hierbei handelt es sich darum, daß ein Mangelgefühl, das aus einem unbefriedigten Bedürfnis erwächst, einen dominierenden

---

[51] Nach den Berichten der Ethnologen und Anthropologen hat der Geltungswettbewerb in der Form des aufwendigen Verbrauchs seine eigentliche Ausprägung gerade in solchen Gesellschaften gefunden, deren geographische und klimatische Gegebenheiten eine Überfülle in der Güterproduktion ermöglichten. Der Überschuß an Gütern über den lebensnotwendigen Existenzfond wird in diesen primitiven Gesellschaften nicht zur Erfüllung allgemeiner Sicherungszwecke für die Zukunft verwandt; er dient vielmehr in erster Linie der Geltung seiner Eigentümer.

Vgl. *Benedict*, R.: a.a.O., S. 136 ff. *Malinowski*, B.: Sitte und Verbrechen bei den Naturvölkern, Wien o. J., S. 32 ff. *Thurnwald*, R.: a.a.O., S. 150 ff. *König*, R.: Die Mode in der menschlichen Gesellschaft, a.a.O., S. 34.

[52] Vgl. *Kluth*, H.: Sozialprestige und sozialer Status, Stuttgart 1957, S. 10 ff.

[53] Vgl. *Heintz*, P.: Komplexe Gesellschaften, in: Soziologie, hrsg. von R. König, Frankfurt 1958, S. 150 f.

[54] *Schelsky*, H.: Die skeptische Generation, Düsseldorf – Köln 1957, S. 224.

[55] Vgl. *Hofstätter*, P.: Einführung in die Sozialpsychologie, Stuttgart – Wien 1954, S. 233 ff.

Einfluß auf das Gesamtverhalten eines Menschen gewinnt[56]. Da das Verlangen nach einem von der Gesellschaft allgemein anerkannten sozialen Status für den Menschen in einer dynamischen Gesellschaft im Allgemeinen unerfüllbar bleibt, bestimmt das Streben nach gesellschaftlicher Anerkennung und sozialer Geltung seine Vorstellungswelt und sein Verhalten. Wenngleich – wie hier einschränkend gesagt werden muß – das Mangelerlebnis nur eine Komponente des Antriebserlebens ist[57], so ist es für die beherrschende Rolle des Geltungsstrebens in der gegenwärtigen Epoche jedoch von außerordentlicher Bedeutung. Unterschiede in der Intensität des Mangelerlebnisses und des Strebens nach Überwindung der Statusunsicherheit erklären sich aus der Verschiedenheit der Eigenarten und Reifevorgänge des einzelnen Individuums sowie aus der Auseinandersetzung mit seiner Umwelt. Abgesehen von derart hervorgerufenen individuellen Unterschieden bleibt aber die Tatsache bestehen, daß das unbefriedigte Bedürfnis nach Statussicherheit und sozialer Einordnung einen beherrschenden Einfluß auf die Vorstellungswelt und das Verhalten großer Bevölkerungsgruppen erlangt hat.

Das hier kurz umrissene soziologische Problem der Statusunsicherheit in der dynamischen Gesellschaft steht in enger Verbindung mit zwei individualpsychologischen Problemen, der individuellen Selbstwertproblematik und dem individuellen Streben nach gesellschaftlichem und sozialökonomischem Aufstieg.

Die vergebliche Suche nach einem sozialen Status, die nach übereinstimmender Meinung der Soziologen als Ursache für das heute weitverbreitete Gefühl der Unsicherheit betrachtet werden muß[58], läßt bei vielen Menschen Vorstellungen des eigenen Unvermögens und Zweifel am Selbstwert aufkommen. Nach Gehlen ist „die anscheinend allgegenwärtige Selbstproblematik der individuelle Reflex einer soziologischen Tatsache, nämlich des Fehlens als selbstverständlich hingenommener sozialer Ränge, bei deren Vorhandensein eine individuelle Selbstwertproblematik gar nicht möglich ist, weil die ‚Qualifikation' des Einzelnen dann eine objektive Geltung, also kein subjektives Problem ist"[59].

Wir müssen es uns versagen, an dieser Stelle auf die psychologischen Wechselbeziehungen von individueller Selbstwertproblematik, Minderwer-

---

[56] Eine ausführliche und tiefschürfende Darstellung des Problems der Motiv- oder Bedürfnisdominanz bei *Scherhorn*, G.: Bedürfnis und Bedarf. Sozialökonomische Grundbegriffe im Lichte der neueren Anthropologie, Berlin, 1959, S. 49 ff.

[57] Vgl. hierzu *Scherhorn*, G.: Bedürfnis und Bedarf, a.a.O., S. 53 ff.

[58] Vgl. *Kluth*, H.: Sozialprestige und sozialer Status, Stuttgart 1957, S. 10 ff.

[59] *Gehlen*, A.: Sozialpsychologische Probleme in der industriellen Gesellschaft, Tübingen 1949, S. 17.

tigkeitskomplexen und Geltungsstreben einzugehen[60]; es genügt die Feststellung, daß im Stadium einer „außen-geleiteten Lebensweise"[61] der Mensch, dessen „Innensteuerung" nicht mehr bestimmend für sein Verhalten ist, mehr und mehr versucht, das Gefühl der inneren Unsicherheit durch die äußere Anerkennung bei seinen Mitmenschen zu kompensieren; auch hieraus erklärt sich die zentrale Bedeutung des Geltungsstrebens für das Verhalten zahlreicher Menschen unserer Zeit. Alles, was in irgendeiner Weise benutzt werden kann, um die Aufmerksamkeit und Beachtung der anderen Gesellschaftsmitglieder zu erregen, ist seinerseits wiederum erstrebenswert und begehrt. Der relative Wertverlust der Prestigezeichen und Statussymbole früherer Zeiten – Uniformen, Orden, Titel, etc. – trägt mit dazu bei, daß wirtschaftliche Güter als Symbole der eigenen Leistungsfähigkeit und als Mittel zur Befriedigung des Geltungsbedürfnisses gewertet und begehrt werden.

Zu den sozialpsychologischen und soziologischen Faktoren, die stimulierend auf eine Ausbreitung der Verhaltensweisen des aufwendigen Verbrauchs wirken, muß nicht zuletzt auch der Wille zum sozialen Aufstieg gerechnet werden. H. Schelsky, der das Streben nach sozialem Aufstieg als eine wesentliche Ursache des schnellen Wiederaufbaus der deutschen Wirtschaft nach dem 2. Weltkrieg ansieht, macht auf den engen Zusammenhang von sozialem Aufstiegswillen und dem Gefühl sozialer Unsicherheit aufmerksam. Die relative Nivellierung und Angleichung der wirtschaftlichen und sozialen Positionen innerhalb einer „nivellierten Mittelstandsgesellschaft" – als Folge und Ursache der hohen sozialen Mobilität – bedeutet für den Einzelnen eine qualvolle Statusunsicherheit, die er durch ein intensives Streben nach sozialem Aufstieg und gesellschaftlicher Auszeichnung und Hervorhebung zu überwinden trachtet. „In einer strukturell dynamischen Gesellschaftsverfassung wie der industriellbürokratischen muß das Bestreben nach sozialer Sicherheit sich in einem Streben nach ständigem sozialen Aufstieg, in einem Immermehr-haben-Wollen und Immermehr-sein-Wollen äußern. Soziale Unsicherheit und soziales Aufstiegs- und Prestigebedürfnis bedingen sich in unserer dynamischen Gesellschaftsverfassung gegenseitig"[62].

---

[60] Vgl. *Lersch*, Ph.: Aufbau der Person, München 1951, S. 118 ff. *Holzschuher*, L. v.: Praktische Psychologie, Seebruck 1955, S. 488 ff. *Brachfeld*, O.: Minderwertigkeitsgefühle beim Einzelnen und in der Gemeinschaft, Stuttgart 1953, S. 163 ff. Vgl. auch Aristoteles: „Ferner scheint es, daß man auf Ehre ausgeht, um in der Überzeugung von der eigenen Vortrefflichkeit bestärkt zu werden." *Aristoteles*, Nikomachische Ethik, a.a.O., S. 212.

[61] *Riesman*, D.: The Lonely Crowd, New Haven 1950, dtsch.: Die einsame Masse, Darmstadt 1956, S. 48 ff.

[62] *Schelsky*, H.: Die skeptische Generation, a.a.O., S. 224. Vgl. auch *König*, R.: Soziologie heute, Zürich 1949, S. 104. Ferner *Bolte*, K. M.: Sozialer Aufstieg und Abstieg, Stuttgart 1959, S. 8 ff.

Das Bemühen, die eigene Stellung in der Gesellschaft zu heben, erstreckt sich in erster Linie auf die Inanspruchnahme beruflicher Aufstiegsmöglichkeiten[63] sowie auf die Nutzanwendung des materiellen Besitzes als Kanal zum sozialen Aufstieg.

c) Statusunsichtbarkeit in der anonymen Gesellschaft

An dieser Stelle muß nun ein anderes Merkmal der modernen Gesellschaft in die Betrachtung einbezogen werden. Die aus der Bevölkerungsagglomeration resultierende Anonymität des einzelnen in vielen Bereichen der industriellen und bürokratischen Gesellschaft[64] läßt seine berufliche Leistung und gesellschaftliche Position außerhalb des Betriebes in der Regel nicht sichtbar werden[65]. Der für die Mehrheit seiner Mitmenschen als Person anonym bleibende Mensch kann seinen beruflichen Erfolg und den Reichtum an materiellen Besitzgütern nur dadurch sozial „wirksam" machen, daß er ihn äußerlich sichtbar werden läßt[66]. Auf die Tatsache, daß der ostentative Luxus mit der Bevölkerungsagglomeration zunimmt, hat bereits Montesquieu hingewiesen: „Je mehr Menschen zusammenleben, um so eitler sind sie und um so stärker fühlen sie die Freude in sich reifen, sich durch Kleinigkeiten hervorzutun. Ist ihre Zahl so groß, daß die meisten sich untereinander nicht kennen, dann verdoppelt sich die Lust, sich hervorzutun, weil mehr Aussicht auf Erfolg dabei besteht. Der Luxus bietet diese Aussicht, und jeder eignet sich die Kennzeichen einer höheren Lebensstellung zu, als er einnimmt"[67].

Es besteht kein Zweifel, daß die Statusunsichtbarkeit des einzelnen Menschen und die von Montesquieu beschriebenen Verhaltensweisen heute an Raum und Bedeutung gewonnen haben. Der „Mensch unter den Vielen" bleibt unerkannt und unbeachtet, solange es ihm nicht gelingt, seine „Bedeutung", seinen sozialen Besitzstand, seine berufliche Leistung oder seine Zugehörigkeit zu einer mit Sozialprestige ausgestatteten Gruppe für Außenstehende erkennbar zu machen. In diesem Dilemma einer vorwiegend leistungsorientierten Gesellschaftsgliederung darf somit eine wesentliche Ursache des aufwendigen Verbrauchs vermutet werden. Hier liegt auch die

---

[63] Zur Bedeutung und Rangordnung der beruflichen Prestigeskala, vgl. *Bolte*, K. M.: a.a.O., S. 30 ff. und die dort angegebene Literatur.

[64] Vgl. *Pfeil*, E.: Soziologie der Großstadt, in: Soziologie, hrsg. von A. Gehlen und H. Schelsky, Düsseldorf – Köln 1955, S. 232 ff.

[65] Über die innerbetriebliche Status-Organisation, vgl. *Dahrendorf*, R.: Industrie- und Betriebssoziologie, Berlin 1956, S. 70 ff. *Schelsky*, H.: Industrie- und Betriebssoziologie, in: Soziologie, hrsg. von A. Gehlen und H. Schelsky, a.a.O., S. 183 ff. *Lepsius*, R. M.: Industrie und Betrieb, in: Soziologie, hrsg. von R. *König*, a.a.O., S. 127 ff.

[66] Vgl. *Kluth*, H.: a.a.O., S. 81 f.

[67] Montesquieu, De l'Esprit des Lois, 1. Aufl., 1748, dtsch.: Vom Geist der Gesetze, Tübingen 1951, 1. Bd., S. 136. Vgl. auch *Rae*, J.: a.a.O., S. 262. Ferner *Veblen*, Th.: Theorie der feinen Leute, a.a.O., S. 96.

Erklärung dafür, daß ein Erleben gesellschaftlicher Hervorhebung und Anerkennung gegenüber den Mitmenschen, zu denen keine persönlichen Verbindungen bestehen, für die meisten Stadtbewohner nur über den Weg des demonstrativen Konsums zu erreichen ist, während Geltung bei Familienangehörigen und Freunden oder soziales Ansehen im Bereich der Nachbarschaft auch durch außerökonomische Mittel gewonnen werden können. „Der Geltungsnutzen wird um so intensiver erstrebt, je ferner der durch Verbrauch zu beeindruckende Personenkreis dem Petenten steht"[68].

Wenn in der modernen Gesellschaft der soziale Aufstieg eines Gesellschaftsmitgliedes den Fernstehenden im Normalfall nur durch Art und Umfang seiner Verbrauchsnormen, vor allem in den Attributen seiner äußeren Erscheinung kenntlich gemacht werden kann und in dieser Notwendigkeit eine Triebfeder für die Verhaltensweise des demonstrativen Konsums vermutet werden darf, so muß aber beachtet werden, daß für viele Angehörige unserer industriellen Gesellschaft ein sozialer Aufstieg aus objektiven oder subjektiven Gründen nicht im Bereich des Möglichen liegt. Das instinktiv empfundene Unvermögen, durch beruflichen Aufstieg gesellschaftliche Anerkennung zu erringen, läßt dann den „Hunger nach Sozialprestige"[69] entstehen. Im Unterschied zum unmittelbaren Individualprestige, das durch die persönlichen Tugenden und Fähigkeiten des Individuums bestimmt wird, ist das Sozialprestige mittelbarer Natur[70]. Es haftet einem Menschen an durch die Zugehörigkeit zu einer Gesellschaftsgruppe, die Sozialprestige besitzt. Zu den Gesellschaftsgruppen, die in den westlichen Industrieländern Sozialprestige besitzen, gehören – neben bestimmten Berufsgruppen und einigen wenigen Familien der höchsten Gesellschaftsschicht – vor allem die Bezieher höherer Einkommen[71]. Die Zugehörigkeit zu der mit Sozialprestige ausgestatteten Einkommensschicht muß aber in solchen Situationen, in denen der Zusammenhang zwischen Person und Sozialprestige im Verborgenen bleibt, durch eine „symbolische Repräsentation" mit Hilfe äußerer Zeichen sichtbar gemacht werden[72]. Als Mittel der „symbolischen Repräsentation" dienen heute weitgehend die mehr oder weniger kostspieligen Gebrauchsgegenstände, deren Erwerb im Unterschied zu den früher geltenden Zeichen nicht mehr durch ein „Zeichenmonopol" auf die Angehörigen einer bestimmten Schicht oder Gesellschaftsgruppe beschränkt ist, sondern im Prinzip all denen freisteht, die

---

[68] *Vershofen*, W.: Die Marktentnahme als Kernstück der Wirtschaftsforschung, a.a.O., S. 114.

[69] Vgl. *Cron*, H.: Der Hunger nach Sozialprestige, in: Merkur, 9. Jg., 12. Heft, Dezember 1955, S. 1109 ff.

[70] Vgl. *Kluth*, H.: a.a.O., S. 33 ff.

[71] Vgl. *Duesenberry*, J. S.: Income, Saving and the Theory of Consumer Behavoir, Cambridge, Massachusetts, 1952, S. 29 f. Vgl. auch *Hofstätter*, P.: Einführung in die Sozialpsychologie, a.a.O., S. 469 ff.

[72] *Kluth*, H.: a.a.O., S. 35.

mit entsprechender Kaufkraft ausgestattet sind. Damit erhalten aber auch die Angehörigen anderer Schichten die Gelegenheit, durch Nachahmung der Konsumgewohnheiten von Prestigeträgern und im Wege der psychologisch zu verstehenden Identifikation und Projektion[73], am Sozialprestige der tonangebenden Gesellschaftsgruppen teilzunehmen, bzw. ihre Zugehörigkeit zu diesen Gruppen vorzutäuschen.

Der Zusammenhang des Strebens nach Sozialprestige mit der Nachahmung des demonstrativen Konsums anderer Gruppen darf aber nicht zu der Annahme verleiten, als ob die Konsumnormen ausschließlich von oberen Einkommensschichten geprägt würden. Im Gegensatz zu einer weitverbreiteten Anschauung sind es häufig die mittleren Einkommensschichten, die Ausmaß und Richtung des Konsums bestimmen[74].

d) Die gruppenspezifische Natur des aufwendigen Verbrauchs

Im Rahmen einer ersten Begriffsabgrenzung ist dargelegt worden, daß der demonstrative Konsum auf den Gewinn an Geltung und Ansehen zurückzuführen ist, den er dem Käufer und Besitzer verschafft. Nun ist der Geltungsnutzen eines bestimmten Gutes für einen bestimmten Verbraucher aber keine konstante Größe, sondern eine Variable, deren Veränderung von verschiedenen Faktoren abhängig ist. Entsprechend den Veränderungen in der Höhe des Geltungsnutzens, ändern sich die Verhaltensweisen des Konsumenten, soweit und sobald ihm diese Änderungen bekannt werden.

Neben den Zeitfaktor, dessen Bedeutung noch im Zusammenhang mit dem Einfluß der Mode auf Formen und Wirkungen des aufwendigen Verbrauchs zu erörtern sein wird, ist die Art und Zusammensetzung des Personenkreises, in dem der Verbraucher durch den Kauf und die Zurschaustellung von Gütern an Ansehen und Auszeichnung zu gewinnen hofft, ausschlaggebend für die Höhe des Geltungsnutzen und damit für die Verhaltensweisen des Wirtschaftssubjektes[75]. Die gruppenspezifische Verhaltensweise des Verbrauchers, die schon Aristoteles kannte und die in den letzten Jahren von Duesenberry, Leibenstein und anderen Nationalökonomen ausdrücklich hervorgehoben worden ist[76], gilt in besonderem Maße für die Erscheinungsformen des aufwendigen Verbrauchs. Im Unterschied

[73] Vgl. *Hofstätter*, P.: Die Psychologie der öffentlichen Meinung, Wien 1949, S. 86 ff. Ferner *Friedrichs*, G.: Verkaufswerbung, Berlin 1958, S. 45 ff.

[74] Vgl. hierzu *Gross*, H.: Mittelschicht bestimmt Konsum, in: Handelsblatt vom 4. 6. 1958.

[75] Vgl. *Vershofen*, W.: Die Marktentnahme als Kernstück der Wirtschaftsforschung, a.a.O., S. 114.

[76] Vgl. *Aristoteles*, a.a.O., S. 189. Vgl. *Duesenberry*, J. S.: a.a.O., S. 17 ff. Ferner *Leibenstein*, H.: Bandwagon, Snob and Veblen Effects in the Theory of Consumers Demand, in: The Quarterly Journal of Economics Vol. LXIV, May 1950, Nr. 2, S. 183 ff.

zum stofflich-technischen Nutzen eines Gutes oder auch zur individuellen Befriedigung, die als Kauffreude z. B. dem Impulskauf[77] zugrunde liegt, besteht der Geltungsnutzen eines Gutes für den Käufer und Besitzer ausschließlich in der anerkennenden oder auch neidvollen Reaktion seiner Mitmenschen. Hieraus erklärt sich dann die Abhängigkeit des geltungsorientierten Konsumentenverhaltens von den Verhaltensweisen der anderen Gruppenmitglieder. Wenn nun aber der einzelne Mensch als Mitglied verschiedener Teilgruppen[78] danach strebt, Geltung und Ansehen in mehreren voneinander – zumindest teilweise – verschiedenen Personenkreisen zu gewinnen, so wird man nach dem oben Gesagten für seine verschiedenen Lebenskreise auch verschiedene Verhaltensweisen vermuten dürfen. Dies ist bedeutsam für das Ausmaß und den Wirkungsbereich des aufwendigen Verbrauchs. Es leuchtet ein, daß innerhalb der Intimgruppe der Familie die Anerkennung des einzelnen durch andere Familienmitglieder auf persönlichen Charaktereigenschaften und gegenseitigen Gefühlen beruht[79].

Innerhalb eines Betriebes gründet sich die Geltung des einzelnen in erster Linie auf seinen Rang in der Betriebshierarchie, bzw. auf seine Stellung in einer der sogenannten „informellen" Gruppen[80]. Generell kann gesagt werden, daß der aufwendige Verbrauch an Ausdehnung und Bedeutung zunimmt, je weniger strukturiert die Gruppe ist, deren Anerkennung das einzelne Mitglied zu erhalten sucht, bzw. je weniger andere außerökonomische Mittel dem einzelnen innerhalb einer bestimmten Gruppe zur Verfügung stehen[81].

Stark beeinflußt durch die gültige Wertskala der Geltungsfaktoren und Prestigezeichen ist auch die unterschiedliche Lebensweise voneinander verschiedener Bevölkerungsgruppen, deren Einkommenstruktur durchaus gleichartig sein kann. Ein Beispiel dafür gibt Th. Veblen: „Der Konsum wird also für den Lebensstandard des Städters wichtiger als für den des Landbewohners. Hier treten an die Stelle des Konsums teils die Ersparnisse, teils gewisse häusliche Bequemlichkeiten, die dank dem Klatsch der Nachbarn genügend bekannt werden, um demselben allgemeinen Zweck, nämlich dem Prestige zu dienen"[82].

[77] Zum Problem des Impulskaufes, vgl.: Der Impulskauf – ein impulsiver Kauf, in: Der Markenartikel, Heft 2, München 1959, S. 105 f.

[78] „An die Stelle des alten Schemas der sozialen Klassen setzten wir das Bild einer in zahllose Kreise und Teilgruppen, sowohl in horizontaler wie in vertikaler Richtung, sich zergliedernden Gesellschaft;" *König*, R.: Soziologie heute, a.a.O., S. 70.

[79] Über „die Familie als Gruppe eigener Art", vgl. *König*, R.: Soziologie der Familie, in: Soziologie, hrsg. von A. *Gehlen* und H. *Schelsky*, a.a.O., S. 139 ff.

[80] Vgl. *Dahrendorf*, R.: a.a.O., S. 67 ff. *Schelsky*, H.: Industrie- und Betriebssoziologie, a.a.O., S. 183 ff.

[81] Vgl. *Vershofen*, W.: Die Marktentnahme . . ., a.a.O., S. 114.

[82] Vgl. *Veblen*, Th.: Theorie der feinen Leute, a.a.O., S. 96.

Die Verschiedenheit der einzelnen Gruppen und Lebenskreise, in denen der moderne Mensch als Konsument – d. h. mit den Mitteln des demonstrativen Konsums – um Anerkennung und Einordnung nachsucht, kann weiterhin zur Folge haben, daß ein bestimmtes Gut für den Besitzer einen großen oder kleinen Geltungsnutzen hat, je nach der Art und der Zusammensetzung des Personenkreises, in dem er sich befindet. Hier liegt m. E. ein Hauptgrund für die Änderung der Konsumnormen bei sozialen Aufstiegsprozessen. Ein Beispiel möge diese Wandlung erläutern: wenn ein Bergarbeiter aus einer Gemeinde des Ruhrgebietes zum Steiger aufrückt, so verändert sich nicht nur seine berufliche Position, sondern damit in der Regel sein ganzer Lebenszuschnitt. Durch Übersiedlung aus der Bergarbeitersiedlung in das Wohnviertel der Zechenbeamten wird er schon in räumlicher Beziehung Mitglied einer anderen sozialen Gruppe, deren Konsumnormen im Zuge eines Anpassungsprozesses dann für ihn verbindlich sind. Galt im Kreise der Bergarbeiter bisher z. B. das Motorrad als Kennzeichen wirtschaftlicher Potenz, und war der Geltungsnutzen einer guten und gediegenen Wohnungseinrichtung in der „Kolonie" gering, so ist die soziale Rangordnung der einzelnen Güter in der Gruppe der mittleren Angestellten genau umgekehrt. Die Skala des Geltungsnutzens der Güter hat sich für den in eine andere soziale Gruppe aufgestiegenen Bergmann verändert und entsprechend ändert sich auch sein Verhalten als Konsument[83].

Zeigt dieses Beispiel die gruppenspezifische Natur des geltungsbedingten Verbrauchs anhand einer Änderung der Konsumnormen beim Wechsel der Gruppenzugehörigkeit, so ist daneben der in der sozialen Wirklichkeit heute vielfach gegebene Fall zu berücksichtigen, daß der einzelne Konsument gleichzeitig Mitglied mehrerer Gruppen mit verschiedenen Prestigeordnungen ist. Für einen Berufstätigen z. B., der als Angestellter in einer Stadt beschäftigt ist, seinen Wohnsitz aber in einer ländlichen Gegend hat, kann derselbe Gegenstand einen unterschiedlichen Geltungsnutzen haben, je nachdem, ob er sich im Kreise seiner Arbeitskollegen in der Stadt oder unter den Nachbarn seiner Wohngegend befindet.

Aus der Vielzahl verschiedener Einstufungen der Güter und Dienstleistungen in die Prestigeordnung der verschiedenen Gruppen und Lebenskreise, in denen der Konsument sich bewegt, folgt dann eine bunte Mannigfaltigkeit in den Formen des aufwendigen Verbrauchs. Entsprechend vielfältig, mehrschichtig und manchmal scheinbar widerspruchsvoll sind dann auch die Verhaltensweisen des geltungssuchenden Verbrauchers.

e) Nachahmung und Differenzierung

Zu den Faktoren, die Ausmaß und Richtung des aufwendigen Konsums beeinflussen, zählen auch das Differenzierungs- und Nachahmungsstreben

---

[83] Für die Verhaltensänderung bei sozialen Aufstiegsprozessen können natürlich auch andere Motive von ausschlaggebender Bedeutung sein.

des Menschen. Der Mensch erlebt sich als Einzelwesen durch das „Bewußtsein einer gewissen Isolierung gegen die Umwelt und Mitwelt und einer Gegenstellung zu ihnen"[84]. Dieses „Ichbewußtsein" veranlaßt ihn z. B., sich durch kleine Ergänzungen, Zusätze oder Verschiedenheiten an Kleidung, Wohnungseinrichtung und sonstigen Gebrauchsgegenständen schon rein äußerlich von seinen Mitmenschen zu unterscheiden. Die Erscheinung der Differenzierung wird sichtbar, „sobald die für das eigene Dasein relevante gesellschaftliche Umwelt über den kleingruppenhaften, in der Regel familienzentrierten Zusammenhang hinausgewachsen ist"[85]. Die Bestrebungen zur differenziellen Heraushebung und das Verlangen des Individuums, sich jeder Gleichförmigkeit zu entziehen, finden ihren konkreten Niederschlag in dem Variationsreichtum der Produktgestaltung sowie in der fast unübersehbaren Vielfalt des Güterangebotes der modernen Absatzwirtschaft, deren Bemühungen zur Erzielung unterschiedlicher Präferenzen für konkurrierende Güter hier ihre psychologischen Erfolgsgrundlagen haben.

Das Streben des Individuums nach Unterscheidung von seinen Mitmenschen kann aber nur im Zusammenhang mit einer anderen ökonomisch relevanten Kraft, dem Phänomen der Nachahmung, richtig gesehen und verstanden werden. Dieses scheinbare Paradoxon der Überlagerung von Imitations- und Differenzierungsstreben erklärt sich aus der Notwendigkeit einer allgemeinen Anerkennung der sichtbaren „Abhebung" durch die anderen Gesellschaftsmitglieder. Die Hervorhebung und Auszeichnung hat nur dann eine gesellschaftliche Wirkung, wenn sie in Form und Inhalt von den anderen akzeptiert wird. „Auszeichnung und Einordnung in eine soziale Gruppe schließen einander nicht aus. Einer kann sich nur insofern auszeichnen, als er etwas tut, das auch von den anderen anerkannt wird. Damit beugt er sich vor dem Urteil der anderen gerade in dem Augenblick, wo er über die anderen hinauszuwachsen sucht"[86].

Eine Verschiedenheit z. B. durch Andersartigkeit der Kleidung muß sich daher auf die verschiedenen Formen und Möglichkeiten einer „Grenzdifferenzierung" beschränken, da eine totale Verschiedenheit – von Ausnahmen abgesehen – der Lächerlichkeit oder gesellschaftlichen Ächtung verfallen würde. Dies gilt allerdings nicht für die Einführung völlig neuer Güter und Konsumgewohnheiten durch anerkannte „Styleleader" und „Schrittmacher", sofern diese im Einklang mit den unterströmigen Tendenzen der allgemeinen Entwicklung und Stilwandlung handeln. Der Nach-

---

[84] *Lersch*, Ph.: a.a.O., S. 131.

[85] *Kluth*, H.: a.a.O., S. 72. Vgl. auch *Simmel*, G.: Über soziale Differenzierung, Leipzig 1890, S. 97 ff. Ferner *Cron*, H.: a.a.O., S. 1110 ff.

[86] *König*, R.: Die Mode in der menschlichen Gesellschaft, a.a.O., S. 37. Vgl. auch *Gutenberg*, E.: Grundlagen der Betriebswirtschaftslehre, 2.Bd., Der Absatz, Berlin 1955, S. 316 ff.

ahmungstrieb[87] bestimmt aber als Grundelement die menschliche Antriebsstruktur, während das Streben nach Differenzierung die Verhaltensweisen des Konsumenten im Rahmen gewisser Grenzstreifen variieren läßt[88].

f) Zusammenfassung

Die anhaltende Zunahme der Produktivität in der Herstellung und Verteilung der Güter hat eine beachtliche Erhöhung des Realeinkommens der Bevölkerung in der Bundesrepublik und in anderen westlichen Industriestaaten zur Folge gehabt. Diese Entwicklung der privaten Einkommen enthält für den einzelnen Einkommensbezieher die Möglichkeit, daß ihm über den unmittelbaren Subsistenzfond hinaus noch ein Überschuß (Surplus) an verfügbarem Einkommen zur Verfügung steht; mit der Existenz dieses „Surplus" ist die ökonomische Voraussetzung für die Zunahme des aufwendigen Verbrauchs gegeben. Als gesellschaftliche Grundbedingung und Ursache des geltungsbedingten Konsums in der Gegenwart ist die dominierende Rolle des Strebens nach sozialer Anerkennung und gesellschaftlicher Geltung anzusehen. Die Dominanz des Prestigestrebens erklärt sich ihrerseits wiederum aus dem elementaren Verlangen des Menschen nach sozialer Einordnung und sozialem Status. Die Eigenart der modernen Gesellschaft, die als dynamische Gesellschaft dem einzelnen Menschen eine qualvolle Statusunsicherheit beschert und die darüber hinaus als eine „Gesellschaft der Vielen" den Einzelnen im Bereich des Anonymen und seinen Status[89] – jedenfalls für die Mehrzahl der Menschen – unsichtbar läßt, macht es somit verständlich, daß alles, was in irgendeiner Weise benutzt werden kann, um sich selbst und die eigene Bedeutung den anderen Gesellschaftsmitgliedern sichtbar zu machen, für einen großen Teil der Bevölkerung erstrebenswert ist. In Ermangelung anderer Prestigezeichen und Statussymbole werden wirtschaftliche Güter, vor allem auch Gegenstände des sogenannten Konsumvermögens, als Symbol der eigenen Leistungsfähigkeit und als Mittel zur Befriedigung des Geltungsbedürfnisses gewertet und begehrt. Der aufwendige Verbrauch von Gütern und Dienstleistungen, die dem Konsumenten neben ihrem eigentlichen Zweck-

---

[87] Vgl. *Le Bon,* G.: La Psychologie des Foules, Paris 1855, dtsch.: Psychologie der Masse, Stuttgart 1951, S. 17 f. Über Nachahmung und Anformung, vgl. *Hellpach,* W.: Sozialpsychologie, 3. Aufl., Stuttgart 1951, S. 203 ff.

[88] „Women's will to conformity means that the newness of the products should be kept within the bounds of convention. Too wide a departure from the accepted pattern will not be generally acceptable. The dynamic quality of women' conformity means that it is necessary to keep pace with the direction it is taking. In this way appeals can be offered which are up to date. For instance, if the conformity pattern emphasizes the using of individual taste, the appeal would include – éveryone is doing it – but heres how you can do it a little differently." *Wolff,* J.: What makes Women buy?, New York 1958, S. 56.

[89] Unter „Status" soll hier auch der sozialökonomische Besitzstand etc. verstanden werden.

nutzen auch noch einen Geltungsnutzen versprechen, gewinnt an Raum und Bedeutung.

Da die Höhe des Geltungsnutzen eines Gutes für den Besitzer oder Käufer von der anerkennenden Reaktion seiner Mitmenschen abhängig ist, gehört die gruppenspezifische Natur zu den wesentlichen Kennzeichen des geltungsbedingten Verbrauchs. Aus der Abhängigkeit des geltungsorientierten Konsumentenverhaltens von den Verhaltensweisen anderer Gruppenmitglieder erklären sich dann die unterschiedlichen Erscheinungsformen des aufwendigen Verbrauchs in verschiedenen Bevölkerungsgruppen und zu verschiedenen Zeiten. Andere Bestimmungsfaktoren für Art und Richtung des demonstrativen Konsums sind das Differenzierungs- und Nachahmungsstreben der Menschen. Es wird noch zu zeigen sein, daß bei den sozialökonomischen Wirkungen des aufwendigen Verbrauchs als Folge der Differenzierungs- und Nachahmungsprozesses differenzierende und gleichrichtende Tendenzen im Verbraucherverhalten unterschieden werden können.

Zweites Kapitel

Der Einfluß des Geltungsbedarfs auf die Verbrauchsstruktur

§ 4 Die Prestigefunktion der Kleidung

In den Ausführungen über die Motive und Bestimmungsfaktoren des geltungsorientierten Verbraucherverhaltens in der modernen Gesellschaft haben wir versucht, die zunehmende Bedeutung des Geltungsnutzens für die Kaufentscheidungen der Konsumenten aufzuweisen. Im Folgenden soll der Einfluß des Geltungsbedarfes[1] auf die Verbrauchsstruktur untersucht werden.

Abgesehen von den durch Tradition und klimatische Gegebenheiten bedingten Abweichungen in der Verbrauchsstruktur der verschiedenen Länder des westlichen Kulturkreises, lassen sich bestimmte Gemeinsamkeiten für die Änderungen und Verschiebungen im Verbrauch der privaten Haushalte nachweisen. Diese Wandlungen in der Verbrauchsstruktur, deren materielle Voraussetzungen in dem gestiegenen Realeinkommen der Wirtschaftssubjekte sowie in dem reichhaltigen Angebot neuer Güter durch die arbeitsteilige Massenproduktion gegeben sind, werden zunächst in einem relativen Rückgang der Ausgabenquote für den unmittelbaren Existenzbedarf deutlich, jener Mindestmenge an Gütern, die zur Sicherung der physischen Existenz erforderlich ist.

Der Kauf von Gütern, die der Befriedigung des sogenannten starren Bedarfs dienen, wird überwiegend durch ihren Zwecknutzen bestimmt. In dem Maße aber, in dem der Anteil des Einkommens, der zur Aufrechterhaltung der physischen Existenz benötigt wird, im Zuge steigender Realeinkommen geringer wird, gewinnt der in der sozialen Sphäre oder in der persönlich-individuellen Sphäre verwurzelte Zusatznutzen[2] neben dem stofflich-technischen Zwecknutzen der Güter an Bedeutung.

Die gehobene Lebenshaltung[3] kann sich einmal darin äußern, daß Ausgaben für neue Güter oder Aufwendungen für bisher nicht in Anspruch

---

[1] Der Begriff Geltungsbedarf wird hier im Sinne von W. Vershofen verwandt. Vgl. hierzu: Die Marktentnahme . . ., a.a.O., S. 104: „Eines allerdings ist unbestreitbar, daß es ein unabdingbares Grundbedürfnis des Menschen gibt. Er will Geltung gewinnen, Geltung vor sich selbst und Geltung vor den anderen. Soweit diesem Bedürfnis mit bereiteten Mitteln Genüge getan werden kann, verdichtet es sich zum Geltungsbedarf."

[2] Vgl. *Vershofen*, W.: Die Marktentnahme . . ., a.a.O., S. 103 ff.

[3] Wir unterschieden hier in Anlehnung an J. St. Davis, Ch. v. Reichenau, E. Hoyt, C. Brinkmann und H. Kolms die tatsächliche Lebenshaltung von dem

genommene Dienstleistungen in der Haushaltsrechnung erscheinen und auf diese Weise zu einer Erweiterung des „Standardpaketes"[4] führen. In einer Gesellschaft, deren Mitglieder versuchen, mit Hilfe des demonstrativen Konsums ihrem Wunsch nach Selbstwertbestätigung und sozialer Geltung Erfüllung zu gewähren, werden dann für solche Güter und Dienstleistungen, deren Besitz und Inanspruchnahme u. a. auch den begehrten Geltungsnutzen zu vermitteln vermögen, besondere Präferenzen des Verbrauchers wirksam. Eine höhere Versorgungslage der Konsumenten kann aber auch dazu führen, daß Güter, die bei einer niedrigeren Versorgungslage nur zum Zweck der Existenzsicherung, d. h. wegen ihres stofflich-technischen Zwecknutzens gekauft wurden, in zunehmendem Maß aus anderen Motiven erstrebt werden[5]. So kann z. B. die Nahrungsfunktion der Lebensmittel zugunsten der Genußfunktion an Bedeutung verlieren. Der Übergang zum Kauf besserer Qualitäten der gleichen Güter erklärt sich dann nicht selten aus den veränderten Kaufmotiven.

a) Geltung durch Textilkonsum

In besonders charakteristischer Weise wird die Veränderung der Kaufmotivation bei steigendem Lebensniveau im Bedeutungs- und Funktionswandel der Kleidung deutlich.

Es ist offensichtlich, daß in kälteren Klimazonen für Verbrauchergruppen mit niedrigem Versorgungsniveau der Kauf von Textilien im Wesent-

---

erstrebten Lebensstandard, den H. Kolms als eine „Vorstellungsgröße" bezeichnet. Die Lebenshaltung dagegen wird „von den Mitteln, in der Verkehrswirtschaft durch Einkommen in Verbindung mit den Güterpreisen" begrenzt. Vgl. *Kolms*, H.: Konsum, in: Handwörterbuch der Sozialwissenschaften, 16. Lf., Stuttgart, Tübingen, Göttingen 1957, S. 143. Vgl. ferner *Brinkmann*, C.: Lebensstandard, in: Handwörterbuch der Sozialwissenschaften, Bd. VI, Stuttgart, Tübingen, Göttingen 1959, S. 544 f. Ferner *Davis*, J. St.: Standards and Contents of Living, in: The American Economic Review, Vol. XXXV, März 1945, Nr. 1, S. 1 ff. *Hoyt*, E.: The Consumption of Wealth, New York 1928. *Reichenau*, Ch. v.: Konsum und volkswirtschaftliche Theorie, a.a.O., S. 88 ff. *Droege*, H.: Der Mensch als wirtschaftliches Datum, Berlin 1952, S. 35 ff.

[4] Vgl. *Riesman*, D. und *Roseborough*, H.: Careers and Consumer Behaviour, in: Consumer Behaviour, Vol. II, New York 1955. Ferner *Parsons*, T. und *Smelser*, N. J.: Economy and Society, London 1956, S. 222.

[5] Vgl. *Kolms*, H.: a.a.O., S. 143: „Liegt diese (die Versorgung von Gütern. Der Verf.) auf der untersten Stufe in der Nähe des physischen Existenzminimums, so spielt der unmittelbare Verwendungswunsch – und damit begrifflich die ‚Vernichtung' – eine dominierende Rolle; ist dagegen eine höhere Versorgungslage der Ausgangspunkt, so tritt eher die Sicherung über die Verfügung (Marktentnahme), unter Umständen verbunden mit dem Bedürfnis nach einer Zurschaustellung konsumtiven Vermögens, in den Vordergrund."

Vgl. auch *Brentano*, L.: a.a.O., S. 23: „Nicht anders aber ist es mit anderen Bedürfnissen der baren Lebenserhaltung, mit dem nach Kleidung und Behausung. Das zu ihrer Befriedigung rein physiologisch Erforderliche ist gering; das Erfordernis steigt erst durch die Umgestaltung, welche diese Bedürfnisse durch ihre Verbindung mit ethischen und ästhetischen Bedürfnissen erfahren und insbesondere durch das Bedürfnis nach Anerkennung durch andere."

lichen durch ihren stofflich-technischen Zwecknutzen beeinflußt wird. Dies schließt jedoch nicht aus, daß auch andere Motive mitwirken. Es kann an dieser Stelle nicht näher untersucht werden, in wieweit auch schon bei geringerem Einkommen das Streben nach Auszeichnung und Hervorhebung die Aufmachung und Form der Kleidung verändert. Anthropologische und soziologische Forschungen über den Ursprung der Kleidung geben aber genügend Anhaltspunkte dafür, daß die „Dekorations"-Funktion der Kleidungsstücke älter und von umfassenderem Einfluß auf die menschlichen Verhaltensweisen als ihre Schutzfunktion ist[6]. Für unsere Betrachtung genügt hier die Feststellung, daß die Kleidung mehrere – je nach der besonderen Situation des Käufers verschieden bewertete – Funktionen zu erfüllen hat. Die Motive für den Kauf von Textilien müssen somit auf das Wirksamwerden verschiedener und vielfältiger Faktoren zurückgeführt werden[7].

Einer Analyse des Einflusses der Prestigefunktionen der Kleidung auf die Verbrauchsstruktur sind nun insofern enge Grenzen gesetzt, als es kaum möglich sein wird, im Rahmen einer Motivanalyse die Wirkung des menschlichen Strebens nach sozialer Anerkennung und Auszeichnung auf den Kauf von Textilien von anderen Motiven, z. B. dem individuellen ästhetischen Gefühl, zu isolieren oder gar exakt meßbar zu machen. Der Anteil des Prestigestrebens an der bewußten und unbewußten Motivation eines Kaufs kann daher nur im Wege der Schätzung ermittelt werden. Im Zusammenhang mit dem Phänomen der Mode und der interdependenten Konkurrenz aller mit Prestigefunktion ausgestatteten Güter wird noch darüber zu sprechen sein, daß die geschätzten Werte häufigen Wandlungen unterliegen und somit von geringer zeitlicher Gültigkeit sind.

Trotz der Schwierigkeit seiner Messung kann aber der Einfluß des Prestigestrebens der Verbraucher auf den Verbrauch von Textilien sehr wohl nachgewiesen werden.

---

6 „This impulse toward decoration is the most constantly recurring motivation in the history of clothing and, as we saw above, the one which is found also among the higher apes." *Benedict*, R.: Dress, in: Encyclopaedia of the Social Sciences, Vol. V, New York 1931, 11. Printing 1954, S. 237. Vgl. auch die dort angegebene Literatur. Beachtung verdient in diesem Zusammenhang auch die Tatsache, daß Kleidungsstücke zum Zweck der „Selbstvergrößerung" benutzt werden können. Vgl. *Schwidetzky-Roesing*, J.: Kulturanthropologie, in: Anthropologie, hrsg. von G. Heberer, G. Kurth und J. Schwidetzky-Roesing, Frankfurt a. M. 1959, S. 103: „Masken, Kopfaufsätze wie Kronen und Diademe, Stelzen, erhöhte Sitze, *auffällige volumensteigernde Kleidung dienen der imponierenden Überhöhung der Erscheinung*."

7 „The requirements that we lay upon costume are complicated indeed. It must meet the physical and hygienic requirements, the basic self-preservation interest; it must meet the requirements dictated by modesty as a covering for the body; it must meet the desire for ornament and represent the striving of the individual for harmony and beauty; it must serve as a symbol of status, and display the wearer's place in the social stratification." *Kyrk*, H.: a.a.O., S. 204.

Nach Meinung von E. Hoyt sind in den Vereinigten Staaten wenigstens 50 %[8] der Nachfrage nach Kleidung von gesellschaftlichen Rücksichten bestimmt. Auf Grund neuerer Erhebungen der amerikanischen Markt- und Meinungsforschung neigt man heute der Ansicht zu, „daß nur 25 % der Textileinkäufe in den USA einem Ankleidebedarf dienten"[9]. 75 vH der Textilnachfrage werden dem sogenannten modischen Bedarf zugeschrieben.

Über die Bedeutung des menschlichen Strebens nach Selbstwertbestätigung und sozialem Ansehen als Motiv für den Kauf von Kleidung in der Bundesrepublik unterrichten die Ergebnisse einer repräsentativen Umfrage, die im Auftrag der Zeitschrift „Möbelkultur" vom Service-Institut für Marktforschung in Velbert im Januar 1958 durchgeführt wurde[10].

Da aus dem Resultat dieser Erhebung Aufschlüsse für unseren Fragenkomplex gewonnen werden können, erscheint es angebracht, den inneren Zusammenhang der verschiedenen Antworten zu wahren und sie in geschlossener Form darzustellen.

Im Rahmen der Repräsentativerhebung des Service-Institutes wurde den nach statistisch-repräsentativen Gesichtspunkten ausgewählten 1800 Personen folgende – nach umfangreichen Vorbefragungen als zweckmäßig angesehene – Frage vorgelegt: „Wodurch wird das Selbstbewußtsein und das Ansehen eines Menschen heute am ehesten gehoben?" Die allgemeine Form der Fragestellung ermöglichte es den befragten Personen, sich anhand vorgegebener Antwortmöglichkeiten über den Geltungsnutzen bestimmter Güter zu äußern, ohne sich selbst dem Interviewer gegenüber bloßzustellen. Die Verzerrung der Ergebnisse durch eine nachträgliche Rationalisation des eigenen Verhaltens[11] konnte somit weitgehend vermieden werden. Zudem konnten durch eine derartige Fragestellung auch die Meinungen des Bekanntenkreises der Befragten eingeschlossen und damit indirekt eine größere Zahl von Verbrauchern erfaßt werden. Die überwiegend spontanen Antworten der Testpersonen deuteten denn auch darauf hin, daß Fragen dieser Art als Gesprächsthema nicht neu waren und bereits vorgefaßte Meinungen hierüber vorlagen.

Die Ergebnisse der Umfrage sind für unsere Untersuchung überaus aufschlußreich. Zunächst kann festgestellt werden, daß der Geltungsnutzen der Kleidung nach Meinung der Verbraucher eine vorrangige Stellung ein-

---

[8] „One of the most conspicuous exemples of desire for social approval shows up in clothing. In the United States, at least half and perhaps nine tenths of the appeal of clothes is social." *Hoyt*, E.: The Income of Society, a.a.O., S. 51.

[9] Vgl.: Arbeitsteilige Textilwirtschaft der USA, in: Deutsche Zeitung und Wirtschaftszeitung, 18. 3. 1959, S. 9.

[10] Vgl.: „Möbel in der Geltungswelle an 3. Stelle", in: Möbelkultur, 10. Jg., Heft 4, Hamburg 1958, S. 359 ff.

[11] Vgl. *Holzschuher*, L. v.: a.a.O., S. 27 ff.

nimmt. 43 vH der befragten Personen sahen mit der Anschaffung guter Kleidung am ehesten einen Gewinn an Ansehen verbunden. Im einzelnen wiesen die Antworten folgende Verteilung auf:

Anschaffung guter Kleidung	43%
Weite Urlaubsreisen	7%
Anschaffung einer schönen Wohnungseinrichtung	14%
Anschaffung eines Kraftfahrzeuges	17%
Anschaffung einer Fernsehtruhe	8%
Keines der genannten Dinge	10%
Keine Meinung äußerten	1%
	100%

Aus der Aufgliederung nach soziologischen Merkmalen ging hervor, daß die 10 vH der Befragten, nach deren Meinung das Ansehen und Selbstbewußtsein von anderen Werten als den genannten Dingen abhängig sei, überwiegend zur Gruppe des sogenannten „oberen Mittelstandes" zuzurechnen waren. Angehörige dieser Gruppe vertraten vielfach den Standpunkt, „daß es nicht materielle Dinge, sondern innere Persönlichkeitswerte sind, die zu Selbstbewußtsein und Ansehen verhelfen"[12]. Nach Meinung des Marktforschungsinstitutes ist diese Betonung des Bewußtseins der inneren Werte aber nicht zuletzt darauf zurückzuführen, daß für den oberen Mittelstand der Besitz der genannten Gegenstände schon weitgehend eine Selbstverständlichkeit darstellt. Die „Allgemeinheit des Besitzes führt dann für die Angehörigen dieser Schicht zu einer Verminderung des Geltungsnutzens der betreffenden Güter.

Eine Aufteilung nach dem Lebensalter der Befragten läßt erkennen, daß es unter den verschiedenen Altersgruppen besonders die Älteren sind, die andere Werte – vorwiegend nicht-materieller Natur – als entscheidend für Selbstbewußtsein und Sozialprestige ansehen. Hier darf vermutet werden, daß andere – wahrscheinlich traditionelle – Wertvorstellungen für diese Meinungsäußerung bestimmend waren[13].

Eine Aufteilung nach dem Lebensalter der Befragten beweist ferner, daß die Angehörigen der Altersgruppen bis zum 35. Lebensjahr in erster Linie den Geltungsnutzen der Kleider und des Kraftfahrzeuges betonen. Daneben betrachten sie vor allem weite Urlaubsreisen als nützlich für die Hebung des sozialen Prestiges. Für die älteren Befragten stand dagegen der Geltungsnutzen einer schönen Wohnungseinrichtung oder die Anschaffung einer Fernsehtruhe im Vordergrund. Mit gewissen Vorbehalten darf hieraus geschlossen werden, daß die verschiedenen Lebenskreise, in denen die Menschen um soziale Anerkennung nachsuchen, zu verschiedenen Wertungen der erstrebten Güter und somit zu verschiedenen Verhaltensweisen führen.

---

[12] Vgl.: „Möbel in der Geltungswelle an 3. Stelle", a.a.O., S. 360.

[13] Es liegt hier nahe, die Terminologie von Riesman zur Erklärung heranzuziehen und unter den Älteren mehr traditions- bzw. innengeleitete Typen zu sehen. Vgl. *Riesman*, D.: Die einsame Masse, a.a.O., S. 38 ff.

Während die Jugend und die jüngeren Erwachsenen ihr Streben nach sozialem Ansehen bei Arbeitskollegen, zufälligen Bekannten und mehr oder weniger Fernstehenden, d. h. außerhalb des Hauses zu verwirklichen suchen und dementsprechend bemüht sind, nach außen sichtbare Beweismittel für den eigenen sozialen Status und finanziellen Leistungsgrad einzusetzen, kommt es den Älteren mehr darauf an, innerhalb ihres engeren Lebenskreises, d. h. bei Nachbarn, Freunden und Bekannten, an Ansehen und Prestige zu gewinnen. Dem entspricht es dann, daß sich gerade die älteren Befragten in erster Linie für die schöne Wohnungseinrichtung und moderne Fernsehtruhe als Mittel zur Erzielung sozialer Wertschätzung einsetzten.

Der Zusammenhang zwischen dem Geltungsnutzen eines Gutes und dem wichtigsten Lebenskreis seines Besitzers ergibt sich auch aus der Aufgliederung der Befragten nach dem Geschlecht. Gute Kleidung als Attribut gesellschaftlicher Geltung wurde fast gleichermaßen von Männern und Frauen herausgestellt; beträchtliche Unterschiede ergaben sich aber bei der Bewertung des Geltungsnutzens von Kraftfahrzeugen und Wohnungseinrichtungen. Hier zeigte sich, daß die Frauen einer schönen Wohnungseinrichtung unter dem Aspekt des sozialen Ansehens den Vorzug gaben[14]; die Mehrzahl der befragten Männer versprach sich mehr vom Geltungsnutzen eines Kraftfahrzeuges. Es kann als wahrscheinlich angenommen werden, daß die hier aufgezeigten Unterschiede in einem engen Zusammenhang mit den teilweise verschiedenen Lebenskreisen und Wirkungsfeldern von Mann und Frau stehen.

Unabhängig von diesen Schlußfolgerungen für den durch subjektive Faktoren beeinflußten Prestigewert eines Gutes dürfte aber die Repräsentativerhebung des Service-Institutes ein weiterer Beweis dafür sein, daß der Kauf von Kleidung auch in der Bundesrepublik heute nicht unwesentlich von Prestigevorstellungen der Konsumenten gelenkt und bestimmt wird[15].

Anhaltspunkte für den Einfluß des Strebens nach Ansehen und Geltung ergeben sich auch aus einem Vergleich der Verbrauchsausgaben für Oberkleidung und Unterkleidung in Arbeitnehmerhaushalten in den Jahren 1950, 1955, 1956, 1957 und 1958.

---

[14] Dieses Ergebnis einer deutschen Meinungsumfrage entspricht übrigens den Erfahrungen der amerikanischen Markt- und Motivforschung. „In general, women will seek social prestige through their own appearance and the appearances of their homes and families." *Wolff*, J.: a.a.O., S. 132.

[15] Eine Bestätigung des hohen Geltungsnutzens der Kleidung enthalten auch die Ergebnisse einer Repräsentativerhebung, die vom Emnid-Institut im Auftrag der „Arbeitsgemeinschaft Herren-Fertigkleidung" durchgeführt wurde. Vgl.: Gefüllter Kleiderschrank wird sehr geschätzt. Hoher Prestige-Wert des tadellosen Anzugs, in: Handelsblatt, Nr. 140, Düsseldorf, 28. 8. 1959.

Tabelle 4

Änderungen in den Verbraucherausgaben für Kleidung und Wäsche in 4-Personen-Arbeitnehmerhaushalten einer mittleren Verbrauchergruppe in den Jahren 1950 und 1955 bis 1958

Art der Ausgaben	1950 DM	1950 vH	1955 DM	1955 vH	1956 DM	1956 vH	1957 DM	1957 vH	1958 DM	1958 vH
Anschaffung von										
Oberkleidg.	16,27	5,7	30,60	6,7	35,67	7,2	40,27	7,5	39,04	7,0
Unterkleidg. (Leibwäsche)	8,95	3,2	11,22	2,4	12,36	2,5	13,56	2,5	13,31	2,4

Quelle: Statistisches Jahrbuch für die Bundesrepublik Deutschland 1969, Stuttgart 1959, S. 473.

Während die monatlichen Ausgaben für Unterkleidung in absoluten Zahlen eine steigende Tendenz aufweisen, sinkt ihr prozentualer Anteil an den Gesamtausgaben der betreffenden Verbrauchergruppen in dem angegebenen Zeitraum. Die Ausgaben für Oberkleidung verzeichnen bis zum Jahre 1957 eine fortlaufende Steigerung sowohl in absoluten wie in relativen Zahlen[16].

Wenngleich diese unterschiedliche Entwicklung sicherlich nicht nur auf das Wirksamwerden menschlichen Strebens nach Teilhabe am Sozialprestige mit Hilfe des aufwendigen und demonstrativen Verbrauchs zurückgeführt werden kann, so enthalten die Zahlenangaben der Tabelle 4 doch Anhaltspunkte, die den Einfluß des Geltungsstrebens auf die Verbrauchsstruktur bestätigen[17].

Zur Beantwortung der Frage nach den konkreten Auswirkungen des Geltungsbedarfes auf den Verbrauch von Kleidung bedarf es eines Überblickes über die Faktoren, die der Prestigefunktion und damit dem Geltungsnutzen der Kleidung zugrunde liegen.

---

[16] Der relative und absolute Rückgang des Verbrauchs von Textilien im Jahre 1958 ist mehreren Ursachen zuzuschreiben. Es darf aber vermutet werden, daß auch der im Vergleich zu anderen Gütern geringer gewordene Geltungsnutzen der Kleidung hierbei von Bedeutung war. Vgl. § 10 dieser Arbeit.

[17] Eine ähnliche Entwicklung ist auch in den Jahren nach dem 1. Weltkrieg festzustellen. Vgl. *Potthoff*, H.: Hauswirtschaft und Volkswirtschaft, Düsseldorf 1928, S. 50 f.: „Während in den Kriegsjahren auf dem Gebiete der Kleidung am meisten gespart wurde, muß man heute sagen, daß auf diesem Gebiete am meisten verschwendet wird." Vgl. auch *Marschak*, J.: Consumption, Problems of Measurement, in: Encyclopaedia of the Social Sciences, Vol. IV, New York 1931, S. 298: „The percentage spent for dress, which likewise serves the purpose of emulation, rises as income rises. The proportion for underclothes also rises, although more slowly than that for dress."

b) Der Ausweg in die Exklusivität

Kleidung sowie Schmuck dienen dem menschlichen Geltungsstreben einmal als repräsentatives Zeichen für das Einkommen und Vermögen ihrer Besitzer, bzw. deren Familien, zum anderen als Mittel der sozialen Selbsteinstufung durch Nachahmung oder als Beweis für guten Geschmack und Individualität durch Differenzierung. Für den Sozial- und Symbolwert dieser Güter sind zwei Faktoren entscheidend: erstens die Qualität, die hier weniger als Haltbarkeit zu verstehen ist, sondern nach der Meinung der Konsumenten vor allem in der Seltenheit der Stoffe und Materialien, ihrer besonderen Herkunft, der Schwierigkeit ihrer Beschaffung und damit in der Höhe des Preises zum Ausdruck kommt; zweitens die Neuheit der Artikel, die am Grad der Übereinstimmung mit der herrschenden Mode gemessen wird[18]. Zur Seltenheit oder Knappheit eines Stoffes muß aber die allgemeine gesellschaftliche Anerkennung als Statusanzeiger hinzukommen. Wesentlich hierfür ist dann das Verhalten der tonangebenden Personen und Gesellschaftsgruppen[19].

Sobald nun aber die bis dahin als Prestigemittler dienenden Kleidungs- oder Schmuckstücke durch Fortschritte des Handels oder der Technik im Überfluß und zu geringen Preisen zur Verfügung stehen und im Wege der Nachahmung allgemein getragen werden, verschwindet das Element des Außergewöhnlichen und damit ihr Prestigewert. Die Geschichte der menschlichen Kleidung bietet zahlreiche Beispiele für Wertverluste dieser Art. Die Ablösung der primitiven Fellkleidung durch Wolle und Leinen und später durch andere Stoffe ist nicht nur durch Zweckmäßigkeitsüberlegungen gefördert worden, sondern darf nicht zuletzt als Ergebnis des geltungsbezogenen Differenzierungsstrebens gewertet werden. Es ist ebenso offensichtlich, daß die Wiedereinführung der Pelzmäntel nach dem ersten Weltkrieg nicht durch einen Klimawechsel verursacht worden ist, sondern dem Einfluß des Prestigestrebens zugeschrieben werden muß[20]. Der „Ausweg in die Exklusivität" der Pelze ist ein Versuch, die Gleichheit der äußeren Erscheinungen als Ergebnis einer Massenproduktion der modernen Konfektionsindustrie zu durchbrechen. Solange durch eine natürliche oder bewußt manipulierte Knappheit die „Hierarchie der Pelze" stabil und der Prestigewert tierischer Felle erhalten bleibt, kann unter der Voraussetzung

---

[18] „Three varieties of economic emulation are the expensiveness of goods, fashion, and what is considered to be good taste." *Kelley*, P. C.: Consumer Economics, Homewood, Ill., 1953, S. 167. Vgl. auch *Veblen*, Th.: The Economic Theory of Women's Dress. in: Essays in our changing order; Ed. by Leon Ardzrooni, New York 1934.

[19] Vgl. *König*, R.: Die Mode . . ., a.a.O., S. 64 f. Ferner *Abbott*, L.: a.a.O., S. 56 f. Vgl. auch *Doob*, L.: Public Opinion and Propaganda, New York 1949. *Holzschuher*, L. v.: a.a.O., S. 348 ff.

[20] Vgl. *Backhaus*, D.: Die Hierarchie der Pelze, in: Frankfurter Allgemeine Zeitung vom 25. 1. 1958.

einer wirtschaftlichen Prosperität mit anhaltender Nachfrage gerechnet werden. Wenn aber durch den Massenabsatz einer bestimmten Pelzsorte diese ihre Funktion als Auszeichnungsmittel verliert, muß damit gerechnet werden, daß der Wunsch nach Hervorhebung und Differenzierung die Nachfrage in eine andere Richtung drängt. Wenn die Bundesrepublik im Jahre 1956 rund 1 649 000 Persianerfelle im Werte von etwa 40 414 000 DM allein aus Südafrika importiert hat[21], dann liegt in der großen Ausweitung des Verbrauchs von Persianerfellen bereits eine Minderung des Prestigewertes und damit des Geltungsnutzens dieser Fellart begründet. Neue Erhebungen, die zeigen, „daß in Deutschland vor Weihnachten 1957 sechsmal mehr Nerz verkauft wurde als in den vergangenen Jahren vor dem Fest"[22], deuten darauf hin, daß viele Verbraucher auf den relativen Funktionsverlust des Persianerfells durch Ausweichung auf Nerzpelze reagieren. Am Beispiel des Konsumentenverhaltens hinsichtlich einer „Hierarchie der Pelze" kann somit schon deutlich gemacht werden, wie sehr die Nachfrage nach einem prestigebringenden Gut von der Exklusivität dieses Gutes bestimmt wird.

Der Einfluß des Geltungsbedarf auf den Verbrauch kommt nicht zuletzt auch in der unterschiedlichen Umsatzentwicklung der Textilwirtschaft und der Pelzwirtschaft im Jahre 1958 zum Ausdruck. Die Umsatzeinbuße der Textilwirtschaft im Jahre 1958 gegenüber dem Vorjahr wird in einem Überblick über die Entwicklung der Umsätze des Textileinzelhandels nach Warenbereichen ersichtlich.

Tabelle 5

Entwicklung der Umsätze des Textileinzelhandels nach Warenbereichen

1954 = 100 Werte preisbereinigt	Monatsdurchschnitte 1957	 1958
Einzelhandel insgesamt	126	130
davon:		
Textilwaren	130	127
Bekleidung, Wäsche, Schuhe	129	127
Oberbekleidung	132	129
Meterwaren	124	123
Wäsche und Bettwaren	134	139
Wirk-, Strick- und Kurzwaren	123	124
Herrenartikel, Hüte, Schirme	127	123
Teppiche und Gardinen	132	137

Quelle: Der Volkswirt, 13. Jg., Nr. 10, Frankfurt a. M., 7. März 1959, S. 417.

Die Umsatzzunahme bei Bettwaren sowie bei Teppichen und Gardinen wird von Marktanalytikern der Textilwirtschaft mit der gestiegenen Nachfrage nach größeren Wohnungen und besseren Wohnungseinrichtungen in

21 Ebenda.

22 Vgl. *Backhaus*, D.: a.a.O., vgl. auch: „Nerze stark gefragt", in: Blick durch die Wirtschaft, 13. 2. 1959.

Verbindung gebracht[23]. Von Bedeutung für unsere Problematik ist auch die Tatsache, daß gerade bei der Oberbekleidung sowie bei Herrenartikeln, Hüten und Schirmen ein relativ starker Umsatzrückgang zu verzeichnen war. Ein Zahlenvergleich der Textilproduktion aller Länder der Europäischen Wirtschaftsgemeinschaft zeigt, daß die Textilproduktion dieser Staaten im Jahre 1958 um durchschnittlich 6 vH unter dem Stand des Vorjahres lag. Der Rückgang gegenüber 1957 betrug im Jahresdurchschnitt 1958 in Belgien 19 vH, in Luxemburg 9 vH, in der Bundesrepublik 6 vH und in Italien, Frankreich und den Niederlanden 3 – 4 vH[24].

Sucht man nach den Gründen und bewirkenden Faktoren des relativen Rückgangs des Anteils des Textilverbrauchs am Gesamtverbrauch, so zeigt sich bald, daß die Textilbaisse weder mit einer Sättigung des Marktes noch mit strukturellen Unebenheiten der Produktionsseite genügend erklärt werden kann. Wie Bergler schon anläßlich der Textilflaute des Jahres 1952 mit Recht hervorhob, müssen vielmehr die neuen Wertungen des Konsumenten, d. h. seine Einschätzung des Geltungsnutzens von Textilien in Betracht gezogen werden[25]. Hier zeigt sich dann – wie später noch im Rahmen unserer Erörterung über den Geltungsnutzen des Konsumvermögens deutlich gemacht werden soll –, daß andere mit einem größeren Prestigewert ausgestattete Güter der Textilwirtschaft einen Teil der Kaufkraft entzogen haben. Dies beweist auch die Sonderkonjunktur der Pelzwirtschaft, die „im Gegensatz zu den Absatz- und Beschäftigungsschwierigkeiten im Bereich der Textil- und Bekleidungswirtschaft im Jahre 1958 ihren Gesamtumsatz nochmals um durchschnittlich 6,5 vH auf nicht ganz 500 Mill. DM steigern" konnte[26].

Der allgemeinen Ausweitung des Umsatzes an Edelpelzen, deren Geltungsnutzen keines besonderen Beweises mehr bedarf, entsprach die Entwicklung der Einfuhr, deren Gesamtwert von 185 Mill. DM im Jahre 1957 auf über 200 Mill. DM im Jahre 1958 stieg. Den größten Teil der Importe mit einem Wert von rd. 83 Mill. DM lieferten die Persianer erzeugenden Länder Südafrika, Südwestafrika, Afghanistan und die Sowjetunion. Überproportional im Vergleich zu den Vorjahren vergrößerte sich die Einfuhr von Nerzen und Seehundfellen aus Skandinavien, die einen Wert von 30 Mill. DM erreichte. Ferner wurden für 18 Mill. DM Mutations- und Wildnerze aus den USA eingeführt sowie verschiedene andere Pelzsorten aus asiatischen Ländern, z. B. hochwertige Lammfelle aus

---

23 Vgl.: „Warum weniger Kleider-Umsatz?", in: Textil-Mitteilungen, 14. Jg., Nr. 30, Düsseldorf 10. 3. 1959, S. 2.

24 Vgl.: Schnelldienst des deutschen Industrieinstituts, Nr. 28, Köln 10. 4. 1959.

25 Vgl. *Bergler*, G.: Ein neuer Käufertyp steht heute vor dem Ladentisch, in: Handelsblatt, Nr. 100, Düsseldorf 29. 8. 1952, S. 3.

26 Vgl.: Sonderkonjunktur der Pelzwirtschaft, in: Handelsblatt, Nr. 48, Düsseldorf 16. 4. 1959.

Indien, Pakistan und China[27]. Aufschlußreich ist vor allem die Tatsache, daß der Zuwachs der Rohwarenimporte gegenüber dem Vorjahr 1957 um 11 vH stieg, während die bereits im Ausland bearbeiteten Pelzwaren eine Zuwachsrate von etwa 20 vH verzeichnen konnten[28].

Dies deutet auf eine verstärkte Neigung des Verbrauchers hin, ausländische Waren, deren Geltungsnutzen höher veranschlagt wird, zu bevorzugen. Eine Bestätigung hierfür bringen auch die Marktberichte über die wachsende Beliebtheit ausländischer Textilien, Lederwaren – hier vor allem Schuhe[29] – und Schmuckwaren[30].

c) Mode und aufwendiger Verbrauch

Neben der Knappheit der Materialien und der Besonderheiten ihrer Herkunft ist die modische Linie der Kleidung von entscheidender Bedeutung für ihren Prestigewert[31]. Der Einfluß der Mode auf den Warenabsatz kann daher im Rahmen unserer Betrachtungen nicht außer Acht gelassen werden.

Nach Simmel liegt das Wesen der Mode in ihrem Abscheidungs- und Nachahmungsmoment. „Sie ist Nachahmung eines gegebenen Musters und genügt damit dem Bedürfnis nach sozialer Anlehnung, sie führt den Einzelnen auf die Bahn, die Alle gehen, sie gibt ein Allgemeines, das das Verhalten jedes Einzelnen zu einem bloßen Beispiel macht. Nicht weniger aber befriedigt sie das Unterschiedsbedürfnis, die Tendenz auf Differenzierung, Abwechslung, Sich-Abheben"[32].

Wie bei allen Formen des aufwendigen Verbrauchs gehört das Zusammenwirken von Differenzierungs- und Imitationsstreben zu den Voraussetzungen der Modeherrschaft. Die Notwendigkeit dieser Kombination für die Wirksamkeit der Mode wird deutlich, wenn man dem Unterschied von

---

27 Vgl.: „Optimistische Pelzverarbeiter", in: Deutsche Zeitung und Wirtschaftszeitung, Nr. 31, Stuttgart 18. 4. 1959.

28 Ebenda.

29 Vgl.: „Umsatzplus im Schuheinzelhandel", in: Frankfurter Allgemeine Zeitung, Nr. 77, 3. 4. 1959. Ferner: „Italienische Schuhe als Export-Schlager", in: Industriekurier, Nr. 90, 12. Jg., 11. 6. 1959: „Der Zuwachs beim Export italienischer Schuhe ist besonders bei Lieferungen nach Deutschland ganz außerordentlich. Sie stiegen von 4935 Paar mit einem Wert von 13,9 Mill. Lire 1951 auf 1,3 Mill. Paar zu 3,8 Mrd. Lire im Jahre 1957."

30 „Unverkennbar ist, daß der Goldschmuck heute in immer breiteren Schichten soziales Prestige vermitteln soll . . . Ein Teil der -Erstmals-Käufer- neigt offenbar dazu, italienischen Goldschmuck vorzuziehen . . ." „Der Goldschmuck hat neue Freunde gewonnen", in: Blick durch die Wirtschaft, 16. 3. 1959.

31 „Somewhat different from the affirmation of the libidinal self is the more vulgar desire for prestige or notoriety, satisfied by changes in fashion. In this category belongs fashion as an outward enblem of personal distinction or of membership in some group to which distinction is ascribed." *Sapir*, E.: Fashion, in: Encyclopaedia of the Social Sciences, Vol. VI, New York 1931, S. 140.

32 *Simmel*, G.: Philosophie der Mode, Berlin 1905, S. 8. Vgl. auch *Nystrom*, P. H.: Economics of Fashion, New York 1928, S. 60.

Tracht, Mode und persönlichem Stil nachgeht. Abgesehen davon, daß eine Tracht im Gegensatz zur Mode über eine lange Periode hinweg konstant bleibt, besteht der Unterschied vor allem darin, daß die Träger und Trägerinnen einer Tracht sich ihrer definitiven Zugehörigkeit zu einer bestimmten sozialen Gruppe oder Schicht bewußt sind und diese stolz zum Ausdruck bringen wollen. Der Wille zur Einordnung dominiert über alle etwaigen Strebungen nach Heraushebung und Differenzierung. In scharfem Kontrast dazu steht die Funktion der modischen Kleidung, die die individuelle Leistungsfähigkeit und Anpassung an den Zeitgeschmack symbolisieren soll. Der Schein einer Zugehörigkeit zu einer sozial oder einkommensmäßig höheren Gesellschaftsschicht wird dabei nicht selten mehr oder weniger absichtlich hervorgerufen, um dadurch an dem Sozialprestige der ranghöheren Gruppe teilnehmen zu können.

Wenn die Mode die Individualität betont, so ist sie aber doch nicht ausschließlich eine Frage des persönlichen Stils. Die Tatsache, daß eine neue Mode in der Regel zunächst als bizarr oder sogar als komisch empfunden wird[33], weist schon darauf hin, daß der persönliche Geschmack des Konsumenten sich grundsätzlich – von seltenen Ausnahmen abgesehen – dem Diktat der Mode beugt[34] und sich nur in der Randzone der kleinen individuellen Verschiedenheiten eine Ausdrucksmöglichkeit erhält[35].

Die Verschiedenheit von persönlichem Stil und Geschmacksgewohnheiten auf der einen Seite und der Unterordnung unter die Herrschaft der Mode auf der anderen wird besonders darin deutlich, daß der persönliche Stil eines Menschen von relativer Dauer ist, während die Mode gerade durch ihren häufigen Wechsel charakterisiert ist. In diesem Unterschied zu einer ausschließlich vom persönlichen Stil bestimmten Lebensweise liegt die nachfragestimulierende Wirkung der Mode. Ohne den Einfluß der Mode werden manche Gebrauchsgegenstände des täglichen Lebens für viele Menschen zu einem Teil ihrer Existenz, mit dem sie sich irgendwie gefühlsmäßig verbunden fühlen[36]. Die Macht der Gewohnheit und die Abneigung, das vielleicht mit Mühe erworbene Gebrauchsgut preiszugeben, unterdrücken den Willen zur Abwechslung. Erst unter dem Zwang des Prestigemomentes der Mode werden die oben geschilderten regressi-

[33] Vgl. *de Man*, H.: a.a.O., S. 73.

[34] Vgl. *Gorer*, G.: Die Amerikaner. Eine völkerpsychologische Studie, Hamburg 1956, S. 133. Vgl. auch *Satter*, H.: Deutschland ohne Feigenblatt. München 1956, S. 113 f.
Aufschlußreiche Hinweise auf die Grundeinstellung männlicher Verbraucher zur Mode enthalten die Ergebnisse einer neueren Meinungsumfrage des Emnid-Institutes. Vgl.: Wie steht der Mann zur Mode, in: Industriekurier, Nr. 133, Düsseldorf, 27. 8. 1959, S. 14.

[35] Vgl. *Gutenberg*, E.: a.a.O., S. 319 f.

[36] Vgl. *Troeltsch*, W.: Volkswirtschaftliche Betrachtungen über die Mode, Marburg 1912, S. 13.

ven Tendenzen außer Kraft gesetzt. Nach Oldenberg „will der Modewechsel denjenigen Konsumenten mit einer gesellschaftlichen Prämie auszeichnen, der dem Gebot konventioneller Ausgaben am willfährigsten und zahlungskräftigsten folgt unter Preisgabe von noch nicht abgenutzten Gebrauchsgütern, die von einer oft blinden Mode außer Kurs gesetzt worden sind. Es ist ein scharfes Kontrollmittel zur öffentlichen Kennzeichnung des Konsumenten, der seinen noch ‚guten' Hut der vorjährigen Saison im zweiten Jahre zu tragen versucht"[37].

Die Mode, die ihren ersten Anhängern die Möglichkeit gesellschaftlicher Auszeichnung verschafft, gehört somit wesentlich in den Bereich des aufwendigen Verbrauchs; sie wird vielfach – wie noch zu zeigen ist – zu einem gern benutzten Instrument der Nachfragestimulierung und Absatzpolitik[38].

§ 5 Der Geltungsnutzen des Konsumvermögens

Die Wunschrichtung des modernen Verbrauchers wird wesentlich durch den Geltungsnutzen hochwertiger Gebrauchsgüter bestimmt. In den Ergebnissen einer Repräsentativ-Erhebung des Emnid-Institutes für Meinungsforschung, die im Mai 1958 durchgeführt wurde, kommt zum Ausdruck, daß 30 vH der befragten Arbeiter, 33 vH der Angestellten und 35 vH der Beamten Eigentum in Form des Konsumvermögens (Privatfahrzeuge, Wohnungseinrichtung, Haushaltsgeräte) zu bilden suchen[39]. Beweggrund für die Eigentumsbildung ist in erster Linie der Wunsch, „sich das Leben angenehmer zu machen". Für 49 vH der Arbeiter, 46 vH der Angestellten, 51 vH der Beamten und 30 vH der Selbständigen standen Motive dieser Art im Vordergrund. Der Wunsch, mehr Ansehen zu erringen, war für 7 vH der Arbeiter, 7 vH der Angestellten, 4 vH der Beamten und 9 vH der Selbständigen das ausschlaggeebende Motiv für die Eigentumsbildung[40]. Hier erscheint die Vermutung gerechtfertigt, daß unter dem Einfluß der psychologisch zu verstehenden Rationalisation[41] das Geltungsmotiv in den Antworten unterbewertet ist.

[37] *Oldenberg*, K.: Die Konsumtion, in: Grundriß der Sozialökonomik, II. Abteilung, I. Teil, Tübingen 1923, S. 203.
Vgl. auch *Heintz*, P.: Sozialer Wandel, in: Soziologie, hrsg. von R. König, Frankfurt 1958, S. 271: „Viel wichtiger ist die Tatsache, daß in gewissen gesellschaftlichen Sektoren der zeitliche Vorsprung in der Teilnahme am Wandel zu einem Prestigefaktor sui generis geworden ist."

[38] Über die Mode als Möglichkeit zur Stimulierung und Ausweitung der Nachfrage, vgl. § 11.

[39] Vgl.: Eigentumsbildung und Wirtschaftspolitik. Eine Spezial-Erhebung, durchgeführt vom Institut für Meinungsforschung der EMNID, Bielefeld, April/Mai 1958, S. 13 ff.

[40] Ebenda, S. 23.

[41] Vgl. *Adorno*, Th. W.: Zum Verhältnis von Soziologie und Psychologie, in: Sociologica, Frankfurter Beiträge zur Soziologie, Bd. 1, Frankfurt 1955, S. 27. Ferner: *Holzschuher*, L. v.: a.a.O., S. 27 ff.

Wahrscheinlich verbindet ein Großteil der Befragten mit dem Wunsch, „sich das Leben angenehmer zu machen" auch das Ziel einer Steigerung der gesellschaftlichen Geltung.

Aus den Ergebnissen dieser Umfrage kann jedenfalls die Beeinflussung des Käuferverhaltens durch den Geltungsnutzen des Konsumvermögens gefolgert werden.

a) Das Statussymbol Auto

Die Wirkung demonstrativer Käufe hochwertiger Gebrauchsgüter auf die Verbrauchsstruktur und die Entwicklung der Konsumgütermärkte kommt deutlich in den Wandlungen des amerikanischen Automobilmarktes zum Vorschein. Während noch Henry Ford, der wie Thorstein Veblen „ein reiner Funktionalist und Verächter alles Äußerlichen und Überflüssigen" war[42], in seinen Automobilen nur das Transportmittel sah und trotz des Widerstandes seines Sohnes Edsel beharrlich auf der schmucklosen Zweckmäßigkeit seiner Wagentypen bestand, ist der Besitz eines modernen Autos heute mehr und mehr zu einem Mittel im Prestigewettbewerb geworden[43]. Für Riesman und andere amerikanische Sozialwissenschaftler ist der „Sieg der Karosseriebauer" der eindruckvollste Beweis für die Tatsache, daß der Autokäufer sich durch den Kauf eines bestimmten Wagentyps einen sozialen Geltungsnutzen erhofft.

„Als es leichter wurde, Wagen herzustellen als sie zu verkaufen, nahm Form und Farbe beim Verkauf eine entscheidende Bedeutung an, mit dem unvermeidlichen Ergebnis, daß die Bestimmung über den Wagen als Ganzes vom Konstrukteur auf die Styling Section überging, wie in Detroit die Abteilung für Formgebung heißt"[44].

Wenn man die beachtlichen Verkaufserfolge europäischer Kleinwagen in den USA als Zeichen einer Rückkehr zur Zweckmäßigkeit gewertet hat, so kann zunächst festgestellt werden, daß viele europäische Kleinwagen als Zweitwagen gekauft werden und der Besitz eines größeren Wagens jeden Zweifel an der finanziellen Leistungsfähigkeit des Kleinwagenkäufers beseitigt[45]. Zudem darf nicht übersehen werden, daß ausländische

---

[42] *Riesman*, D. und *Larrabee*, E.: Die Straßenkreuzer. Menschen und Autos in Amerika, a.a.O., S. 14.

[43] Vgl. *Katona*, G.: Psychological Analysis of Economic Behavior, New York 1951, S. 75. Vgl. auch *Newman*, J. W.: Motivation Research and Marketing Management, Boston 1957; dtsch.: Motivforschung und Absatzlenkung, Frankfurt a. M. 1960, S. 228 ff.

[44] *Riesman*, D. und *Larrabee*, E.: Die Straßenkreuzer. Menschen und Autos in Amerika, a.a.O., S. 15.

[45] Aus einer kürzlich veröffentlichten Marktanalyse der „National Association of Automobile Dealers" über den Absatzmarkt für Kleinwagen in den USA geht darüber hinaus eindeutig hervor, daß die meisten Kleinwagenbesitzer so wohlhabend sind, „daß sie an sich durchaus in der Lage wären, sich einen teureren ‚Amerikaner' zu leisten!" Vgl. *Kneschaurek*, F.: Europäische Kleinwagen setzen sich durch, in: Die Zeit, 31. 7. 1959.

Kleinwagen ein Mittel zur differenzierenden Hervorhebung darstellen und als Symbol des Nonkonformismus dienen können. Da der äußerliche Unterschied zwischen den amerikanischen Wagentypen der verschiedenen Preisklassen in den letzten Jahren immer geringer geworden ist, kommt dem Absatz der europäischen Automobile ihre völlige Andersartigkeit in Form und Größe als differenzierendes Merkmal zugute[46]. Ob auf Grund der Tatsache, daß der Besitz eines modernen Wagens heute für die Mehrheit der amerikanischen Verbraucher eine Selbstverständlichkeit geworden ist, die Funktion des Automobils, als Statussymbol oder Schichtenindikator zu dienen, ganz oder teilweise verloren geht bzw. von anderen Gütern übernommen wird, mag dahingestellt bleiben[47]. Es scheint möglich, daß die Einführung neuer Prestigewerte zum Zweck der gesellschaftlichen Destinktion durch eine gesellschaftliche „Schrittmacher"-Gruppe und die sich anschließende folgsame Nachahmung breiter Käuferschichten den Geltungsnutzen des Automobils in den Vereinigten Staaten verringert haben. Wenn – in der Terminologie von Abbott – das Grundbedürfnis (Basic Want) nach sozialer Auszeichnung nicht mehr in dem erwarteten Maße durch den Erwerb oder Besitz eines modernen Kraftwagens befriedigt werden kann, so mag dies allerdings bedeuten, daß der Konsument versucht, mit anderen Mitteln, z. B. durch den Kauf neuer Güter, seinem Streben nach gesellschaftlicher Geltung Erfüllung zu gewähren[48].

Damit würden möglicherweise finanzielle Mittel, die sonst für den Kauf großer und neuer Wagen beansprucht wurden, für den Erwerb anderer Güter verwandt werden. Die Folge wäre eine teilweise Umlenkung des Kaufkraftstromes von der Automobilbranche weg zu anderen Konsumgütermärkten oder Dienstleistungssektoren. Wenn und in welchem Maß eine solche Umschichtung in der Verbrauchsstruktur stattfinden kann, wird wesentlich davon abhängen, ob andere Güter oder immaterielle Werte die Prestigefunktion des Automobils übernehmen können. Bisher jedenfalls kann die dominierende Stellung, die das Auto im Haushaltplan zahlreicher amerikanischer Familien einnimmt, als Musterbeispiel des aufwendigen Verbrauchs betrachtet werden. Wie entscheidend die Einkommensverwendung durch die Kosten des als Statussymbol dienenden Gutes beeinflußt wird, beweisen die Ergebnisse einer Untersuchung über die Ausgabenstruktur amerikanischer Haushalte in den verschiedenen Gesellschaftsschichten einer mittelgroßen Stadt, die im Rahmen der soziologi-

---

[46] Vgl. *Packard*, V.: a.a.O., S. 72.

[47] Vgl. Das entkleidete Auto, in: Frankfurter Allgemeine Zeitung, 25. 8. 1958.

[48] „Die abgeleiteten Bedürfnisse sind veränderlich, selbst wenn die Grundbedürfnisse konstant bleiben. Ein abgeleitetes Bedürfnis löst sich von einem Produkt und richtet sich auf ein neues, wenn immer jemand glaubt, daß das neue Produkt die Grundbedürfnisse besser befriedigt als das alte." *Abbott*, L.: a.a.O., S. 87.

schen Gemeindeuntersuchung von Warner und Lunt durchgeführt wurde[49]. Die Rangordnung der wichtigsten Ausgaben nach ihrem Anteil am Gesamtbudget des Haushaltes in den verschiedenen Schichten ist in der folgenden Tabelle zahlenmäßig dargestellt; dabei bedeutet 1 die höchste Rangstufe.

Tabelle 6

Rangordnung der wichtigsten Ausgaben nach ihrem Anteil am Gesamtbudget des Familienhaushaltes der verschiedenen Schichten

	Nahrungsmittel	Allg. Haushaltskosten	Miete, bzw. Hauskosten	Auto	Kleidung	Steuern
Obere Oberschicht	2	1	4	7	3	5
Untere Oberschicht	3	1	4	2	5	6
Obere Mittelschicht	1	3	2	5	4	18
Untere Mittelschicht	1	3	2	5	4	18
Obere Unterschicht	1	3	2	6	4	18
Untere Unterschicht	1	3	2	9	4	15

Quelle: *Warner*, W. L. und *Lunt*, P. S.: a.a.O., S. 293.

Die gravierende Wirkung der Ausgaben für Statussymbole auf die Struktur des Familienbudgets wird noch deutlicher in der Tabelle 7, in der die einzelnen Anteile der wichtigsten Ausgabenkategorien am Gesamtausgabevolumen in Prozentzahlen aufgeführt sind.

Tabelle 7

Anteil der wichtigsten Ausgabenkategorien an den Gesamtausgaben
(in vH der Gesamtausgaben)

	Nahrungsmittel	Allg. Haushaltskosten	Miete, bzw. Hauskosten	Auto	Kleidung	Steuern
Obere Oberschicht	11,77	14,87	10,38	6,04	11,25	9,83
Untere Oberschicht	13,64	18,86	12,73	17,19	8,53	5,09
Obere Mittelschicht	24,12	15,41	16,67	8,58	10,09	0,62
Untere Mittelschicht	31,35	13,21	17,31	8,21	9,88	0,28
Obere Unterschicht	37,01	11,07	20,25	2,88	9,00	0,32
Untere Unterschicht	45,42	8,99	20,76	1,25	8,60	0,39

Quelle: *Warner*, W. L. und *Lunt*, P. S.: a.a.O., S. 295.

[49] *Warner*, W. L. und *Lunt*, P. S.: The Social Life of a Modern Community, Vol. I., New Haven 1941, S. 287 ff.

Die in unseren Tabellen nur auszugsweise wiedergegebenen Untersuchungsergebnisse von Warner und Lunt bestätigen die Richtigkeit der Hypothese, daß in verschiedenen Gesellschaftsschichten oder Bevölkerungsgruppen den einzelnen Statussymbolen eine unterschiedliche Bedeutung zukommt[50].

Wenn ein bestimmtes Gut für die Angehörigen einer gesellschaftlichen Gruppe den höchsten Geltungsnutzen bringt und auf diese Weise eine dominierende Stellung als Statussymbol sowie als Mittel im Prestigewettbewerb einnimmt, so ergeben sich hieraus einige wesentliche Anhaltspunkte für das Verhalten der Verbraucher. Zunächst darf vermutet werden, daß die Ausgaben für das betreffende Gut, das für eine bestimmte Zeit und Gesellschaftsschicht als Statussymbol dominiert, einen relativ hohen Teil der Gesamtausgaben des einzelnen Haushalts beanspruchen. Eine Bestätigung hierfür ist das Verhalten der Mitglieder der unteren Oberschichten in der von Warner und Lunt untersuchten Gemeinde. Da der Besitz eines modernen und großen Wagens in dieser Schicht als Leistungs- und Wohlstandsindikator gilt, wird ein hoher Prozentsatz der Gesamteinnahmen für diese Art der Selbstdarstellung und sozialen Repräsentation verwandt.

Dies kann zur Folge haben, daß für andere Ausgabenkategorien entsprechend weniger Mittel zur Verfügung stehen. Die Zahlen der Tabelle 7 zeigen jedenfalls, daß die Position „Kleidung" in den Familienbudgets der unteren Oberschicht im Verhältnis zu den Ausgaben für Automobile bedeutend weniger dotiert ist. Die „Entzugseffekte"[51] der Kosten für das Statussymbol „Auto" werden hier offensichtlich.

Die Beobachtung, daß die Ausgaben für den Kauf und die Unterhaltung von Kraftwagen zu Lasten der Ausgaben für Kleidung oder für andere Güter gehen, war schon einige Jahre früher in der Middletown Untersuchung von Robert und Helen Lynd gemacht worden[52]. Die Richtigkeit dieser Feststellung ist in den letzten Jahren mehrfach durch amerikanische Motivanalysen bestätigt worden[53].

---

[50] Vgl. die Ausführungen über die gruppenspezifische Natur des aufwendigen Verbrauchs im § 3 dieser Arbeit.

[51] Wir entlehnen den Ausdruck „Entzugseffekte" der modernen Steuerlehre. Vgl. *Schmölders*, G.: Allgemeine Steuerlehre, 3. Aufl., Berlin 1958, S. 157 ff.

[52] Vgl. *Lynd*, R. S. und *Lynd*, H. M.: Middletown, London 1929, S. 255 ff.

[53] „Whether they know or not, almost all retailers and manufacturers selling the consumer are competing with this American passion for dazzling new cars." *Martineau*, P. D.: A Case Study: What Automobils mean to Americans, in: Motivation and Market Behavior, Homewood, Ill. 1958, S. 37.

b) Die sozialökonomische Bedeutung der Wohnstätte und Wohnungseinrichtung

Die Wirkungen der statusrelevanten Ausgaben auf die Struktur der Familienbudgets bestimmter Gesellschaftsgruppen lassen sich auch in den Ergebnissen der deutschen Reichsenquete über die Lebenshaltung von Arbeiter- und Beamtenfamilien sichtbar machen[54]. Die Bedeutung, die früher der Wohnung und Wohnungseinrichtung als Statusindikator der Beamten zukam, kommt in dem prozentualen Anteil der Wohnungskosten an den Gesamtausgaben der Beamten zum Ausdruck:

Tabelle 8

Anteil der Gesamtausgaben bei Arbeitern (A) und Beamten (B)
(in vH)

Gesamtausgabe	Nahrung	Wohnung	Heizung	Kleidung	Sonstiges
unter 2000 M	(A) 53,0	(A) 17,4	(A) 4,5	(A) 10,4	(A) 14,7
	(B) 43,1	(B) 18,8	(B) 6,7	(B) 13,9	(B) 17,5
2000 – 3000 M	(A) 50,3	(A) 16,7	(A) 3,8	(A) 12,2	(A) 17,0
	(B) 39,2	(B) 19,3	(B) 4,2	(B) 14,7	(B) 22,6
über 3000 M	(A) 53,4	(A) 13,9	(A) 4,1	(A) 14,1	(A) 14,5
	(B) 35,0	(B) 19,1	(B) 3,5	(B) 14,4	(B) 28,0

Quelle: *Oldenberg*, K.: Die Konsumtion, a.a.O., S. 229.

Verschiedene Anzeichen deuten darauf hin, daß dem Sozialprestige der Wohnstätte in Zukunft ein steigender Einfluß auf die Verbrauchsstruktur immer größerer Konsumentenkreise zugemessen werden muß[55]; mit Recht haben Marschak und andere Konsumforscher darauf aufmerksam gemacht, daß der Geltungsbereich des Schwabe'schen Gesetzes durch den Einfluß des aufwendigen Verbrauchs eine Einschränkung erfährt[56].

Die soziale Bedeutung einer Wohnstätte kommt zunächst in der Wohnlage zum Ausdruck. Amerikanische Soziologen haben festgestellt, daß ein sozialer Aufstieg in der Regel einen Umzug in eine andere, der neuen sozialen Stellung besser entsprechenden Wohngegend zur Folge hat[57].

Die Ergebnisse einer Untersuchung über die Wiener Wohnverhältnisse zeigen, daß die Wiener im Unterschied zur Bevölkerung anderer Großstädte, bei denen eine Wohnung am Rande der Großstadt höher im Ansehen steht, am liebsten in den Innenbezirken wohnen; die Motive für diese Einstellung und entsprechenden Verhaltensweisen sind nach An-

[54] Vgl. *Oldenberg*, K.: a.a.O., S. 229 ff. Vgl. auch *Marschak*, J.: a.a.O., S. 298.

[55] „Most conspicuous will be an insistent, apparently insatiable demand for larger and finer living quarters not only by the wealthy but among all income groups. Since housing will once more be the chief medium for expressing desires for social approval and prominence, we may infer that the amount of tasteless extravagance and wastage in this field will be astounding." *Lough*, W. H.: a.a.O., S. 205 f.

[56] Vgl. *Marschak*, J.: a.a.O., S. 298.

[57] Vgl. *Riesman*, D. und *Roseborough*, H.: Careers and Consumer Behavior, in: Consumer Behavior, Vol. II New York 1955, S. 8.

sicht der österreichischen Gemeindeforscher vorwiegend darin zu sehen, daß der Prestigewert einer Wohnung in der Wiener Innenstadt am höchsten eingeschätzt wird[58].

Der Prestigewert eines Wohnviertels, der in enger Wechselbeziehung zur sozialen Stellung der Wohnbevölkerung steht, wird ökonomisch sichtbar und wirksam in der Höhe der Bodenpreise und Mieten[59]. Die Bereitschaft des Wohnraumnachfragers, höhere Preise für den Erwerb von Bauland oder höhere Mieten zu zahlen, kann – soweit sie überwiegend von Vorstellungen des Sozialprestiges und des Strebens nach gesellschaftlicher Anerkennung getragen wird – somit als eine Verhaltensweise des aufwendigen Verbrauchs angesehen werden[60].

Neben der Wohnlage ist vor allem die Bauart und Größe der Wohnstätte sowie die Einrichtung und umgebende Gartenanlage bedeutsam für den Geltungsnutzen einer Wohnung. In diesem Zusammenhang bedarf auch die Tatsache einer Erwähnung, daß der Bau oder Erwerb eines eigenen Hauses in nicht unerheblichem Maß direkt oder indirekt durch Prestigevorstellungen gefördert wird. Der Erwerb von Eigentum ist für viele deutsche Verbraucher gedanklich aufs engste mit dem Haus- und Grundbesitz verbunden[61]. Es ist allgemein bekannt, daß außer den Motiven einer angenehmen Lebensweise und der Zukunftssicherung nicht zuletzt auch der Prestigewert und Geltungsnutzen eines eigenen Hauses von ausschlaggebender Bedeutung für den außerordentlichen Aufschwung der Bausparkassen in der Bundesrepublik geworden ist. Wenn nach den Berichten der deutschen Bausparkassen Ende 1958 mehr als 2,5 Millionen Bausparverträge über eine Bausparsumme von rd. 37,5 Mrd. DM liefern[62], so sind sicherlich nicht nur Steuersparmotive für diesen Erfolg der Eigentumsbildung maßgebend gewesen; u. E. kommt vielmehr der Möglichkeit der „Sichtbarmachung" des Eigentums eine entscheidende Antriebskraft zu[63].

---

[58] Vgl. *Krall*, G.; *Resenmayr*, L.; *Schimka*, A. und *Strotzka*, H.: . . . wohnen in Wien, in: Der Aufbau, Wien 1956, zitiert nach *König*, R.: Grundformen der Gesellschaft: Die Gemeinde, Hamburg 1958, S. 85.

[59] Der Verf. hatte 1952 Gelegenheit, die Änderung in der Einstellung zu Negern bei im Grunde ganz negerfreundlichen und toleranten Bewohnern eines Vorortes von Chicago zu beobachten, die ausschließlich darauf zurückzuführen war, daß seit dem Einzug von Negern in den Wohnbezirk die Grundstücks- und Häuserpreise eine sinkende Tendenz zu verzeichnen hatten.

[60] Eine indirekte Bestätigung dieser These bietet die Tatsache, daß findige amerikanische Grundstücksmakler Grundstücke in neu zu erschließenden Gebieten an Prominente verschenken oder zu sehr günstigen Preisen verkaufen, um damit das neue Wohngebiet mit Prestige auszustatten und beim Verkauf der anderen Grundstücke entsprechend höhere Preise erzielen zu können.

[61] Dies trifft – wie eine Umfrage des Emnid-Institutes über „Eigentumsbildung und Wirtschaftspolitik" im April 1958 ermittelte – besonders für die Gruppe der Beamten und Angestellten zu. Vgl.: Wirtschaftspolitische Meinungsbildung. Ein Kommentar zu dem Bericht „Eigentumsbildung und Wirtschaftspolitik" des EMNID-Instituts, Bielefeld, 1958, S. V.

[62] Vgl. *Hölzer*, H.: Bausparmilliarden, in: Der Volkswirt, 13. Jg., Nr. 19, Frankfurt a. M. 9. 5. 1959, S. 859.

Wesentlich von Prestigegedanken her beeinflußt ist auch die Anschaffung einer modernen oder durch einen besonderen Stil geprägten Wohnungseinrichtung. So hat die moderne Kücheneinrichtung nicht nur die Aufgabe, der Hausfrau eine bequeme und rationalisierte Hausarbeit zu ermöglichen; sie dient nicht zuletzt als Beweismittel für die Fortschrittlichkeit und Finanzkraft der Familie. Rüstow erwähnt das Beispiel eines Dorfes, in dem eine Welle von Kühlschrankkäufen hauptsächlich aus dem konkurrierenden Prestigestreben der Bewohner erklärt werden konnte, da eine Notwendigkeit zum Kauf, die sich aus der eigentlichen Funktion des Kühlschrankes, der Speisekonservierung, ergeben hätte, in diesem speziellen Fall nicht bestand[64].

Angesichts der gruppenspezifischen Struktur des aufwendigen Verbrauchs, für die sowohl die Ergebnisse der amerikanischen Gemeindeuntersuchungen als auch einige Angaben der älteren deutschen Verbrauchsstatistik sprechen, erhebt sich nun die Frage, inwieweit den Ausgaben für einzelne Gegenstände des Konsumvermögens in verschiedenen Gesellschaftsgruppen eine unterschiedliche Bedeutung zukommt. Einen Beitrag zu diesem Problem liefern die Ergebnisse der Verbrauchsuntersuchungen des Landes Nordrhein-Westfalen, die mit Hilfe der Haushaltsbuchführung in rd. 70 – 80 Arbeitnehmerhaushalten mit einem mittleren Einkommen und in gleicher Weise in 41 Familien einer gehobenen Verbraucherschicht durchgeführt werden. Bei den in der folgenden Tabelle 9 zusammengestellten durchschnittlichen monatlichen Ausgaben für Hausrat fällt auf, daß die Kosten für die Anschaffung von Fernsehgeräten in beiden Gruppen in etwa gleich hoch sind.

Tabelle 9

Durchschnittliche monatliche Ausgaben für Hausrat in Arbeitnehmerhaushalten einer gehobenen[a)] und einer mittleren[b)] Verbrauchergruppe in Nordrhein-Westfalen 1958/59

Ausgaben	Gehobene Verbrauchergruppe DM	Mittlere Verbrauchergruppe DM
Hausrat insgesamt	89,52	66,30
darunter:		
Möbel	20,35	21,53
Musiktruhen, Plattenspieler, Rundfunkgeräte	3,75	0,89
Fernsehgeräte	7,94	7,52
Gardinen, Teppiche	12,55	5,88
Elektrische Geräte	7,73	4,90

Quelle: Statistische Rundschau für das Land Nordrhein-Westfalen, 12. Jg., H. 3, Düsseldorf 1960, S. 60.
a) 4-Personen-Haushalte von Angestellten und Beamten der gewerblichen Wirtschaft bzw. des Öffentlichen Dienstes mit gehobenem Einkommen.
b) 4-Personen-Haushalte von Arbeitern und Angestellten der gewerblichen Wirtschaft bzw. des Öffentlichen Dienstes mit mittlerem Einkommen.

[63] Vgl. hierzu auch *Schmölders*, G.: Wie man die Menschen zum Sparen bringt . . ., in: Die Zeit, Nr. 22, 30. 5. 1957, S. 11.

Erhebliche Unterschiede sind dagegen bei den Beträgen festzustellen, die für die Anschaffung von Musiktruhen und Rundfunkgeräten ausgegeben wurden. Erklären sich die höheren Ausgaben der gehobenen Verbraucherschicht für elektrotechnische Geräte (Waschmaschinen, Staubsauger, Küchenmaschinen) in erster Linie durch die Verteuerung der häuslichen Dienstleistungen, so ist aber der Prestigewert einer modernen Küchenausstattung als zusätzlicher Anreiz für Anschaffungen dieser Art in Rechnung zu stellen. Die für viele Formen des aufwendigen Verbrauchs so charakteristische Verbindung von zweckrationalen und prestigeorientierten Kaufmotiven ist besonders häufig in Verbrauchergruppen mit gehobener Lebenshaltung anzutreffen, da Mitglieder dieser Gesellschaftsschicht als „Schrittmacher" einer rationellen Haushaltsführung und bequemen Lebensweise ihr gesellschaftliches Prestige vermehren können, zugleich aber die Möglichkeit haben, die Anschaffung teurer technischer Gebrauchsgüter rational, z. B. mit dem Hinweis auf Arbeitserleichterung und Zeitersparnis, zu begründen und somit der Gefahr entgehen, von anderen Gruppenmitgliedern als „geltungssüchtig" angesehen und „abgetan" zu werden.

Aufschlußreich ist auch die Tatsache, daß die Aufwendungen der höheren Angestellten und Beamten für Gardinen und Teppiche mehr als doppelt so hoch sind wie die durchschnittlichen Ausgaben einer mittleren Verbrauchergruppe für Güter dieser Art. Mit einigen Einschränkungen im Hinblick auf den Zwecknutzen einer modernen Wohnung geben auch diese empirischen Ergebnisse Hinweise auf den relativ hohen Geltungsnutzen einer schönen und kostbaren Wohnungseinrichtung für die Angehörigen oberer Bevölkerungsgruppen. Demgegenüber deuten die Zahlen der Verbrauchsstatistik darauf hin, daß die mittleren Verbrauchergruppen eine andere Wertskala im Prestigewettbewerb besitzen.

Weitere Anhaltspunkte für die Verschiedenheit des Geltungsnutzens hochwertiger Gebrauchsgegenstände in den verschiedenen Bevölkerungs- und Berufsgruppen in der Bundesrepublik lassen sich aus den Ergebnissen einer Repräsentativ-Erhebung des DIVO-Instituts vom April 1958 gewinnen. Wenngleich die Verteilung der genannten Güter sicherlich nicht ausschließlich auf ihren unterschiedlichen Geltungsnutzen innerhalb der verschiedenen Gruppen zurückgeführt werden kann, so verdienen die beachtlichen Unterschiede aber auch im Rahmen unseres Themas volle Aufmerksamkeit.

---

[64] Vgl. *Rüstow*, A.: Vitalpolitik gegen Vermassung, in: Masse und Demokratie, hrsg. von A. Hunold, Zürich und Stuttgart 1957, S. 234. Über den Zusammenhang von Prestigekonsum und „Bandwagon-Effekt", vgl. § 7 dieser Arbeit.

Tabelle 10

Besitz von Fahrzeugen, Fernseh-, Rundfunk- und Musikgeräten in verschiedenen Berufsgruppen

(in vH)

Berufsgruppe (Beruf d. Haushaltsvorstandes)	Zahl der Haushalte in Mill.	PKW	Motorrad	Musiktruhe	Fernsehapparat	Klavier
	insg. 17,58					
Freie und Selbständ. Berufe	2,16	44	9	20	20	13
Selbständ. Landwirte	1,10	15	19	6	2	5
Angestellte	2,77	16	4	16	13	12
Beamte	1,15	6	6	13	12	13
Facharbeiter	3,78	5	12	15	12	2
Sonst.Arbeiter	2,92	5	10	12	9	1
Rentner	3,45	3	3	6	7	4
Ohne Beruf, Arbeitslose	0,25	–	–	–	–	–

Quelle: DIVO Repräsentativ-Erhebung (DIVO, Repräsentativ-Erhebung, Bundesgebiet mit Berlin, Bevölkerung von 16-79, Random Sample, 1934 Fälle, April 1958, Entnommen aus: Der westdeutsche Markt in Zahlen, a.a.O., S. 112 und 114).

Die Bedeutung, die dem Klavier als Statusindikator – zumindest in früheren Jahrzehnten – bei den mittelständischen Gruppen der Beamten, der Angestellten und Selbständigen zukam, läßt sich noch heute aus der relativ großen Zahl von Klavierbesitzern in diesen Bevölkerungskreisen ermessen. Demgegenüber läßt die relative Häufigkeit des Besitzes von Musiktruhen und Fernsehapparaten bei den Arbeitern die Vermutung gerechtfertigt erscheinen, daß der Kauf dieser Güter nicht zuletzt von Prestigevorstellungen beeinflußt wird. Dies gilt aber auch – wie die demoskopische Umfrage des Service-Instituts gezeigt hat[65] – fast gleichermaßen für alle anderen Bevölkerungsgruppen; insofern ist H. Cron zuzustimmen, der die Prestigefunktion des Klavierbesitzes durch die des Besitzes von Fernsehgeräten und Musiktruhen abgelöst sieht[66]. Eine Bestätigung hierfür bringen die Markt- und Absatzberichte der Rundfunk- und Fernsehwirtschaft, aus denen gefolgert werden kann, daß gerade der Trend zur teuren Musiktruhe zu einem großen Teil auf den Geltungsnutzen, der mit dem Erwerb und Besitz verbunden wird, zurückgeführt werden kann[67].

[65] Vgl. § 4.

[66] „Teure Fernsehempfänger werden oft aus demselben Grund angeschafft: wie vor 50 Jahren ein Klavier als bürgerliches Möbel einfach ‚dazugehörte', so ist heute der Besitz eines Fernsehapparates die Legitimation ‚jemand zu sein'." *Cron*, H.: a.a.O., S. 116.

Vgl. auch: „Die Antenne auf dem Dach hebt das Prestige", in: Deutsche Zeitung mit Wirtschaftszeitung, Köln, Nr. 128, 2. 6. 1960.

[67] „Der auf der Rundfunkausstellung vollends bestätigte Zug zur Musiktruhe eröffnet vielmehr einen ganz neuen Markt. Die Nachfrage nach diesen in ihrem Äußeren zum großen Teil dem modernen Wohnstil angepaßten Geräten mag in beachtlichem Umfange in dem Wunsch breiter Kreise wurzeln, den Anschluß an das soziale Prestige zu halten." „Aussichten auf eine Fernsehwelle", in: Deutsche Zeitung und Wirtschaftszeitung, Nr. 65, 14. 8. 1957, S. 5.

In einer Untersuchung über die Produktions- und Absatzentwicklung in der amerikanischen Fernsehindustrie nennt Oxenfeldt ebenfalls als Hauptmotiv für die rasche und kumulierende Ausweitung des Besitzes von Fernsehgeräten das Verlangen nach sozialer Auszeichnung einer Schrittmachergruppe, bzw. das sich aus dem Druck der Prestigekonkurrenz ergebende Erfordernis für die übrigen Konsumenten, „Schritt zu halten" und ihre eigene Leistungsfähigkeit durch den Kauf eines Fernsehgerätes unter Beweis zu stellen[68]. Bezeichnend ist auch die deutsche Beobachtung, daß die Mehrzahl der Käufer von teuren Rundfunk-, Phono- und Fernsehgeräten wesentlich mehr Gewicht auf die äußere Aufmachung als auf die technische Leistungsfähigkeit der Geräte legte[69]. Die Überbewertung des Geltungsnutzens gegenüber dem Zwecknutzen kommt somit auch hierin zum Ausdruck.

Die Bereitschaft, hohe Preise für das mit Prestige verbundene technische Gerät zu zahlen, ist nicht nur in den höheren Einkommensgruppen zu finden, sondern gerade auch bei den Bevölkerungsgruppen, für die die Aufbringung des Kaufpreises bzw. der Teilzahlungsraten, eine erhebliche finanzielle Belastung bedeutet und nicht selten zu einer starken Einschränkung der Ausgabenkategorien des sogenannten lebensnotwendigen Bedarfs führen muß[70]. Verhaltensweisen dieser Art sind nicht erst in den letzten Jahren beobachtet worden; Berichte aus der Zeit vor dem zweiten Weltkrieg veranschaulichen die Tatsache, daß der aufwendige Verbrauch von teuren Radiogeräten schon damals weit verbreitet war. So heißt es in einem Bericht der Zeitschrift „Markt und Verbrauch" (Jahrgang 1939, Heft 3, S. 131): „In einfachen Kreisen sind oft große, wertvolle Apparate anzutreffen. . . . Uns scheint, daß gerade bei Radiogeräten überraschend oft Käufe getätigt werden, die überhaupt nicht den jeweiligen Einkommensverhältnissen entsprechen"[71].

Unsere Ausführungen über den Geltungsnutzen des Konsumvermögens haben zu zeigen versucht, daß der Kauf hochwertiger Gebrauchsgüter für die Angehörigen verschiedener Gruppen der modernen Gesellschaft nicht

---

[68] „To judge from the case of TV alone, there may be a fairly orderly time sequence in which consumers (Classified by their relative impatience) buy a new product. Some were so situated that they gained a vast amount of substantive benefit from ownership of TV; others were motivated primarily by a desire to gain social status and attract attention by being an early owner of ‚the latest thing'; still others felt compelled to emulate the first members of their social group to own TV;" *Oxenfeldt*, A.: A Dynamic Element in Consumption: The TV Industry, in: Consumer Behavior, Ed. by L. H. Clark, New York 1958, S. 440.

[69] Vgl. *Klemp*, H.: Die Käufermentalität als Element der Wirtschaftsstruktur, dargestellt am Strukturwandel der Radionachfrage. Unveröffentlichte Dissertation, Köln 1956, S. 54 ff.

[70] Vgl. *Klemp*, H.: a.a.O., S. 55 ff.

[71] Zitiert nach *Vershofen*, W.: Handbuch der Verbrauchsforschung, 1. Bd., Grundlegung, 1. Aufl., Berlin 1940, S. 90 f.

zuletzt auch durch das Streben nach gesellschaftlicher Geltung und Auszeichnung motiviert sein kann. Die Tendenz der Verbraucher, für solche Güter, die als Statusindikator angesehen werden, einen in Hinblick auf andere Ausgabenkategorien überproportionalen Betrag aufzuwenden, kann zwar nicht mit absoluter Sicherheit bewiesen werden, jedoch sprechen sehr viele Anzeichen und Erfahrungen der Marktforscher und Soziologen für diese Annahme. Ob und in welchem Maß ein bestimmter Gegenstand des Konsumvermögens für den Konsumenten mit Prestigewert ausgestattet ist, ergibt sich vor allem aus den Reaktionen anderer Gruppenmitglieder. Der Geltungsnutzen hochwertiger Güter ist also eine variable Größe, deren Veränderung in verschiedenen Gesellschaftsgruppen und zu verschiedenen Zeiten von großem und in der Regel nicht vorhersehbarem Einfluß auf das Käuferverhalten ist. Wenngleich der Geltungsnutzen somit rechnerisch nicht genau zu ermitteln ist, so kann sein großer Einfluß in den einzelnen Konsumentengruppen aber sehr wohl nachgewiesen werden. Als Ergänzung zu unseren vorstehenden Angaben sollen hier abschließend noch einige Ergebnisse einer neueren Untersuchung gebracht werden, die von der soziologischen Abteilung des Instituts für Mittelstandsforschung in Zusammenarbeit mit der DIVO G.m.b.H., Frankfurt a. M., durchgeführt wurde und die interessante Aufschlüsse auf die unterschiedliche Bewertung einiger Güter zu geben vermögen.

Tabelle 11

Ausstattung der Haushalte mit langlebigen Gebrauchsgütern

Gebrauchsgüter	Ranggruppe a) Facharbeiter	Handwerker	mittl. Angestellte und Beamte
Staubsauger	59 (68)	71 (84)	86 (88)
Motorrad	19 (16)	13 (9)	8 (6)
Kühlschrank	21 (29)	39 (48)	59 (62)
Auto	8 (17)	45 (55)	31 (32)
Elektr. Mixer	10 (11)	21 (34)	27 (25)

Quelle: *Daheim*, H.: Die Vorstellungen vom Mittelstand, in: Kölner Zeitschrift für Soziologie und Sozialpsychologie, 12. Jg., Heft 2, Köln und Opladen 1960, S. 276,

a) Die Zahlen in den Klammern beziehen sich auf die Befragten der einzelnen Ranggruppen, die sich zur gesellschaftlichen Mitte (Einordnungskategorien: „Mittelschicht", „Mittelstand", „Bürger") rechnen.

Aus der Untersuchung von H. Daheim geht hervor, daß der Besitz eines Motorrades bei den Facharbeitern, Handwerkern, mittleren Angestellten und Beamten, die sich selbst zum Mittelstand zählen, weniger verbreitet ist als bei denen, die diese Selbsteinschätzung nicht geben. Umgekehrt ist der Besitz von Staubsaugern, Kühlschränken, elektrischen Küchenmaschinen und Automobilen in den „subjektiv-mittelständischen" Teilgruppen der genannten Berufe häufiger. Diese unterschiedliche Besitzverteilung läßt Schlüsse auf den verschieden hohen Geltungsnutzen einzelner Güter zu, da die Ausrichtung des Konsums nicht zuletzt von den Vorstellungen abhängt, die der einzelne Verbraucher über seine Gruppe und deren Wertmaßstäbe hat; die vielfache Beobachtung; daß in einigen Arbeitergruppen das Motorrad als Symbol des sozialökonomischen Status gewertet wird bzw. gewertet wurde, wird durch die Angaben der Tabelle 11 etwas differenziert: die unterschiedliche Besitzverteilung deutet darauf hin, daß für diejenigen Facharbeiter und Handwerker, die sich ihrer Zugehörigkeit zur „gesellschaftlichen Mitte" bewußt sind, „bürgerliche" Maßstäbe der persönlichen Lebenshaltung vorrangig sind. Die Hypothese, daß der Geltungsnutzen der Güter für den einzelnen Konsumenten von den Wertvorstellungen der Gruppe bestimmt wird, der er angehört, bzw. als dessen Angehöriger er sich fühlt, wird hierdurch in ihrem Wahrheitsgehalt bekräftigt.

c) Schmuck und Kunstgegenstände als Mittel sozialer Auszeichnung

Unsere Erörterung über den Geltungsnutzen des Konsumvermögens, die an Hand einiger Beispiele den Einfluß des Geltungsbedarfs auf die Verbrauchsstruktur empirisch nachzuweisen sucht, soll hier mit einem Blick auf den geltungsbedingten Verbrauch und Kauf von Schmuck, kunsthandwerklichen und künstlerischen Gegenständen abgerundet werden.

Die Funktion des Schmucks als Auszeichnungsmittel im Dienst des menschlichen Geltungsstrebens ist von Soziologen, Ethnologen und Nationalökonomen in zahlreichen wissenschaftlichen Abhandlungen und Forschungsberichten beschrieben worden[72]. „Der Schmuck ist ein Mittel der Hervorhebung der Persönlichkeit überhaupt, nicht nur in Bezug auf Stellung und Wettbewerb der Geschlechter oder Erlangung magischer Kräfte. Er dient der Kennzeichnung der Zugehörigkeit zu einem Stand, einer Klasse, Kaste oder der Sonderstellung des einzelnen"[73].

Die Eignung von Schmuckgegenständen zur differenzierten Heraushebung der eigenen Person läßt die Vermutung gerechtfertigt erscheinen, daß der Absatz der Schmuckwarenindustrie durch die zunehmende Bedeutung geltungsbedingter Kaufmotive[74] gefördert wird.

Überprüft man diese spekulative Überlegung an den Gegebenheiten der konkreten Absatzentwicklung, so stellt sich heraus, daß die gute Beschäftigungslage der deutschen Schmuck- und Silberwarenindustrie von Sach-

---

[72] Vgl. hierzu die Literaturangaben bei W. *Gerloff*: Die Entstehung des Geldes und die Anfänge des Geldwesens, 3. Aufl., Frankfurt 1947. Ferner derselbe: Geld und Gesellschaft, Frankfurt 1952.

[73] *Gerloff*, W.: Die Entstehung des Geldes und die Anfänge des Geldwesens, a.a.O., S. 149.

[74] Vgl. *Suhr*, W.: Käufe aus Geltungsdrang, in: Der Markenartikel, 20. Jg., Heft 12, Dezember 1958, S. 897 ff.

kennern darauf zurückgeführt wird, daß der Verbraucher den Geltungsnutzen der Schmuckstücke wieder hoch einschätzt[75].

Zu den Faktoren, von denen die subjektive Größe des Geltungsnutzens abhängt, gehören neben dem in den Preisen zum Ausdruck kommenden Wert der Materialien auch die Beachtung der herrschenden Mode sowie die Nutzung der Möglichkeiten, durch Auswahl der Wertgegenstände und die individuelle Art der „Sichtbarmachung" den guten Geschmack eventuell in Verbindung mit Phantasie und einer Vorausahnung des kommenden Modetrends zu beweisen. Der Eigenschaft eines Gutes, als Beweismittel für guten Geschmack und andere individuelle Persönlichkeitswerte zu gelten, muß im Rahmen des aufwendigen Verbrauchs vor allem in höheren Gesellschaftsgruppen besondere Beachtung zukommen. Unter diesem Aspekt erhält die große Nachfrage nach kunstgewerblichen Arbeiten, Kunstwerken und bibliophilen Kostbarkeiten einen besonderen Akzent. Zwar soll nicht verkannt werden, daß speziell der „Boom" auf dem Kunstmarkt kräftige Impulse durch Motive einer „Anlagenspekulation" erhält[76]; daneben werden sicherlich zahlreiche Käufe aus echter Sammlerleidenschaft getätigt[77]. Dennoch lassen die Verhaltensweisen arrivierter Käufer bei ihrer Jagd nach Kunstwerken und bibliophilen Kostbarkeiten auf den Einfluß des menschlichen Geltungs- und Prestigestrebens schließen; vor allem die Vorliebe der Amerikaner für europäische Kunstwerke, antike Bildwerke und Münzen, französische und englische Möbel des 18. Jahrhunderts und deutsches Porzellan der alten Meißner und Nymphenburger Manufaktur dürfte nicht zuletzt darauf zurückzuführen sein, daß der Besitz dieser Gegenstände in den Vereinigten Staaten mit einem hohen Geltungsnutzen verbunden ist[78].

---

[75] Dies geht z. B. auch aus dem Jahresbericht der Fachvereinigung Edelmetalle für das Jahr 1958 hervor.

Vgl.: Man zeigt wieder mehr echten Schmuck, in: Handelsblatt, Nr. 76, Düsseldorf, 29. 5. 1959: „Die Schmuck- und Silberwarenindustrie als Hauptabnehmer war gut beschäftigt, da Schmuck in immer weiteren Kreisen zur Ausdrucksform des sozialen Prestiges geworden ist."

[76] Vgl.: Der Kunstmarkt: Tendenzen der Preisentwicklung, in: Industriekurier, Nr. 9, 20. 1. 1959, S. 5.

[77] Vgl. *May*, H.: Anhaltende Hochkonjunktur auf dem Kunstmarkt, in: Industriekurier, Nr. 76, 20. 5. 1959, S. 11. Vgl. auch *Eick*, J.: Die Sammellust als Kaufanreiz, in: Frankfurter Allgemeine Zeitung, Nr. 187, 15. 8. 1959.

[78] Im Zusammenhang mit einer Erörterung dieser Erscheinung zitiert die amerikanische Zeitschrift „Business Week" den bezeichnenden Ausspruch eines Millionärs aus St. Louis: „Having a Renoir or a Picasso in your living room today is more important than owning two Cadillacs." Business Week, 15. 11. 1958, S. 64.

Aufschlußreiche Einblicke in die Geschäftsmethoden des amerikanischen Kunsthandels, der sich das Prestigestreben seiner reichen Kunden nutzbar zu machen verstand, bietet die Darstellung von S. N. Behrmann: Duveen und die Millionäre. Zur Soziologie des Kunsthandels in Amerika, Hamburg 1960; vor allem das III. Kapitel: Unsterblichkeit durch Kunstbesitz. Vgl. auch *May*, H.: Im Dschungel des Kunsthandels. Riesengeschäfte mit Snobismus und geschicktem Management, in: Industriekurier, Düsseldorf, 27. 2. 1960.

Was für die oberen amerikanischen Einkommensgruppen auf dem Gebiet demonstrativer Käufe von teuren Kunstwerken gilt, findet eine Parallele in dem gerade in jüngster Zeit zu beobachtenden Trend zum „schönen Gebrauchsgegenstand" bei den oberen Mittelschichten in Deutschland[79].

Das geltungsbedingte Differenzierungsstreben und Auszeichnungsbedürfnis findet im Kauf und in der Aufstellung kunstgewerblicher Gegenstände im eigenen Heim zahllose und variantenreiche Ausdrucksmöglichkeiten. Dem Streben nach dem Besonderen entspricht die Nachfrage nach schönem Porzellan, handgewebten Teppichen und Stilmöbeln[80].

In besonderer Weise fördert der Wunsch nach Originalität den Import von chinesischen und indischen Handwerksarbeiten[81]. In diesem Zusammenhang muß aber erneut auf die „Relativität des Geltungsnutzens" hingewiesen werden. Die Kaufneigung der geltungssuchenden Verbraucher und damit die Nachfrage nach bestimmten Gütern unterliegen dem sogenannten Zeitgeschmack und sind damit erheblichen Schwankungen ausgesetzt. Ein bestimmtes Gut, das die Eigenschaft, Aufsehen zu erregen und dem Besitzer Prestige zu vermitteln, verloren hat, kann sehr schnell alle Absatzchancen verlieren. Insofern entsprechen die Risiken des Verkäufers von Gütern mit hohem Geltungsnutzen genau den Problemen aller modisch bedingten Verkäufe.

Generell kann aber jedenfalls festgestellt werden, daß die Absatzentwicklung der Schmuckwarenindustrie, des Kunstgewerbes und des Kunsthandels maßgeblich durch die Verhaltensweisen des demonstrativen Konsums beeinflußt ist und daß im Geltungsnutzen dieser Güter zukünftige Absatzchancen erblickt werden können.

§ 6 Demonstrativer Konsum und Freizeitgestaltung

a) Verlagerung des personhaften Verhaltens in die Freizeit

Die Bedeutung der arbeitsfreien Zeit für die Wirkungsarten des aufwendigen Verbrauchs, der Veblen bereits ein eigenes Kapitel seiner „Theorie der feinen Leute" gewidmet hat[82], nimmt durch die Erweiterung der Freizeitsphäre für die Mehrzahl der Angehörigen unserer modernen Gesellschaft sichtbar zu. Die dynamische Arbeitszeit-Freizeit-Relation, die in der sukzessiven Verkürzung der beruflichen Arbeitszeit zum Ausdruck kommt und die den Begriff der „Freizeitgesellschaft" entstehen ließ, ermöglicht es dem einzelnen Menschen, seine Selbstverwirklichung in der Ausfüllung und Gestaltung der neugewonnenen Freizeit zu suchen[83]. In dem Maße, in dem die berufliche Tätigkeit nicht mehr zur Sinnerfüllung

[79] Vgl.: Der „schöne Gebrauchsgegenstand" stärker gefragt, in: Blick durch die Wirtschaft, 5. 3. 1959.
[80] Vgl. ebenda.
[81] Vgl. ebenda.
[82] *Veblen*, Th.: Theorie der feinen Leute, a.a.O., S. 51 ff.

des Lebens beitragen kann, erhöht sich die Bedeutung der Freizeit und gewinnt die Nutzung ihrer Möglichkeiten an Einfluß auf die Lebenshaltung und Lebensgestaltung des modernen Menschen. Der Soziologe H. Schelsky faßt diesen Prozeß in folgenden Worten zusammen: „Durch die Versachlichung und damit ‚Entfremdung', denen der Mensch in den modernen Arbeitsformen und in den Organisationen der öffentlichen Ordnung ausgesetzt ist, verlagert sich das von ihm als personhaft und ihm zugehörig empfundene Verhalten immer mehr von diesen Bereichen seines Lebens hinweg in ein kompensatorisch-privates Tätigkeitsfeld: in seine Freizeit. Diese wird zum Orientierungssystem der Privatheit und Personhaftigkeit des Menschen ausgebaut, hier sucht er sein soziales Geltungs- und Rangstreben zu erfüllen, hier befriedigt er die Sinnansprüche und Initiative seines Daseins, die ihm die Abhängigkeit und sachliche Eingespanntheit der Arbeitswelt verwehrt"[84].

Der demonstrative Konsum als ein z. Zt. vorrangiges Mittel des Strebens nach sozialer Geltung und Selbstwertbestätigung wird damit zur Freizeitbeschäftigung. In den umfangreichen Gemeindeuntersuchungen amerikanischer Sozialforscher lassen sich hierfür zahlreiche Anhaltspunkte nachweisen[85].

Eine ähnliche Entwicklung ist in Deutschland zu beobachten. In einer repräsentativen Verbraucherumfrage des Instituts für Selbsthilfe in der Bundesrepublik ergab sich auf die Frage nach den bereits ausgeübten und für die zukünftige zusätzliche Freizeit geplanten Freizeitbeschäftigungen folgende Antwortverteilung[86]. Von den befragten Verbrauchern entschieden sich[87]

54,7 % für Arbeiten, die ihrem Haushalt nützlich sind,
27,7 % für Ausflüge und Reisen,
18,0 % für Radio- und Fernsehsendungen,
17,7 % für gründliches Ausschlafen,
11,7 % für Kinobesuch,
11,6 % für Weiterbildung,
10,1 % für Konzert- und Theaterbesuch,
9,2 % für Sport,
7,1 % für zusätzlichen Gelderwerb,
5,2 % für Lesen,
5,0 % für Arbeit im Dienste der Kirchen, Parteien und anderen Organisationen.

---

83 Vgl. *Soule*, G.: Time for Living, New York 1955, dtsch.: Mehr Zeit zum Leben, Frankfurt 1956, S. 185 ff.

84 *Schelsky*, H.: Soziologie der Sexualität, Hamburg 1955, S. 119.

85 „The consuming groups cease to make work a major source of life meaning and substitute for it leisure-time pursuits which are highly stylized in terms of prestige." *Vidich*, A. J. und *Bensman*, J.: Small Town in Mass Siciety; Class, Power and Religion in a Rural Community, Princeton, New Jersey, 1958, S. 77. Vgl. auch *Lynd*, R. S. und *Lynd*, H.M.: Middletown in Transition; A Study in Cultural Conflicts, New York 1937, S. 242 f.

86 Institut für Selbsthilfe, Tätigkeitsbericht 1957/58, Köln 1958, S. 57.

87 Die Aufzählung enthält Mehrfachnennungen.

Wenngleich aus der Fragestellung des Instituts und den hier wiedergegebenen Antworten keine direkten Schlüsse auf das Ansteigen des demonstrativen Verbrauchs gezogen werden mögen, so kann doch festgestellt werden, daß die relativ beliebten Freizeitbeschäftigungen, wie z. B. Ausflüge und Reisen, viele Möglichkeiten des Verbrauchs von Gütern mit hohem Geltungsnutzen und der Inanspruchnahme von Dienstleistungen mit Prestigecharakter enthalten. Die Konsumorientiertheit der Verhaltensstruktur[88] in Verbindung mit einer Verlagerung der Bemühungen um gesellschaftliche Anerkennung und Auszeichnung in die arbeitsfreie Zeit formt einen neuen Freizeitstil, der wesentlich durch die Verhaltensweisen des aufwendigen Verbrauchs geprägt und bestimmt wird. Damit aber gewinnen die Wirtschaftszweige an Umfang und Schwerkraft, deren Güter und Dienstleistungen zur Befriedigung des Geltungsbedarfs geeignet sind.

b) Tourismus und Geltungsanspruch

Untersuchen wir zunächst die wirtschaftliche Bedeutung des Geltungsnutzens weiter Reisen. Im Stadium der ständisch ausgerichteten Gesellschaftsordnung waren die Angehörigen des Adels und des wohlhabenden Bürgertums es ihrem Stand „schuldig", ihre Söhne auf Reisen zu schicken. Wenngleich die Reisen jener Zeit ein Teil der Ausbildung und somit auch aus rationalen Gründen erklärbar sind, so verbanden sich doch viele Elemente gesellschaftlicher Geltung mit dieser Frühform des Tourismus. In ähnlicher Weise dient auch der moderne Tourismus, den A. Siegfried im Unterschied zum aristokratisch und persönlich charakterisierten „Tourismus a la Ancien Régime" als „organisiert, fast technisiert, kollektiv und vor allem demokratisch" beschreibt, den Geltungsansprüchen des modernen Menschen[89]. Urlaubserwartungen, wie Erholung und Ausspannung, treten nicht selten zurück hinter das Ziel einer gesteigerten Geltung, z. B. durch Auslandsfahrten. Das Urlaubsziel des Reisenden wird zum Mittel des Prestigewettbewerbs. Postkarten, Bilder und Filme dienen bei Nachbarn, Bekannten und Arbeitskollegen als Beweismittel für den genossenen Aufenthalt in fremden Ländern, deren Prestigewert in der Regel mit zunehmender Entfernung vom Heimatland steigt. Der Geltungsnutzen der Urlaubsreise und hier besonders der Auslandsfahrten steht aber auch in einem engen Zusammenhang mit der herrschenden touristischen Mode, die darüber hinaus bestimmt, welche Urlaubsländer und Ferienorte dem Touristen besondere Möglichkeiten der Hervorhebung und gesellschaft-

---

[88] Vgl. *Gehlen*, A.: Macht einmal anders gesehen, Zürich 1954, S. 30 ff. Ferner *Riesman*, D.: Die einsame Masse, a.a.O., S. 237 ff.

[89] Vgl. *Siedfried*, A.: Aspekte des 20. Jahrhunderts, München 1956, S. 105: „Die Entwicklung des Tourismus folgt getreulich der der Gesellschaft, von der er eine Funktion darstellt." Vgl. auch *Knebel*, H.-J.: Soziologische Strukturwandlungen im modernen Tourismus, Stuttgart 1960, insbesondere das Kapitel über Konsumwettbewerb und Sozialisierungsprozeß (Trend Demonstrativer Erfahrungskonsum).

lichen Auszeichnung bieten. Andere Bestimmungsgründe für die Höhe des Geltungsnutzen liegen in der Kostspieligkeit der Reise sowie in dem „Primat" der Entdeckung neuer Urlaubsziele.

Die wirtschaftliche Relevanz des modernen Tourismus wird an folgenden Zahlenbeispielen deutlich. Aus den Untersuchungen des Statistischen Bundesamtes über Umfang und Struktur des Verbrauchs in Arbeitnehmerhaushalten vom Jahre 1957 geht hervor, daß die durchschnittlichen Ausgaben für Ferien und Erholung im Jahre 1957 um 46 vH gegenüber dem Vorjahr gestiegen sind. Die Aufwendungen für Anschaffung, Unterhaltung und Betrieb eigener Verkehrsmittel, in denen häufig die eigentlichen Fahrtkosten der Urlaubsreisen enthalten sind, hatten im Jahre 1957 gegenüber 1956 sogar eine Zunahme von 74 vH zu verzeichnen[90]. Die Ergebnisse einer Repräsentativ-Erhebung des DIVO-Instituts vom Januar 1958 über die Urlaubsreisen der Bevölkerung der Bundesrepublik im Jahre 1957 lassen erkennen, daß unter den verschiedenen Altersgruppen die 16 – 24 jährigen an der Spitze aller Urlaubsreisenden liegen. 39 vH der Befragten in dieser Altersgruppe haben im Jahre 1957 eine Ferienreise unternommen; 9 vH sind im Ausland gewesen. Eine Aufteilung nach Berufsgruppen zeigt, daß 50 vH der befragten Beamten und Angestellten ihren Urlaub außerhalb ihres Heimatortes verbracht haben; 15 vH der Angestellten und Beamten unternahmen 1957 eine Urlaubsreise ins Ausland[91]. Der anhaltende Aufwärtstrend der „Reisewelle" kommt auch in der Devisenstatistik zum Ausdruck. Betrugen die Devisenausgaben deutscher Reisender im Sommerhalbjahr 1957 927,4 Mill. DM, so stiegen sie im Sommerhalbjahr 1958 um 51 vH auf 1,4 Mrd. DM[92].

Auch im Jahre 1959 hat der Umfang der Reisewelle weiter zugenommen. Dies gilt in besonderem Maß für den grenzüberschreitenden Reiseverkehr. Die Ausgaben deutscher Touristen im Ausland sind gegenüber 1958 um 17 vH gestiegen; sie betrugen im Jahre 1959 rd. 2,4 Mrd. DM[93].

c) *Ostentativer Aufwand für Reise- und Sportausrüstung*

Von großem Gewicht für die Umschichtung der Verbrauchsstruktur unter dem Einfluß des Strebens nach Auszeichnung und gesellschaftlicher Anerkennung sind neben den unmittelbaren Ausgaben für Reisen und Urlaubsgestaltung vor allem auch die Kosten der Reiseausrüstung sowie für die Anschaffung von Sportartikeln und anderen Gütern im Dienste der

---

[90] Vgl.: Statistisches Jahrbuch für die Bundesrepublik Deutschland, Stuttgart 1958, S. 467. Vgl. auch *Menges*, G.: Wachstum und Konjunktur des deutschen Fremdenverkehrs seit 1913, Frankfurt 1959.

[91] Vgl.: Der westdeutsche Markt in Zahlen, hrsg. vom DIVO-Institut, Frankfurt 1958, S. 143.

[92] Vgl.: Schnelldienst des Deutschen Industrieinstituts, Köln, 30. 1. 1959.

[93] Vgl.: Die Entwicklung der Zahlungsbilanz im Jahre 1959, in: Monatsberichte der Deutschen Bundesbank, 12. Jg., Nr. 3, Frankfurt a. M., März 1960, S. 11.

Freizeitgestaltung. Für den beachtlichen Aufschwung der Campingartikelindustrie[94] dürfte nicht nur der Wunsch nach mehr Bequemlichkeit, sondern auch das Bestreben maßgeblich gewesen sein, die finanzielle Leistungsfähigkeit durch die Größe des Zeltes oder Wohnwagens sowie durch die Vollständigkeit und Extravaganz der Campingausrüstung beweisen zu können[95]. In gleicher Weise ist der steigende Umsatz von Sportartikeln[96] nicht zuletzt dem Geltungsnutzen zuzuschreiben, den sich der Käufer von dem Erwerb und der Benutzung dieser Güter erhofft. Dies ergibt sich schon aus der Funktion, die einige Sportarten als gesellschaftliche Schichtmerkmale ausüben. Vor allem in den mittelgroßen Städten besteht eine enge Verbindung zwischen der Mitgliedschaft in einem Tennisklub oder Reiterverein und der Zugehörigkeit zu einer bestimmten sozialen Schicht. Der Beitritt in einen Sportverein hat daher nicht zuletzt die Bedeutung einer sozialen Selbsteinschätzung und Einstufung[97]. Für die Verhaltensweisen des aufwendigen Verbrauchs ist bedeutsam, daß die gesellschaftliche Geltung durch Ausübung einer Sportart mit der Höhe der erforderlichen Ausgaben steigt. Polo, Segeln, Golf und Tennis gehören zu den kostspieligen und damit prestigebringenden Sportarten. Der Kauf von Sportflugzeugen, Segelyachten und Motorbooten darf somit unter den Begriff des aufwendigen Verbrauchs subsumiert werden[98].

Als Beispiel für eine Freizeitbeschäftigung, die in bestimmten Gesellschaftsgruppen Prestige vermittelt, können hier auch Jagd und Sportfischerei genannt werden. Ihre steigende Beliebtheit äußert sich nicht nur in der übergroßen Nachfrage nach Pachtrevieren[99], sondern auch in dem

[94] Vgl.: Vor einer neuen „Camping-Welle", in: Blick durch die Wirtschaft, Frankfurt, 22. 1. 1959. Vgl. auch: Das Camping weckt neue Bedürfnisse, in: Handelsblatt, Nr. 59, Düsseldorf, 1. 5. 1959.

[95] Vgl.: Starke Nachfrage nach Wohnwagen, in: Blick durch die Wirtschaft, Frankfurt, 6. 3. 1959.

[96] Vgl.: Statistik der Bundesrepublik Deutschland, Bd. 212, Stuttgart 1958, S. 26 und 35; ferner Bd. 240, Stuttgart 1960, S. 46. Vgl. auch: Sportartikel gut gefragt, in: Blick durch die Wirtschaft, Frankfurt, 26. 6.1 959.

[97] „In order to secure approval of his group the so-called modern gentleman must be proficient in sports." *Gordon*, L. J.: Economics for Consumer, New York 1939, S. 122. Vgl. auch *Diem*, C. und *Engelhard*, G.: Sport, in: Wörterbuch der Soziologie, a.a.O., S. 514.

[98] In den Vereinigten Staaten haben Segel- und Motorboote z. Zt. einen besonders hohen Geltungsnutzen.

Vgl.: Amerikas Wohlstand liegt auf dem Wasser. Wer kein Boot hat, ist nicht gesellschaftsfähig, in: Deutsche Zeitung und Wirtschaftszeitung, Nr. 99, Stuttgart, 30. 7. 1959. „Die Völkerwanderung der Amerikaner an ihre Gewässer ist ein soziales Phänomen, eine Massenbewegung, wie es kurz nach dem Krieg das Interesse für das Fernsehen war. Die Zahl der Wasserfahrzeuge erhöht sich doppelt so rasch wie die Zahl der Automobile. 1956 gaben die Amerikaner bereits 1,3 Mrd. Dollar für Boote und Motoren aus – mehr als sie für irgendeine andere Form der Freizeitgestaltung aufwendeten."

[99] Vgl. *Salzmann*, W.: Jagd – Liebhaberei und Geltungskonsum, in: Der Volkswirt, 13. Jg., Nr. 8, Frankfurt, 21. 2. 1959, S. 319 f. Vgl. auch: Gegen die Industrie als Jagdpächter. Die Pachtpreise werden hochgetrieben, in: Frankfurter Allgemeine Zeitung, Nr. 195, 25. 8. 1959.

von Jahr zu Jahr wachsenden Aufkommen an kommunalen Jagd- und Fischereisteuern, die 1954 2,2 Mill. DM, 1955 2,6 Mill. DM, 1956 2,7 Mill. DM und 1957 2,9 Mill. DM erbrachten[100]. Wie sehr das Geltungsmotiv für viele Jagdscheininhaber im Vordergrund steht, kann schon aus den Angaben des deutschen Jagdschutzverbandes über die „reichgewordenen Einzelreflektanten" als Jagdpächter ersehen werden. Die wirtschaftliche Bedeutung des Jagdwesens ergibt sich aus einer begründeten Schätzung, nach der in der Bundesrepublik jährlich rd. 250 Mill. DM für Jagdpacht und Jagdausrüstung ausgegeben werden[101].

Sieht man von den soziologischen und psychologischen Aspekten des prestigeorienten Konsumentenverhaltens im Bereich der Freizeitgestaltung ab und versucht, die ökonomischen Wirkungen dieser Erscheinung zusammenzufassen, so ist davon auszugehen, daß in den Haushaltsbüchern breiter Bevölkerungsgruppen neue Ausgabenkategorien auftauchen. Zu diesen Ausgabengruppen zählen die Anschaffungs- und Unterhaltungskosten für jene Güter der Freizeitsphäre, die bisher nur einer exklusiven Minderheit zur Verfügung standen; jetzt aber im Zuge einer folgsamen Nachahmung[102] auf Seiten einer neuen und größeren „Müßiggängerklasse" in großer Menge nachgefragt werden. Die für das System der Marktwirtschaft charakteristische enge Verbindung von Nachfrage und Angebot hat dann zur Folge, daß die sogenannte „Freizeitindustrie" an Raum gewinnt und ihr Anteil am Sozialprodukt steigt. Für die unternehmerische Initiative und den wachen Erfindergeist bietet die neue Richtung der Verbraucherwünsche ein weites Betätigungsfeld; amerikanische Erfahrungen zeigen heute schon, daß diese Chancen genutzt werden[103].

Es ist leicht einzusehen, daß in dieser Entwicklung Faktoren enthalten sind, die geeignet sein können, der Gefahr einer Stagnation der Wirtschaft entgegenzuwirken. Ob und in welchem Maße aber die expandierenden Kräfte wirksam bleiben, wenn die Befriedigung des Strebens nach gesellschaftlicher Auszeichnung und Anerkennung nicht mehr primär mit ökonomischen Mitteln gesucht wird, diese Frage muß einer späteren Beantwortung überlassen bleiben.

---

[100] Vgl.: Statistisches Jahrbuch für die Bundesrepublik Deutschland, Stuttgart 1958, S. 374.

[101] Vgl. *Salzmann*, W.: a.a.O., S. 320. Als ältere wirtschaftswissenschaftliche Darstellung der Jagd sei hier erwähnt; *Eheberg*, K. Th.: Die Jagd in volkswirtschaftlicher Beziehung, Erlangen und Leipzig 1901.

[102] Über den Begriff der folgsamen Nachahmung vgl. *Schmölders*, G.: Hypothese und Wirklichkeit des Käuferverhaltens, a.a.O.

[103] Vgl. hierzu *Coughlan*, R.: A vast new Economic Force in America: Leisure Business, in: Life, International Edition, Chicago, 1. 2. 1960.

Drittes Kapitel

Typische Prozesse der Nachfrageänderung unter dem Einfluß des geltungsorientierten Verbraucherverhaltens

§ 7 Der Bandwagon-Effekt

Die Verhaltensweisen des aufwendigen Verbrauchs beeinflussen nicht nur die Richtung der Nachfrage nach bestimmten Gütern, Gütergruppen und Dienstleistungen; sie verursachen darüber hinaus verschiedene Gesetzmäßigkeiten des Käuferverhaltens, die erhebliche Änderungen der Nachfrageprozesse und Nachfragefunktionen bewirken können. Im Folgenden soll versucht werden, einige typische Prozesse der Nachfrageänderung unter dem Einfluß des geltungsorientierten Verbraucherverhaltens darzustellen.

Geht man davon aus, daß das Nachahmungsstreben und der Wunsch nach Differenzierung Grundfaktoren des aufwendigen Verbrauchs sind[1], so liegt die Hypothese nahe, daß die Nachfrageänderungen als Folge geltungsorientierter Verhaltensweisen entweder eine gleichrichtende oder eine differenzierende Tendenz aufweisen. Die Wirkungen der gleichrichtenden Tendenz bezeichnen wir hier als Bandwagon-Effekt[2].

Ein Bandwagon-Effekt liegt vor, wenn die Nachfrage nach einem bestimmten Gut steigt, wenn und weil andere Käufer das gleiche Gut verlangen. Nun wird man an dieser Stelle einwenden können, daß die Nachahmung eines Konsumaktes nicht unbedingt eine Ausdrucksform des prestigeorientierten Verbraucherverhaltens sein muß. Wie A. Gehlen und andere Soziologen gezeigt haben, lassen sich gleichrichtende Tendenzen im menschlichen Verhalten daraus erklären, daß jede nichthabitualisierte Entscheidung dem unspezialisierten Wesen „Mensch" spannungsvolle An-

---

[1] Vgl. § 3 e dieser Arbeit.

[2] Das englische Wort Bandwagon entstammt dem politischen Sprachgebrauch in den Vereinigten Staaten. Ein Bandwagon ist ein Festzugswagen mit einer Musikkapelle, der in den bei amerikanischen Wahlkämpfen üblichen Umzügen mitgeführt wird und dem die Zuschauer in großen Scharen folgen. Heute wird der Begriff Bandwagon-Effekt vor allem in der amerikanischen Markt- und Konsumforschung verwandt. Der Ersatz des Begriffs Bandwagon-Effekt durch das deutsche Wort „Mitläufereffekt" ist m. E. nicht angebracht, da die Begriffe „Mitläufer" und „Mitläufereffekt" im deutschen Sprachgebrauch fast ausschließlich zur Charakterisierung bestimmter politischer Verhaltensweisen benutzt werden. Über die Bedeutung des Mitläufereffekts für das Wählerverhalten vgl. *Schmidtchen*, G.: Die befragte Nation, Freiburg i. Br. 1959, S. 224 ff.

strengungen abverlangt, die durch Nachahmung und normtreues Handeln vermindert oder umgangen werden können[3]. Die in den Erscheinungen der Kaufwellen zu beobachtende Nachahmung in der Anschaffung bestimmter Güter dürfte in der Tat zu einem wesentlichen Teil dadurch beeinflußt sein, daß die psychischen Anstrengungen, die mit einem Kaufentschluß verbunden sind, durch Nachahmung verringert werden können. So wichtig dieser Zusammenhang für die Konsumtheorie auch sein mag, so ist hiermit aber noch keine Erklärung für das Phänomen der Ansteckung als solche gegeben. Es würde aber den Rahmen dieser Arbeit sprengen, wollte man an dieser Stelle allen möglichen Ursachen und Motiven gleichrichtender menschlicher Verhaltensweisen nachgehen. Nachahmung und psychische Ansteckung im Verbraucherverhalten können sicherlich auf viele Faktoren zurückgeführt werden; dennoch scheinen u. E. einige wesentliche Anhaltspunkte dafür zu sprechen, daß das Motiv der sozialen Sicherung im weitesten Sinne des Wortes von ausschlaggebender Bedeutung für die Erscheinung des Bandwagon-Effekts ist. Wie in § 3 dieser Arbeit zu zeigen versucht wurde, hat der unbefriedigte Wunsch nach sozialer Einordnung zu einem Gefühl der Unsicherheit in weiten Kreisen der Bevölkerung westlicher Länder geführt, das seinerseits wiederum von ursächlicher Bedeutung für das Streben nach Geltung und sozialer Anerkennung ist. Da aber das Streben nach Geltung und gesellschaftlichem Prestige als Motiv des aufwendigen Verbrauchs wirksam wird, liegt der Schluß nahe, daß der Bandwagon-Effekt im Bereich des geltungsorientierten Verbraucherverhaltens die Folge einer Abwehrreaktion der Konsumenten ist, die, wenn sie im Aufwandswettbewerb nicht „mithalten", sich außerhalb der Gruppe oder gesellschaftlichen Schicht fühlen und damit ihre eigene subjektiv unbestimmbare soziale Unsicherheit noch vergrößern. Die Unsicherheit des „Außenstehenden", die im Stadium einer „außengeleiteten Lebensweise"[4] natürlich besonders groß sein muß, führt somit zu einer Nachahmung im Bereich des Konsumentenverhaltens: die Angst, nicht Schritt zu halten und damit nicht mehr „dazu zugehören", fördert die Ansteckung der Konsumentschlüsse. Dem Motiv der existentiellen Angst kann daher im prestigeorientierten Verbraucherverhalten (Angst um die soziale Existenz) die gleiche Bedeutung zugemessen werden wie etwa bei einer Panik als Folge eine Theaterbrandes (Angst um die biologische Existenz). Die Kumulierung der Kaufentschlüsse, die den sogenannten Kaufwellen bei Gütern des gehobenen Bedarfs zugrunde liegt, ist auf diese seelische Ansteckung zurückzuführen.

Sprechen somit diese Überlegungen dafür, daß Nachahmung und Ansteckung im geltungsbedingten Verbraucherverhalten zu einem großen Teil auf Motive der sozialen Sicherung im weitesten Sinne des Wortes beru-

[3] Vgl. *Gehlen*, A.: Urmensch und Spätkultur, Bonn 1956, S. 48.
[4] Vgl. *Riesman*, D.: Die einsame Masse, a.a.O., S. 48 ff.

hen, so wird nun darzustellen sein, in welcher Weise der Bandwagon-Effekt als eine Auswirkung der seelischen Ansteckung die Konsumfunktion beeinflußt.

Während nach den klassischen Theorien die Nachfrage ausschließlich eine Funktion des Preises ist, wird beim Wirksamwerden des Bandwagon-Effektes bei gegebenem Preis die Nachfrage eines bestimmten Verbrauchers nach einem bestimmten Gut zusätzlich eine Funktion der Nachfrage anderer Wirtschaftssubjekte nach diesem Gut[5].

Will man diese Funktion mit der herkömmlichen „Ceteris-paribus"-Methode darstellen, so kann dies in Anlehnung an Leibenstein in folgender Weise geschehen:[6] Da die Nachfrage nach einem bestimmten Gut des aufwendigen Verbrauchs nicht nur eine Funktion des Preises, sondern auch der Nachfrage anderer Verbraucher ist, kann eine Nachfrageänderung sowohl auf eine Änderung des Preises als auch auf die Änderung der Nachfrage anderer Verbraucher zurückgeführt werden. Die Nachfrageänderung eines Verbrauchers, die auf die Änderung des Preises zurückzuführen ist und die mit der Preisänderung negativ korreliert ist, bezeichnen wir im Folgenden als Preis-Effekt; die Nachfrageänderung eines Verbrauchers als Folge der gleichgerichteten Nachfrageänderung anderer Verbraucher soll als Bandwagon-Effekt umschrieben werden.

Zur graphischen Darstellung und Unterscheidung von Preis-Effekt und Bandwagon-Effekt sollen einige hypothetische Nachfragekurven aufgestellt werden. Für die individuelle Nachfragekurve eines Käufers 1, der glaubt, daß von dem bestimmten nachgefragten Gut insgesamt a Einheiten gekauft werden, setzen wir hier das Zeichen d_1^a. Glaubt der Konsument, daß die Gesamtnachfrage = b Einheiten ist, so wird seine individuelle Nachfragekurve anders verlaufen; wir bezeichnen sie mit d_1^b. Wir erhalten auf diese Weise eine Reihe verschiedener individueller Nachfragekurven, je nachdem wie hoch der einzelne Käufer die Gesamtnachfrage einschätzt: d_1^a, d_1^b, d_1^c, etc. Bei einer von den einzelnen Nachfragern angenommenen Gesamtnachfrage von a Einheiten erhalten wir durch Addition aller individuellen Nachfragekurven d_1^a, d_2^a, d_3^a, . . . d_n^a die Kurve der Marktnachfrage D^a.

In gleicher Weise erhalten wir die hypothetischen Marktnachfragekurven D^b, D^c, . . . D^n,, die in der Figur 1 graphisch dargestellt sind.

---

[5] „The arousel of needs for specific goods is no doubt complex, and many of its aspects have not been studied. Yet all investigations confirm that our needs – at least today, in most cases – are group determined. We feel the need to have the same things that other people in our group have or need." *Katona*, G.: a.a.O., S. 109.
Vgl. auch *Reder*, M. W.: Studies in the Theory of Welfare Economics, New York 1947, S. 64 ff.

[6] Vgl. *Leibenstein*, H.: a.a.O., S. 183 ff.

Wenn wir jetzt annehmen, daß die Konsumenten genaue Marktkenntnis haben und genau wissen, welche jeweils verschiedenen Mengen bei jedem Preis effektiv nachgefragt werden, so kann jeweils nur ein Punkt der Nachfragekurven D^a, D^b, . . . D^n der effektiven Nachfragekurve angehören. Diese Punkte, in Fig. 1 als E^a, E^b, . . . E^n bezeichnet, zeigen die Mengen der Gesamtnachfrage an, auf welche die einzelnen Käufer ihre Nachfrage nach dem Gut abgestimmt haben.

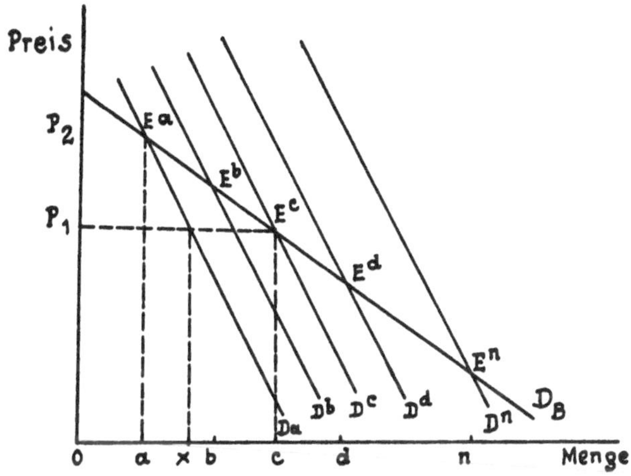

Figur 1: Zeichnerische Darstellung des Bandwagon-Effekts (nach Leibenstein).

Verbinden wir die Punkte E^a, E^b, E^c, ... E^n miteinander, so erhalten wir die wirkliche Gesamtnachfragekurve für das bestimmte Gut.

Wird der Preis für dieses Gut nun von P_2 auf P_1 gesenkt, so ergibt sich, wie aus der Fig. 1 zu ersehen ist, ein mengenmäßiger Nachfragezuwachs von a c, der sowohl auf die Preissenkung als auch auf die Steigerung der Nachfrage anderer Konsumenten zurückzuführen ist. Der Nachfragezuwachs, der durch die Preissenkung bewirkt worden wäre, ohne daß die Konsumenten ihre Nachfrage bei einem Preis P_1 auch nach der Nachfrage der anderen Verbraucher ausgerichtet hätten, ist an der Nachfragekurve D^a abzulesen: er ist gleich der Menge ax. Die Menge xc (ac minus ax = xc) als Nachfragezuwachs ist somit durch die zusätzliche Nachfrage der Konsumenten verursacht worden, die auf Grund des Bandwagon-Effektes als neue Nachfrager auf den Markt kamen, bzw. mehr nachfragten.

Hieraus kann gefolgert werden – wie auch aus der Fig. 1 ersichtlich wird –, daß ceteris paribus die Kurve der effektiven Gesamtnachfrage D_B elastischer ist als alle anderen Nachfragekurven D^a, D^b etc.

Der Grund für die größere Elastizität dieser Nachfragekurve ist darin zu sehen, daß den Käuferreaktionen auf Preisänderungen zusätzliche Reaktionen dieser und anderer Käufer in gleicher Richtung auf Grund der geänderten Nachfrage aller Käufer (oder bestimmter Käufergruppen) folgen.

Die Nachfragehäufungen, die bei bestimmten Gütern in Form der sogenannten „Kaufwellen" in den letzten Jahren zu beobachten waren, lassen sich mit Hilfe dieser vereinfachten Darstellung theoretisch anschaulich machen.

Auch die einem Modezyklus zugrunde liegende Häufung von Käufen modischer Güter (vgl. Fig. 2)[7] kann auf diese Weise mit Hilfe einer graphischen Darstellung des Bandwagon-Effekts analysiert werden.

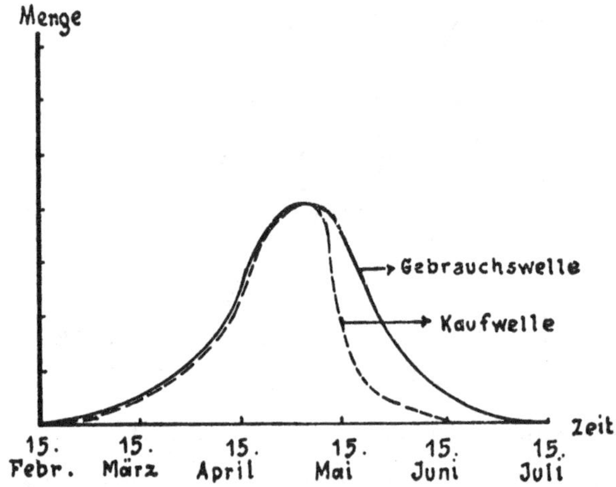

Figur 2: Zeichnerische Darstellung einer Kaufwelle (nach Nystrom).

So brauchbar die von Leibenstein benutzte Methode der isolierenden Abstraktion für die Veranschaulichung der Nachfrageänderungen als Folge des Bandwagon-Effektes auch ist, so kann aber andererseits nicht übersehen werden, daß diese rein spekulative Methode zur Aufstellung empirisch nachprüfbarer Hypothesen nicht geeignet ist. Hierzu bedarf es vielmehr einer Methode, die es ermöglicht, wirklichkeitsnahe Prämissen zu setzen.

Berücksichtigt man diese Erfordernisse, so wird deutlich, daß die – in der ökonomischen Theorie noch sehr verbreitete – Methode der isolierenden Abstraktion nicht zur tieferen Erkenntnis des menschlichen Verhaltens im ökonomischen Bereich beitragen kann. Im vorliegenden Fall des Bandwagon-Effektes gilt es vor allem zu beachten, daß die in der Darstellung von Leibenstein gesetzte Prämisse der vollkommenen Markttransparenz in der Wirklichkeit nicht gegeben ist; ferner bleibt unbeachtet, daß die Nachfrage nach Gütern mit hohem Geltungsnutzen eine ausgesprochen

[7] Vgl. *Nystrom*, P.H.: a.a.O., S. 23.

gruppenspezifische Natur hat[8]. Wirklichkeitsfremd ist auch die Annahme, daß die Preiselastizität der Nachfrage im Normalfall immer kleiner als 1 ist.

Schließlich wird bei der Anwendung der „Ceteris-paribus"-Methode nicht berücksichtigt, daß der Geltungsnutzen im Regelfall mit dem Gebrauchsnutzen kombiniert ist; eine Analyse des Bandwagon-Effekts, die lediglich dem Extremfall eines isoliert auftretenden Geltungsnutzens gerecht wird, kann daher keine neuen Einsichten vermitteln.

Unsere Ausführungen lassen erkennen, daß eine Hypothese über die Ursachen und Auswirkungen des Bandwagon-Effekts die angeführten Besonderheiten berücksichtigen muß, um zu einer Experimentiersituation zu gelangen, die es ermöglicht, die beobachteten Wirkungen den postulierten Wirkfaktoren mit befriedigender Exaktheit zuzuordnen. Da die von Leibenstein und anderen modernen Theoretikern benutzte Methode der isolierenden Abstraktion diese Möglichkeit nicht bietet, wird die Weiterentwicklung der Konsumtheorie wesentlich davon abhängen, in welchem Maße es gelingt, „Wege zur Aufstellung empirischer Hypothesen freizumachen, die bei der Erforschung und Beschreibung von Gruppen gleichen Konsumverhaltens und bei der Verhaltensprognose förderlich sein können"[9].

Für den vorliegenden Fall des Bandwagon-Effekts im geltungsorientierten Verbraucherverhalten bedarf es daher noch genauer empirischer Untersuchungen, um unsere Arbeitshypothese, daß die kumulierten Käufe von Gütern mit einem hohen Geltungsnutzen gruppenspezifisch ausgerichtet sind, weiter ausbauen und verifizieren zu können.

Darüber hinaus wäre mit Hilfe der Situationsanalyse oder z. B. durch ein Panel, d. h. durch eine in regelmäßigen Zeitabständen wiederholte Befragung einer Gruppe von Personen, die „Ansteckung durch den Konsumbazillus" zu überprüfen[10].

§ 8 Der Snob-Effekt

Unter Snob-Effekt soll das Ausmaß einer Verringerung der Nachfrage nach einem bestimmten Gut verstanden werden, die darauf zurückzuführen ist, daß andere Konsumenten das gleiche Gut nachfragen, bzw. ihre Nachfrage nach diesem Gut vergrößern[11]. Der Snob-Effekt entspringt und

---

[8] Vgl. hierzu § 3 d dieser Arbeit.

[9] *Scherhorn*, G.: Verhaltensforschung und Konsumtheorie, a.a.O., S. 2.

[10] Vgl. hierzu auch die grundlegenden Ausführungen von *Scherhorn*, G.: Methodologische Grundlagen der sozialökonomischen Verhaltensforschung, Köln und Opladen 1960.

[11] Wir folgen hier der Leibenstein'schen Definition, nach der der Snob-Effekt – im Unterschied zum Sprachgebrauch anderer Nationalökonomen und Soziologen – ausschließlich durch das Verhalten der anderen Verbraucher induziert wird und nicht etwa durch die Bevorzugung von Gütern mit hohen Preisen charakterisiert ist. Die Verhaltensweisen des aufwendigen Verbrauchs als Funktion des prestigebringenden hohen Preises werden noch unter dem Begriff des Veblen-Effektes im § 9 dieser Arbeit zur Darstellung kommen.

entspricht also dem Streben nach Absonderung, Hervorhebung und Exklusivität[12].

Liegt beim Bandwagon-Effekt eine positive Korrelation zwischen der Gesamtnachfrage und der Nachfrage eines einzelnen Käufers vor, so ist der Snob-Effekt dadurch bestimmt, daß die Einzelnachfrage eines (snobistischen) Käufers mit der Gesamtnachfrage des Marktes negativ korreliert ist. Kommt im Bandwagon-Effekt die gleichrichtende Tendenz im Konsumverhalten zum Ausdruck, so ist der Snob-Effekt die Folge der differenzierenden Tendenz.

Das Streben nach Hervorhebung, Auszeichnung und Exklusivität im Rahmen des aufwendigen Verbrauchs kann im Grenzfall so weit gehen, daß der Snob der einzige Käufer eines bestimmten Gutes ist. Im Regelfall richtet sich das Streben nach Hervorhebung und Auszeichnung jedoch auf Abhebung von der „Masse", bzw. auf Unterscheidung von den Lebens- und Konsumgewohnheiten bestimmter Gruppen, ohne daß hierbei das Element der Angleichung und Nachahmung der Lebens- und Konsumgewohnheiten anderer Gruppen, z. B. der ranghöheren Gruppen vollständig aufgegeben wird.

Da der Snob-Effekt in einer Art als Umkehrung des Bandwagon-Effektes angesehen werden kann, soll unsere Darstellung der Nachfragewirkungen in gleicher Weise wie beim Bandwagon-Effekt erfolgen. – Die grundsätzlichen Einschränkungen gegenüber dieser Darstellungsform sind bereits im § 7 unserer Arbeit hervorgebracht worden. Als Mittel zur Veranschaulichung kann die „Ceteris-paribus"-Methode jedoch auch hier benutzt werden. –

Wie bei der Darstellung des Bandwagon-Effekts bezeichnen wir hier z. B. mit d_3^a die individuelle Nachfragekurve des Käufers 3 unter der Annahme, daß der Käufer 3 die Gesamtmarktnachfrage mit a Einheiten einschätzt. Durch Addition der Einzelnachfrage der einzelnen Konsumenten, die eine Gesamtnachfrage von a Einheiten erwarten, erhalten wir D^a.

$$d_1^a + d_2^a + \dots\dots\dots\dots + d_n^a = D^a$$

$$d_1^b + d_2^b + \dots\dots\dots\dots + d_n^b = D^b$$

$$\dots\dots\dots\dots$$

$$\dots\dots\dots\dots$$

$$d_1^n + d_2^n + \dots\dots\dots\dots + d_n^n = D^n$$

---

[12] Die Verhaltensweisen, die dem Snob-Effekt zu Grunde liegen, sind vor allem in gesellschaftlichen Schrittmachergruppen anzutreffen, während das Nachahmungsstreben im Bandwagon-Effekt mehr das Verhalten der breiten Bevölkerungsschichten bestimmt.

In gleicher Weise erhalten wir die Gesamtnachfragemengen D^b, D^c, . . . D^n. aller Konsumenten, die eine jeweilige Gesamtnachfragemenge von b, c, ..., n Gütereinheiten ($a < b < c < n$) vorausgesetzt haben.

Durch die Wirkung des snobistischen Strebens nach Exklusivität verschieben sich die Nachfragekurven D^a, D^b, ..., D^n nach unten, wenn die erwartete Gesamtnachfrage steigt. Dies ist in Fig. 3 graphisch zum Ausdruck gebracht.

Wenn wir jetzt wieder annehmen, daß die Käufer auf Grund ihrer exakten Marktkenntnis genau wissen, welche jeweils verschiedenen Mengen bei jedem Preis effektiv nachgefragt werden, so kann jeweils nur ein Punkt der Nachfragekurven D^a, D^b, ..., D^n der effektiven Nachfragekurve angehören. Verbinden wir diese Gleichgewichtspunkte E^a, E^b, . . ., E^n miteinander, so erhalten wir die wirkliche Nachfragekurve D^S.

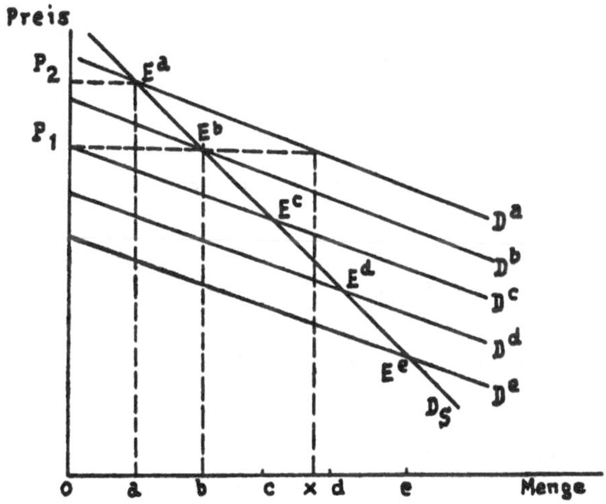

Figur 3: Zeichnerische Darstellung des Snob-Effekts (nach Leibenstein).

Um die Wirkung des snobistischen Verhaltens der Nachfrage aufzeigen zu können, unterteilen wir die Wirkung einer Preisänderung auf die Nachfrage in einen Preis-Effekt und einen Snob-Effekt. Wird z. B. der Preis eines Gutes von P_2 auf P_1 gesenkt, so ist – wie in Fig. 3 ersichtlich wird – der Zusatz der Nachfrage gleich der Strecke ab. Der reinen Preiswirkung, d. h. der Nachfragesteigerung als Folge der Preissenkung, ohne Einfluß der Reaktionen der anderen Konsumenten entspricht aber ein Nachfragezuwachs in Höhe der Strecke ax. Da dieser Nachfragezuwachs vielleicht gerade auch von solchen Käufergruppen ausgeht, von denen sich einige der snobistischen Nachfrager abheben wollen, werden diese entweder ihre eigene Nachfrage nach dem betreffenden Gut reduzieren oder aber ganz einstellen. Die Gesamtnachfrage nach diesem Gut wird somit um eine bestimmte Menge gekürzt. In unserer graphischen Darstellung in Fig. 3 ist dieser Nachfrageausfall gleich der Strecke bx. Die Preissenkung von P_2 auf P_1 hat daher infolge der Verminderung des Preis-Effektes ax durch den Snob-Effekt bx nur eine Steigerung der Nachfrage von der Größe ab zur Folge.

Aus der zeichnerischen Veranschaulichung des Snob-Effekts in Fig. 3 geht hervor, daß die Nachfragekurve snobistischer Nachfrager weitaus weniger elastisch ist als die normale Nachfragekurve ohne Einwirkung des Snob-Effekts. Dies ist dadurch erklärlich, daß die Zunahme der Nachfrage – und damit die Verbreiterung des Besitzes eines bestimmten Gutes – seinen Prestigewert, bzw. seinen Geltungsnutzen für die snobistischen Käufer mindert. Da diese somit einen geringeren Geltungsnutzen erwarten, reduzieren sie ihre Nachfrage nach diesem Gut. Die Zunahme der Nachfrage als Folge einer Preissenkung wird also durch das Verhalten der snobistischen Nachfrager im Rahmen des aufwendigen Verbrauchs teilweise ausgeglichen und aufgehoben. Der Nettozuwachs der Nachfrage verlangsamt sich. Die absatzpolitische und wirtschaftspolitische Bedeutung der geringeren Preiselastizität der Nachfrage als Folge des Snob-Effektes liegt auf der Hand.

Ein beachtenswerter Unterschied zwischen der normalen Nachfragekurve und der snobistischen Nachfragekurve D_S liegt auch darin, daß bei einem normalen Nachfrageverlauf die Käufer eines bestimmten Gutes mit hohem Preis auch dann weiter nachfragen, wenn der Preis dieses Gutes sinkt und die Käufer, die auch einen höheren Preis zu zahlen bereit sind, auf diese Weise eine Konsumentenrente im Sinne von Marshall erhalten[13]. Aus unserer Darstellung des Snob-Effektes wird nun ersichtlich, daß dies nicht auf die snobistische Nachfrage im Rahmen des aufwendigen Verbrauchs zutrifft. Der snobistische Nachfrager stellt seine Nachfrage ein oder vermindert sie, wenn durch den Preisnachlaß andere Käuferschichten, von denen er sich mit Hilfe des aufwendigen Verbrauchs abheben will, zum Kauf des betreffenden Gutes veranlaßt werden. Mit Recht macht daher H. Leibenstein darauf aufmerksam, daß Termina wie „intramarginale Nachfrager" für die snobistische Nachfrage inhaltlos seien[14].

Es verdient noch festgehalten zu werden, daß der hier dargestellte Snob-Effekt niemals größer sein kann als der Preis-Effekt. Würde der Snob-Effekt größer als der Preis-Effekt sein, dann müßte die Menge, die bei einem niedrigeren Preis nachgefragt würde, geringer sein als die, die bei

[13] Vgl. *Marshall*, A.: Elements of Economics of Industry (I. Volume of Elements of Economics) 1. Ausgabe 1892. Nach der 3. Ausgabe vom August 1899 wiederabgedruckt. London 1958, S. 79 f. Vgl. auch *Stackelberg*, H. v.: Grundlagen der theoretischen Volkswirtschaftslehre, 2. Aufl., Tübingen und Zürich 1951, S. 205.

[14] Vgl. *Leibenstein*, H.: a.a.O., S. 202.

einem höheren Preis nachgefragt würde. Dies würde bedeuten, daß einige der snobistischen Nachfrager bei dem höheren Preis am Markt ihre Nachfrage ganz einstellen würden, wenn die Gesamtnachfrage sich verringern würde. Eine solche Verhaltensweise widerspricht aber unserer Definition des snobistischen Verhaltens.

Es ist einleuchtend, daß der Snob-Effekt als Folge der differenzierenden Tendenzen im geltungsorientierten Verbraucherverhalten nicht die quantitative Bedeutung hat wie etwa der Bandwagon-Effekt. Dementsprechend ist es auch weitaus schwieriger, die sozialökonomischen Auswirkungen empirisch zu erfassen. Da die Verhaltensweisen, die dem Snob-Effekt zugrunde liegen, in der Regel nur bei einigen wenigen Personen vor allem in gesellschaftlichen Schrittmachergruppen anzutreffen sind, ist die Möglichkeit einer systematischen empirischen Sozialforschung in diesem Bereich geringer als beim Problem des Bandwagon-Effekts. Es kommt hinzu, daß es dem Wesen eines snobistischen Verbrauchers entspricht, sich abzusondern; damit aber wird z.B. die Methode einer Interview-Befragung fast unanwendbar. Wenn trotz dieser Schwierigkeiten gerade für die Erforschung des differenzierenden Verbraucherverhaltens eine dringende Notwendigkeit besteht, dann nicht zuletzt deshalb, weil die Erkenntnisse, die hier gewonnen werden können, nicht nur für die Konsumtheorie, sondern auch und in einer besonderen Weise für die Theorie der wirtschaftlichen Entwicklung von großer Aussagekraft sein können. Die Bestrebungen des snobistischen Nachfragers nach Exklusivität fördern die Bemühungen der Erfinder und Produzenten um die Herstellung neuer Güter, die in irgendeiner Weise geeignet sind, ihrem Besitzer einen hohen Geltungsnutzen zu verschaffen. Da grundsätzlich jedes neue Gut als Mittel des Prestigewettbewerbs in Frage kommt, liegt in der potentiellen Nachfrage snobistischer Konsumenten ein permanenter Anreiz für die Entwicklung und Produktion neuer Güter und Stoffe[15]. Auf lange Sicht schafft dann die Produktion neuer Güter unter bestimmten Voraussetzungen selbst wiederum neue Bedürfnisse, die – im Zuge der Nachahmung durch breite Bevölkerungsgruppen – eine anspornende Wirkung auf den Arbeitseifer und das Erwerbsstreben der Wirtschaftssubjekte ausüben. Dies gilt vor allem auch für wirtschaftlich unterentwickelte Gebiete, in denen Arbeitsanreiz und Erwerbsstreben der einheimischen Bevölkerung erst durch neue Bedürfnisse geweckt und entfaltet werden[16]; dabei besteht allerdings die Gefahr, daß der aufwendige Verbrauch von neuartigen Gütern zu einer Behinderung der Kapitalbildung führt und damit zu einem Hemmnis der wirtschaftlichen Entwicklung wird.

---

[15] Vgl. § 2 und § 4 dieser Arbeit.

[16] Vgl. hierzu *Lewis*, W.A.: Die Theorie des wirtschaftlichen Wachstums, Tübingen 1956, S. 20 ff.

Voraussetzung für die „Initialzündung" der wirtschaftlichen Entwicklung ist aber häufig das snobistische Verbraucherverhalten in einigen Schrittmachergruppen der betreffenden Gesellschaft. Die enge Verbindung von Differenzierungsstreben im Geltungskonsum und wirtschaftlichem Fortschritt ist somit offensichtlich.

Die Nutzbarmachung dieser Hypothese einer fortschrittsfördernden Wirkung der differenzierenden Tendenzen im Verbraucherverhalten für die Theorie der ökonomischen Entwicklung bedarf aber noch genauerer wirtschaftshistorischer und ethnologischen Untersuchungen über die Motive und Anlässe, die den Bemühungen um die Produktion neuartiger Konsumgüter zugrunde liegen.

Bevor wir uns dem Veblen-Effekt zuwenden, soll abschließend noch auf einen Sonderfall des Snob-Effekts hingewiesen werden, der einer empirischen Nachprüfung leichter zugänglich ist. Wenn wir bei der Veranschaulichung des Snob-Effekts mit Hilfe der „Ceteris-paribus"-Methode davon ausgingen, daß die Nachfrage des snobistischen Käufers mit der Gesamtnachfrage des Marktes negativ korreliert ist, so ist es unter Berücksichtigung der gruppenspezifischen Struktur des aufwendigen Verbrauchs wirklichkeitsnäher, eine negative Korrelation zwischen der Nachfrage des auf gesellschaftliche Differenzierung bedachten Konsumenten und der Nachfrage einer bestimmten anderen Verbrauchergruppe anzunehmen. Wird die Einführung neuer Produkte normalerweise durch das differenzierende Verhalten derjenigen „Styleleader" gefördert, die sich durch die Priorität in der Benutzung neuer Güter einen besonders hohen Geltungsnutzen versprechen, so kann umgekehrt die „Abstinenz" einer Schrittmachergruppe wie ein retardierendes Moment die Verbreitung und den Absatz neuer Güter behindern, wenn alle die Bevölkerungsgruppen, für die jene „konsumabstinente" Schrittmachergruppe direkt oder indirekt die Rolle einer „Bezugsgruppe" hat, ebenfalls in ihren Kaufentschlüssen zurückhaltend sind. Ein solcher Fall des Snob-Effekts kann dann eintreten, wenn eine Konsumentengruppe, von der sich die Schrittmachergruppe zu distanzieren pflegt, als erste in den Besitz eines neuen Gutes gelangt.

Ein Beispiel aus einem westfälischen Dorf mit einer überkommenen und noch festgefügten Sozialstruktur möge diese Wirkungsweise des differenzierenden Verbraucherverhaltens erläutern: in der betreffenden Landgemeinde war es dem Vertreter einer auswärtigen Rundfunkfirma gelungen, einem ansässigen Gelegenheitsarbeiter und Mitglied der untersten Gesellschaftsschicht als erstem Bewohner des Dorfes ein Fernsehgerät zu verkaufen. Die unmittelbare Folge war, daß die vermögenden Bauern unter deutlicher Bezugnahme auf den Fernsehbesitz des Gelegenheitsarbeiters vom geplanten Kauf eines Fernsehgerätes Abstand nahmen, um die „Gemeinsamkeit" des Fernsehbesitzes zu vermeiden. Da darauf auch die übrigen Bevölkerungsgruppen, die den Konsumgewohnheiten der vermögenden Grundbesitzer in einem bestimmten zeitlichen Abstand zu folgen pflegten, vorläufig auf den Kauf eines Fernsehgerätes verzichteten, hatten die Priorität des Gelegenheitsarbeiters als Besitzer eines Fernsehgerätes und die prestigeorientierte Differenzierungstendenz im Verhalten der Schrittmachergruppe eine zeitweilige Stagnation des Absatzes von Fernsehgeräten in der betreffenden Gegend zur Folge.

Beispiele dieser Art, die einen wirklichkeitsnahen Fall des Snob-Effekts darstellen, finden sich besonders häufig in solchen Gemeinschaften, in denen die Schrittmachergruppen, die gewöhnlich – vom finanziellen Besitzstand her gesehen – ehestens in der Lage sind, Neugüter anzuschaffen, durch konventionelle Hemmnisse von einer sofortigen Anschaffung abgehalten werden[17]. Oft kommt auch hinzu, daß der Gebrauchsnutzen bestimmter neuer Güter, z. B. von Fernsehgeräten, für einige Gruppen der Gesellschaft größer ist als für andere Gruppen, denen vielleicht als Folge ihrer beruflichen Inanspruchnahme weniger freie Zeit oder Möglichkeiten zur Verfügung stehen.

Abgesehen von diesen Besonderheiten bleibt aber die Wirksamkeit des Snob-Effekts von außerordentlicher Bedeutung für den dargestellten Sachverhalt. Ohne die Einbeziehung dieser sozialökonomischen Wirkung des geltungsbedingten Konsumentenverhaltens würden wesentliche Zusammenhänge von Verbrauch, Absatz und wirtschaftlicher Entwicklung unverständlich bleiben.

§ 9 Der Veblen-Effekt

Als Veblen-Effekt sollen hier die Wirkungen einer Verhaltensweise des aufwendigen Verbrauchs behandelt werden, bei der die Nachfrage nach einem bestimmten Gut und der Preis dieses Gutes positiv korreliert sind. Während der Snob-Effekt nach unserer Darstellung eine Funktion der Nachfrage anderer Verbraucher ist, kann der Veblen-Effekt als eine Funktion des Preises angesehen werden. Ein Beispiel für die absatzpolitische Bedeutung des Veblen-Effekts bietet die Untersuchung des Stuttgarter Instituts für Marktanalyse und Meinungsforschung, das vor einiger Zeit von dem Hersteller eines Elektrorasierers der Spitzenklasse den Auftrag erhielt, die Ursachen für den sinkenden Absatz des Rasierers zu erforschen. Der Rückgang der Verkaufsziffern war für den Hersteller so unverständlich, weil der Preis des Qualitätserzeugnisses im Vergleich zu anderen Konkurrenzangeboten außerordentlich niedrig lag. Das Institut führte zahlreiche Verbraucher-Tests durch und kam zu dem Ergebnis, daß der Preis des Rasierers bei der Einführung auf dem Markt zu niedrig angesetzt worden sei[18].

---

[17] Vgl. hierzu *Lewis*, W. A.: a.a.O., S. 27.

[18] Vgl. *Hamann*, H.: Mehrpreis für Prestige, in: Deutsche Zeitung mit Wirtschaftszeitung, Köln, 8. 3. 1960.

Wenngleich die sinkende Nachfrage als Folge eines niedrigen Preises auch auf die mangelnde Marktkenntnis des Verbrauchers zurückgeführt werden kann, so zeigen die Ergebnisse der Untersuchung des Stuttgarter Instituts aber doch auch den Einfluß des Geltungsstrebens auf die Nachfrage nach Gütern mit hohen Preisen. Neben dem aus der mangelnden Marktkenntnis resultierenden Vorurteil des Konsumenten gegenüber Gütern mit niedrigen Preisen („Was nichts kostet, ist auch nichts!") wird eine Verhaltensweise des aufwendigen Verbrauchs wirksam, die in den Worten zum Ausdruck kommt: „Wir können uns das Teuerste erlauben!" oder: „Es paßt nicht für uns, etwas Billiges zu kaufen!".

Wie der Bandwagon-Effekt und Snob-Effekt kann somit auch der Veblen-Effekt auf die Faktoren des Geltungsnutzen eines mit Prestigewert ausgestattenen Gutes des aufwendigen Verbrauchs zurückgeführt werden. Die Höhe des Geltungsnutzens wird bestimmt:

1. durch die gleichgerichtete Nachfrage anderer Verbraucher im Zuge der folgsamen oder übertrumpfenden Nachahmung des aufwendigen Verbrauchs von Gütern (oder der Inanspruchnahme von Dienstleistungen);
2. durch die Sonderstellung des eigenen Verbrauchs bestimmter Güter des ostentativen Konsums als Mittel der gesellschaftlichen Differenzierung und demonstrativen Abhebung von den Lebens- und Verbrauchsgewohnheiten anderer Verbraucher;
3. durch das Element des „Besonderen" und „Außergewöhnlichen", das in der Höhe des Preises zum Ausdruck kommt.

Die Wirkungen des unter 1. und 2. angegebenen Verhaltens auf die Nachfrage haben wir im Bandwagon-Effekt und Snob-Effekt deutlich zu machen gesucht. Die Wirkungen des 3. Faktors des Geltungsnutzens sollen hier als Veblen-Effekt dargestellt werden.

Während der Bandwagon-Effekt nur die gleichrichtende und der Snob-Effekt nur die differenzierende Tendenz im Konsumentenverhalten beschreibt, kann der Veblen-Effekt sowohl die eine wie die andere Tendenz aufweisen.

Aus Gründen einer wirklichkeitsnäheren Beschreibung folgen wir hierbei einer Anregung von Leibenstein und unterscheiden beim Preis eines Gutes des aufwendigen Verbrauchs den wirklich zu zahlenden Preis von dem demonstrativen oder vorgegebenen Preis. (Conspicuous prize.)

Der demonstrative Preis ist der Preis eines Gutes, mit dem andere Menschen den Wert des Gutes und damit die Zahlungskraft des betreffenden Verbrauchers einschätzen. In vollkommen organisierten Märkten mit einem Höchstmaß an Preisinformation würden der wirkliche und der demonstrative Preis identisch sein. Bei den modernen Käufermärkten, auf denen der Käufer bei Barzahlung oder aufgrund sogenannter „besonderer Beziehungen" einen Preisnachlaß irgendwelcher Art erhält, besteht aber ein Unterschied zwischen dem nach außen hin angegebenen demonstrativen Preis und dem wirklich gezahlten Preis.

Hier soll die Nachfrage des Konsumenten als Funktion des wirklichen und des demonstrativen Preises angesehen werden.

Die Wirkungen dieser Nachfragebeziehungen sollen hier zunächst wiederum mit Hilfe der „ceteris-paribus"-Analyse anschaulich gemacht werden. Wir bezeichnen die wirklichen Preise mit $P_1, P_2, \ldots\ldots, P_n$; für die demonstrativen Preise (conspicuous prizes) setzen wir die Zeichen P_1^c, $P_2^c, \ldots, P_n^c$. Die individuellen Nachfragekurven der einzelnen Verbraucher sind mit $d_1, d_2, \ldots, d_n$ gekennzeichnet. Die Nachfragemenge des einzelnen Käufers wird bestimmt durch den erwarteten demonstrativen Preis (als Faktor und Element des erstrebten Geltungsnutzens). Die Nachfragekurve des Käufers 1 z. B., der einen demonstrativen Preis P_2^c erwartet, ist somit gleich d_1^2.

Die Nachfragefunktion d_3^1 ist die individuelle Nachfrage des Käufers 3, der einen demonstrativen Preis P_1^c erwartet.

Durch Addition von $d_1^1, d_2^1, \ldots\ldots, d_n^1$ erhalten wir die Gesamtnachfragekurve von n Käufern, die alle einen demonstrativen Preis P_1^c in Rechnung gesetzt haben. In ähnlicher Weise $D^1, D^2, \ldots, D^n$.

In unserer Zeichnung Fig. 4 ist kenntlich gemacht, wie diese Gesamtnachfragekurven als Folge der als Veblen-Effekt beschriebenen Verhaltensweisen des aufwendigen Verbrauchs nach rechts verschoben werden, wenn die erwarteten demonstrativen Preise steigen.

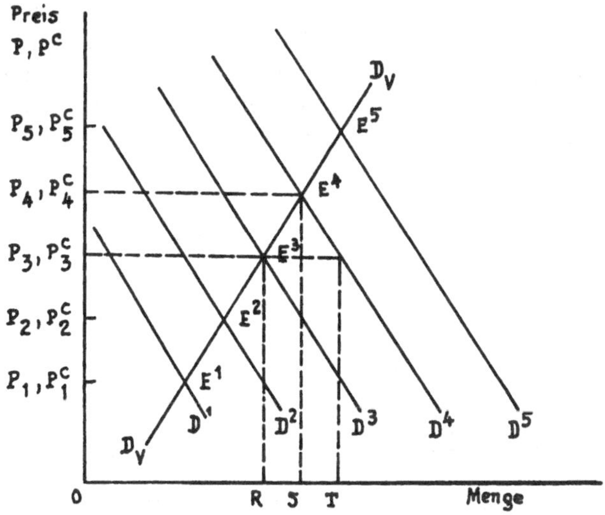

Figur 4: Zeichnerische Darstellung des Veblen-Effekts (nach Leibenstein).

Wenn wir jetzt annehmen, daß alle Konsumenten exakte Marktkenntnisse und Preisinformationen besitzen, so werden – wie bereits gesagt – die wirklichen und die demonstrativen Preise identisch. Auf jeder der in Fig. 4 eingezeichneten Nachfragekurven D^1, D^2, ..., D^n kann nur ein Gleichgewichtspunkt vorhanden sein, bei dem der erwartete demonstrative Preis und der wirkliche Preis übereinstimmen. Diese Gleichgewichtspunkte sind in Fig. 4 als E^1, E^2, ..., E^n eingetragen. Durch ihre Verbindung erhalten wir die dem Veblen-Effekt entsprechende Nachfragekurve D_V.

Wie beim Snob-Effekt so können wir auch beim Veblen-Effekt eine zweifache Wirkung einer Preisänderung auf die Nachfragemenge feststellen. Wir unterscheiden daher den Preis-Effekt und den Veblen-Effekt.

Sinkt z. B. der Preis von P_4 auf P_3, so vermindert sich – wie in Fig. 4 deutlich gemacht – die nachgefragte Menge um RS. Würde keine Änderung des erwarteten demonstrativen Preises P_4^c eintreten, während der wirkliche Preis aber von P_4 auf P_3 sinkt, so wäre die nachgefragte Menge gleich OT. Der Mengenzuwachs der Nachfrage als Folge des Preis-Effektes wäre dann gleich ST. Da aber bei einer Identität von wirklichem und demonstrativem Preis auch dieser auf P_0^s sinkt, so werden dadurch einige geltungssuchende Verbraucher infolge des geringer gewordenen Geltungsnutzens veranlaßt, ihre Nachfrage nach dem betreffenden Gut, z. B. nach der „zu billig" gewordenen Pelzsorte, einzustellen. Die Verringerung der Nachfragemenge aufgrund des Veblen-Effektes ist somit – wie aus der graphischen Darstellung in Fig. 4 hervorgeht – gleich RT.

Je nachdem ob der Preis-Effekt, d. h. die Vergrößerung der Nachfrage infolge einer Preissenkung, oder der Veblen-Effekt überwiegt, kann die Gesamtnachfragekurve D_V positiv oder negativ gekrümmt sein, bzw. sich aus positiv gekrümmten und negativ gekrümmten Teilen zusammensetzen. Es ist durchaus möglich, daß in einem Teil der Kurve die positive Krümmung überwiegt, während ein anderer Teil vorwiegend negativ gekrümmt ist (vgl. Fig. 5A, 5B, 5C).

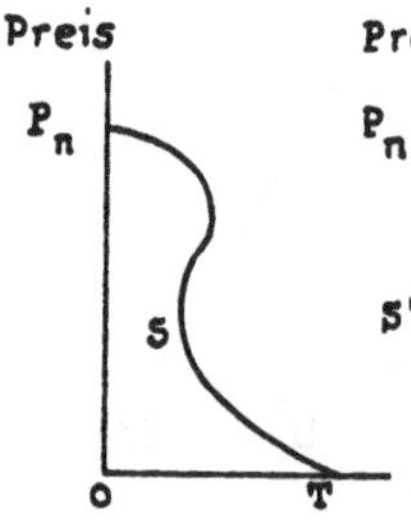

Fig. 5A

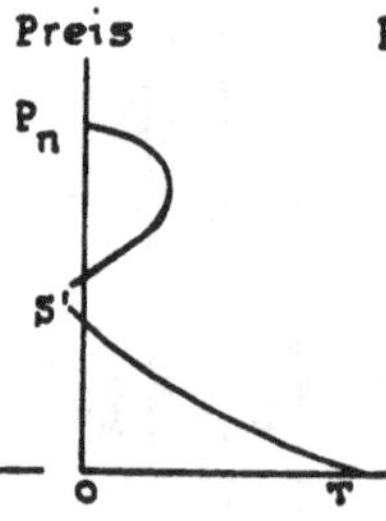

Fig. 5B
(nach Leibenstein)

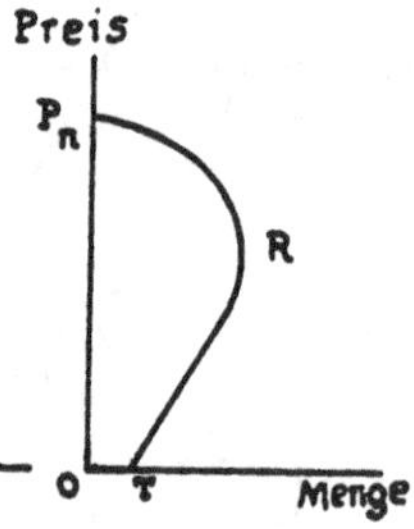

Fig. 5C

Leibenstein hält den hier in Fig. 5A dargestellten Fall einer einem umgekehrten S gleichenden Kurve aus folgenden Gründen am wahrscheinlichsten.

P_n sei der Preis, bei dem infolge von Einkommensgrenzen oder aus anderen Gründen die gesamte Nachfrage zum Erliegen kommt. Aus der Existenz von P_n kann dann gefolgert werden, daß der Teil der Kurve unterhalb P_n positiv geneigt sein muß.

Ebenso wie eine Höchstgrenze des Preises vorhanden ist, enthält die Nachfragekurve nach einem Gut auch einen Sättigungspunkt, der in den Fig. 5A, 5B und 5C mit dem Buchstaben T bezeichnet wird. Dies bedeutet aber, daß ein Teil der Kurve stetig sinken muß, um den Punkt T zu erreichen.

Es dürfte wahrscheinlich sein, daß ein bestimmter Mindestpreis besteht, bei dem der Geltungsnutzen eines bestimmten Gutes und damit auch der Veblen-Effekt gleich Null wird. An dieser Stelle der Nachfragekurve – bei dem Punkt S in den Fig. 5A und 5B – beginnt ein normaler Verlauf der Nachfragekurve in Richtung auf den Sättigungspunkt T.

Aus dem Gesagten ergibt sich eine Nachfragekurve, die einem rückwärts geneigten S gleicht und entweder aus einem Stück (Fig. 5A) oder aus zwei Segmenten (Fig. 5B) bestehen kann.

Eine Nachfragekurve, wie die der Fig. 5B, entsteht dann, wenn der Preis, bei dem die Nachfrage aus Geltungsmotiven aufhört und der Veblen-Effekt somit gleich Null wird, höher ist als der Preis, bei dem die Nachfrage nach dem betreffenden Gut aus anderen Motiven, z. B. wegen des inhärenten Gebrauchsnutzens des Gutes und eventuell von Seiten anderer Käuferschichten, wieder einsetzt.

Besteht ein Punkt S – wie in den Fig. 5A und 5B – nicht, d. h. wird der Veblen-Effekt erst bei einem Preis Null ebenfalls gleich Null, so hat die Nachfragekurve eine Form, die in unserer Fig. 5C dargestellt ist. Es leuchtet aber ein, daß der Kurvenverlauf der Fig. 5A und 5B wirklichkeitsnäher ist als die Nachfragefunktion, die in Fig. 5C graphisch sichtbar gemacht wird.

Unsere abstrakt-theoretische Darstellung des Veblen-Effektes soll hier anschließend durch einige empirisch gewonnene Ergebnisse der modernen Marktforschung ergänzt und verifiziert werden.

Wenn oben gesagt wurde, daß der geltungssuchende Verbraucher in einem hohen demonstrativen Preis eine Möglichkeit zur Erzielung eines Prestigegewinnes sieht, so kann diese Verhaltensweise auch darin zum Ausdruck kommen, daß der Verbraucher in solchen Geschäften einkauft, deren Warensortimente nur hochwertige und teure Waren enthalten. Der

Einkauf in solchen Geschäften bestätigt dann den Gruppenmitgliedern und Außenstehenden, daß der betreffende Verbraucher in der Lage und willens ist, einen hohen Preis für die gewünschten Güter zu zahlen.

Nach den Ergebnissen einer Bevölkerungsumfrage, die im Juni 1957 im Auftrag des Bundesministers für Wirtschaft bei 2000 Personen in der Bundesrepublik von der „Intermarket"-Gesellschaft für internationale Markt- und Meinungsforschung – durchgeführt wurde, bejahten ein Drittel aller Befragten die Frage „Glauben Sie, daß man von seiner Umgebung auch danach eingeschätzt wird, wo man einkauft?"[19].

Tabelle 12

	Ja	Nein	Weiß nicht	vH
Gesamt	36	41	23	100
Familienstand:				
ledig	41	38	21	100
verheiratet	36	43	21	100
verwitwet/geschieden	30	40	30	100
Familieneinkommen:				
bis 149 DM	19	47	34	100
150 – 299 DM	36	38	26	100
300 – 399 DM	35	39	26	100
400 – 599 DM	38	45	17	100
600 DM und mehr	43	41	16	100
Soziale Schicht:				
einfach	29	43	28	100
mittel	40	41	19	100
gehoben, Oberschicht	50	35	15	100

Quelle: Das Verhalten des Verbrauchers, a.a.O., S. 100.

Wie die Wohngegend bei Privathäusern, so steht die Geschäftslage einer Einkaufsstelle in enger Verbindung mit dem Ansehen, das diese in den Verbraucherkreisen genießt. Die bestimmenden Faktoren für dieses Ansehen sind hier weniger die Preiswürdigkeit und Zweckmäßigkeit des Warensortiments als vielmehr der Standort und die luxuriöse Einrichtung des Geschäftes sowie eine Bedienung, die dem Geltungsgefühl und den gehobenen Umgangsformen der Kunden entspricht. Der Wunsch nach gesellschaftlicher Auszeichnung und Differenzierung von anderen Bevölkerungsschichten findet Erfüllung, indem man seine Einkäufe nur in solchen Luxusgeschäften tätigt, die sich nach Art und Zielsetzung ihrer Betriebspolitik ganz bewußt auf eine prestigebringende Exklusivität ausgerichtet haben. Diese prestigebringende Exklusivität kommt dann nicht zuletzt in der Höhe der Preise zum Ausdruck.

[19] Vgl.: Das Verhalten des Verbrauchers, hrsg. vom Bundesministerium für Wirtschaft, Bonn, 2. Aufl., Düsseldorf 1958, S. 100.

Zahlreiche Beispiele für Einzelhandelsunternehmen dieser Art finden sich in den weltbekannten Einkaufszentren der 5th Avenue in New York, der Champs Elysées in Paris, der Bahnhofsstraße in Zürich und des Kurfürstendamms in Berlin.

Der Prestigecharakter des Einkaufs kann unter gewissen Voraussetzungen für die Handlungsweise der Käufer so bestimmend werden, daß von einer freien Wahl der Einkaufsstätte keine Rede mehr sein kann. So war es in der Vergangenheit für die Mitglieder einiger Gesellschaftskreise geradezu unmöglich, auch nur Pfennigsartikel in einem Warenhaus einzukaufen. Unter dem Einfluß des Geltungsstrebens wurde der Einkauf in bestimmten Betriebsformen zu einem gesellschaftlichen „Tabu", während der Besuch anderer Geschäfte in sozialpsychologischer Hinsicht von zwingender Notwendigkeit war. Die Antwortverteilung in unserer Tabelle 12 weist darauf hin, daß auch heute noch besonders für die Mitglieder der oberenGesellschaftsschichten die Wahl der Einkaufsstätte von sozialen und gesellschaftlichen Wertungen her beeinflußt wird.

In ähnlicher Weise wie bei der oben genannten Frage, wenngleich durch den Einfluß der psychologischen Rationalisation nicht klar zum Ausdruck kommend, bestätigen auch die Antworten auf nachstehende Fragen derselben Befragung des Intermarket-Institutes die praktische Bedeutung des Veblen-Effektes. Die Frage lautete: „Man hört oft die Äußerung; das Teuerste sei auch meist das Billigste. Sind Sie auch dieser Meinung?" Die Verteilung der Antworten ist hier in Tabelle 13 zusammengestellt:

Tabelle 13

	Ja	Stimmt nicht	Stimmt in bes. Fällen, nicht immer	Keine Meinung	vH
Gesamt	34	16	46	4	100
Familieneinkommen:					
bis 149 DM	28	21	41	10	100
150 – 299 DM	32	20	42	6	100
300 – 399 DM	34	16	44	6	100
400 – 599 DM	33	14	50	3	100
600 DM und mehr	37	12	50	1	100
Schulbildung:					
Volksschule	32	17	45	6	100
Höhere Schule	42	12	45	1	100
Abitur	35	9	54	2	100
Hochschule	33	15	52	0	100
Soziale Schicht:					
einfach	29	19	45	7	100
mittel	38	14	45	3	100
gehoben	38	9	56	0	100

Quelle: Das Verhalten des Verbrauchers, a.a.O., S. 99.

Eine empirische Bestätigung des in Tabelle 13 zum Ausdruck kommenden Sachverhalts bringt das Ergebnis eines von Egner erwähnten Experimentes in einem deutschen Warenhaus[20]. Die Verkaufsleitung dieses Hauses ließ Damenblusen der gleichen Qualität mit drei verschiedenen Preisen auszeichnen. Die Käuferinnen wählten in 90 vH aller Fälle Blusen der beiden höheren Preislagen; am häufigsten wurde die mittlere Preislage gewählt.

Egner nimmt an, daß die Markt- und Warenunkenntnis des modernen Verbrauchers für Verhaltensweisen dieser Art verantwortlich zu machen sind[21].

Zweifellos wird auch die Unsicherheit des Konsumenten in vielen Fällen dazu führen, daß der Käufer mehr oder weniger unbewußt gegen sein Interesse handelt und auf seine Konsumentenrente verzichtet. Nicht alle Kaufakte, die auf einen höheren Preis eines Gutes ausgerichtet sind, dürfen daher in Zusammenhang mit dem Veblen-Effekt gesetzt werden.

Die Bedeutung der geltungsbedingten Bevorzugung höherer Preise beim Einkauf geht andererseits aber aus zahlreichen Beispielen der Markt- und Motivforschung hervor[22]. Schaltet man den Einfluß der psychologischen Rationalisation aus, so deuten schon die Ergebnisse der Intermarket-Befragung auf den Einfluß des Veblen-Effektes hin. Auch Egner gibt zu, daß die Problematik der Konsumentenstellung auf dem Markt mit der Marktunkenntnis nicht erschöpft ist, sondern darüber hinaus vor allem auch die gesellschaftlichen Hintergründe beachtet werden müssen[23].

Ohne hier auf die von Egner angeschnittene Problematik einer „Aushöhlung der Bedarfsautonomie"[24] eingehen zu wollen, kann somit gesagt werden, daß – unter Einschluß der gesellschaftlichen Hintergründe des Konsumentenverhaltens – die Bevorzugung höherer Preise beim Kauf von Gütern im Rahmen des aufwendigen Verbrauchs nicht zuletzt auf den Einfluß des menschlichen Geltungsstrebens zurückgeführt werden muß.

Wenn wir oben die Wahl einer exklusiven Einkaufsstätte mit bekannt hohen Preisen als eine Art des aufwendigen Verbrauchs bezeichnet haben, die dem Veblen-Effekt zuzurechnen ist, so darf daneben eine moderne Abwandlung des demonstrativen Einkaufs teuerer Güter nicht übersehen werden. Hatte die oben geschilderte Verhaltensweise einer mehr oder we-

---

[20] Vgl. *Egner*, E.: Die Marktstellung des Konsumenten, in: Jahrbücher für Nationalökonomie und Statistik, Bd. 165, Stuttgart 1953, S. 30.
[21] Ebenda, S. 30.
[22] Vgl. §§ 4, 5 und 6 dieser Arbeit.
Vgl. auch *Norris*, R. T.: The Theory of Consumer's Demand, New Haven 1941, S. 163. Ferner *Schäfer*, E.: Grundlagen der Marktforschung, Köln und Opladen 1953, S. 139.
[23] *Egner*, E.: a.a.O., S. 34 ff.
[24] *Egner*, E.: a.a.O., S. 37 ff.

niger exklusiven Gesellschaftsschicht ihre Wurzeln einmal in dem Gruppenbewußtsein ihrer Mitglieder, zum anderen aber in einer finanziellen Leistungsfähigkeit, die durch die Identität eines hohen demonstrativen Preises mit dem tatsächlich gezahlten Preis nicht sonderlich beeinflußt wurde, so müssen heute z. T. andere Faktoren des gesellschaftlichen und sozialen Ansehens in Rechnung gestellt werden. Nach wie vor besteht ein prestigebedingtes Interesse an einem hohen demonstrativen Preis für Güter des aufwendigen Verbrauchs. Daneben besteht aber ein starkes Interesse des modernen Käufers – vor allem aus den Reihen der Mittelschichten – an einem niedrigen, wirklich zu zahlenden Preis.

Dieses Verlangen wird einmal bestimmt durch die relativ engen Grenzen, die dem mittelständischen Käufer durch sein Einkommen gesetzt werden, zum anderen dadurch, daß das gesellschaftliche Ansehen, das sich mit dem Vollzug der Kaufhandlung verbindet, heute weitgehend auch auf einer Einschätzung der Geschäftstüchtigkeit des Käufers durch seine Umwelt beruht.

Die Ergebnisse der amerikanischen Motivforschung haben deutlich gemacht, daß das Gefühl „to be a smart buyer" von entscheidender Bedeutung für die Kaufentschlüsse amerikanischer Verbraucher ist[25].

Etwas überspitzt formuliert kann daher gesagt werden, daß das Ziel des modernen Konsumenten nicht der Einkauf von Waren mit niedrigen Preisen, sondern der „günstige" Kauf teurer Güter ist.

Hier liegt dann oft eine eigenartige Verbindung einer Sichtbarmachung des hohen demonstrativen Preises mit einem ebenfalls u. a. auch prestigebedingten Streben nach einem niedrigen, wirklich zu zahlenden Preis vor. Dabei wird es in der Regel so sein, daß der demonstrative Preis eines Gutes dem Besitzer mehr nach „außen" und gegenüber den weniger gut bekannten Leuten Geltung verschafft, während der niedrige, wirkliche Preis seine prestigebringende Bedeutung vor allem im engeren Bekanntenkreis hat. Da der demonstrative Preis eines Gutes vielfach mit dem Listenpreis oder sogenannten „festen Preis" des Markenartikels identisch ist, ist seine Höhe den anderen Konsumenten meistens bekannt. Der wirkliche Preis wird dagegen mehr oder weniger geheimgehalten und nur den engeren Bekannten mitgeteilt.

Wenn in neueren Umfragen in der Bundesrepublik festgestellt worden ist, daß z. B. 33,5 vH der befragten Angestellten ihre Einkäufe unter Umgehung des Einzelhandels tätigen[26], dann sind zwar häufig die teilweise

---

[25] Vgl. *Dichter*, E.: A Psychological View of Advertizing Effectiveness, in: The Journal of Marketing, Vol. XIV, July 1949, Nr. 1, S. 61 f.

[26] Institut für Selbsthilfe: Tätigkeitsbericht, Köln 1957/58, S. 6. Vgl. auch: Rabatt wichtiger als Raten, in: Handelsblatt, Nr. 91, Düsseldorf, 22. 6.1 959. Ferner: Die Beschaffungswege der Konsumenten bei Großartikeln des Hausrats, in: Mitteilungen des Instituts für Handelsforschung, Köln, 15. 6. 1954, S. 317 ff.

überhöhten Handelsspannen sowie die aus der Ausschaltung von Handelsstufen resultierende Umsatzsteuerersparnis dafür verantwortlich zu machen[27]; nicht ohne Einfluß auf die Ausbreitung dieser Verhaltensweisen ist aber zweifellos auch der Prestigeeffekt, der sich daraus ergibt, daß der „Direktkäufer" wegen seiner Geschäftstüchtigkeit den Neid seiner Nachbarn erregt und die – manchmal widerwillige – Anerkennung seiner Umwelt gewinnt[28]. Die in Prozenten des Bruttopreises ausgedrückte Preisermäßigung bei Barzahlung wird zu einem Gradmesser der sogenannten „Beziehungen" und des Verhandlungsgeschicks eines Konsumenten. Beziehungen, Verhandlungsgeschick und nicht zuletzt die finanzielle Leistungsfähigkeit, die in der Möglichkeit der Barzahlung des Käufers sichtbar wird, verschaffen dann das gewünschte Erstaunen und Ansehen bei den Mitmenschen[29]. Umgekehrt hat das Bekanntwerden eines in der Meinung seiner Umwelt ungünstigen Einkaufs für den Konsumenten einen Verlust an Geltung zur Folge.

„Hat er zu teuer eingekauft, weil am nächsten Tag oder gleich um die Ecke der Preis niedriger ist, ärgert er sich nicht so sehr über die damit verbundene Mehrausgabe als über den tatsächlichen oder auch nur vermeintlichen Ansehensschwund"[30].

Es liegt auf der Hand, daß die orientalisch anmutende Mentalität, die dieser Verhaltensweise des modernen Konsumenten zugrunde liegt, zu Fehlkäufen verleitet, wenn mangelnde Marktübersicht und geringe Warenkenntnis ein rationales Abwägen und Vergleichen des Angebots verhindern und die „Rabattpsychose" vieler Käufer Mißbräuche des sogenannten „Beziehungshandels" geradezu herausfordert[31].

Sehen wir von dieser Problematik ab, so bestätigen die empirisch gewonnenen Kenntnisse über das Verhalten des Verbrauchers die nachfragestimulierende Wirkung des aufwendigen Verbrauchs, wie sie in unserer Fig. 4 graphisch dargestellt wurde. Wenn nämlich der demonstrative Preis, d. h. z. B. der normale Listenpreis eines Markenartikels auf dem hohen

---

[27] Vgl. hierzu *Brocker*, C. und *Rinsche*, G.: Existenzgefährdung des mittelständischen Einzelhandels, in: Echo der Zeit, Recklinghausen, 16. 10. 1960.

[28] „Am Stammtisch schwelgt man in Prozenten. Wenn der eine triumphierend von 23 Prozent Nachlaß spricht, so kontert der andere mit 25 Prozent unter Listenpreis." *Eick*, J.: Der Rabatt-Wahn, in: Frankfurter Allgemeine Zeitung, Nr. 180, 7. 8. 1959.

[29] Daß diese Verhaltensweisen nicht in erster Linie durch die Notwendigkeit einer sparsamen Haushaltsführung hervorgerufen werden, geht aus einer Mitteilung des Instituts für Selbsthilfe hervor, nach der „Personen mit einem Einkommen unter 200,– DM zu einem Prozentsatz, der etwas über 0 liegt, den Großhandel aufsuchen; beim Einkommen über 1000,– DM liegt dieser Prozentsatz dagegen über 70. Institut für Selbsthilfe: Tätigkeitsbericht 1957/58, a.a.O., S. 6.

[30] *Bergler*, G.: Preisbildung und Preispolitik, in: Der Volkswirt, 11. Jg., Nr. 17, Frankfurt, 27. 4. 1957, S. 798.

[31] Vgl. *Eick*, J.: Der Rabatt-Wahn, a.a.O.

Stand bleibt (z. B. P_4^c in Fig. 4), so nimmt die Nachfragemenge trotz des Veblen-Effektes (um TS in Fig. 4) zu, wenn der wirklich zu zahlende Preis, d. h. der „Beziehungskaufpreis" sinkt.

Abschließend muß noch einmal erwähnt werden, daß die in den §§ 7, 8 und 9 dargestellten Nachfragewirkungen des Käuferverhaltens im Rahmen des aufwendigen Verbrauchs in der wirtschaftlichen Wirklichkeit häufig in gemischter Form vorkommen. Diese Formen hier theoretisch und graphisch aufzuzeigen, würde aber den Rahmen unserer Arbeit sprengen und naturgemäß erhebliche Komplikationen bei der graphischen Darstellung verursachen.

Darüber hinaus gilt es zu beachten, daß die abstrakt-isolierende Darstellung, wie sie etwa von Leibenstein benutzt wird, ungeeignet ist, um die in der Praxis überwiegenden Mischformen von rationalem und prestigeorientiertem Käuferverhalten zu analysieren. Eine wirklichkeitsnahe Aussage ist daher nur möglich, wenn die spekulative Isolierung der Tendenz durch empirische Untersuchungen der sozialökonomischen Verhaltensforschung überprüft, verifiziert und ergänzt wird[32].

---

[32] Vgl. hierzu *Schmölders*, G.: Ökonomische Verhaltensforschung, a.a.O.

Viertes Kapitel

Der Branchenwettbewerb als Folge des aufwendigen Verbrauchs

§ 10 Die Mobilisierung des Geltungsnutzens als Mittel der Absatzsicherung

In dem Maße, in dem das Streben nach gesellschaftlicher Anerkennung und sozialer Hervorhebung die Kaufentscheidungen des modernen Menschen beeinflußt und somit Überlegungen über den Geltungsnutzen eines Gutes von ausschlaggebender Bedeutung für die Verbrauchsstruktur werden, treten andere Faktoren und Überlegungen hinsichtlich der Einkommensverwendung in den Hintergrund. Die zunehmende Bedeutung des Geltungsnutzens hat eine partielle Umlenkung der Kaufkraft zur Folge. Es werden solche Güter verlangt und gekauft, die in irgendeiner Weise den gesuchten Geltungsnutzen zu geben vermögen oder zu geben scheinen.

„Der Geltungsnutzen ist es, der die Menschen in ihren Käufen und damit in ihrer Lebensgestaltung beeinflußt. . . . . . . Es ändert sich dadurch jedoch nicht die vorhandene Kaufkraft. Sie wird nur anders verteilt als bisher. . . . . . Es ergibt sich also eine mengenmäßige Verschiebung innerhalb des gesamten Warensortimentes auf dem Markt"[1]. Das bedeutet aber, daß ein großer Teil des Einkommensüberschusses über den lebensnotwendigen Existenzfond hinaus für solche Güter und Dienstleistungen verwandt wird, die in den betreffenden Konsumentenschichten und -gruppen eine Prestigefunktion erfüllen und deren Geltungsnutzen somit erstrebt wird. Wir haben im Kapitel 2 unserer Arbeit versucht, den Einfluß des Geltungsbedarfs auf die Verbrauchsstruktur am Beispiel einiger mit Geltungsnutzen ausgestatteter Güter sichtbar zu machen.

Über die Absorbierung des Subsistenzfondüberschusses hinaus wirkt das kompetitive Element des aufwendigen Verbrauchs vor allem bei Empfängern niedriger Einkommen, die im Zuge einer folgsamen Nachahmung mit den Beziehern höherer Einkommen Schritt zu halten versuchen, sich unter Umständen dahingehend aus, daß auch die Verwendung des Subsistenzfonds vom aufwendigen Verbrauch her beeinflußt wird. Ausgaben des sogenannten lebensnotwendigen Bedarfs, der mehr vom eigentlichen

---

1 *Bergler*, G.: Ein neuer Käufertyp steht heute vor dem Ladentisch, a.a.O. Über die Verbrauchsänderungen in der Bundesrepublik vgl. *Bub*, N.: Neue Tendenzen der Einkommensverwendung, in: Der Verbraucher im Blickpunkt. Beilage zu: Der Volkswirt, Nr. 28, Frankfurt, 11. 7. 1959, S. 20 ff.

Zwecknutzen der dazugehörenden Güter und Dienstleistungen her bestimmt wird, werden eingeschränkt, wenn der erstrebte Geltungsnutzen durch den Besitz hochwertiger Prestigesymbole (oder Prestigesurrogate) entsprechend hohe finanzielle Aufwendungen erfordert[2]. Die Tatsache, daß in bestimmten Gesellschaftsgruppen und zu bestimmten Zeiten – z. B. im Verlauf einer langfristigen Modewelle – ein bestimmtes Gut als Statussymbol und Gradmesser der finanziellen Leistungsfähigkeit vorherrschend ist und daß die erforderlichen Ausgaben für dieses Gut einen einschneidenden Einfluß auf die gesamte Verbrauchsstruktur der betroffenen Käufergruppen ausüben, läßt es u. E. gerechtfertigt erscheinen, diese Wirkungen der Aufwandskonkurrenz als Entzugseffekte der statusrelevanten Ausgaben zu bezeichnen. Schon Mackenroth hat darauf aufmerksam gemacht, daß die Aufwandskonkurrenz zu einer Beschränkung der gesellschaftlich nicht gebundenen Ausgabenkategorien führen kann[3]. Unter Hinweis auf Mackenroth kommt W. Kahler in einer neueren Untersuchung über das Agrarproblem zu dem Schluß, daß eine die Landwirtschaft schädigende Entwicklung darin zu sehen sei, daß den Ausgaben für Nahrungsmittel keine prestigebringende Bedeutung zukomme und damit die Ausgaben für Nahrungsmittel bei steigendem Einkommen auch absolut sinken[4].

In einem Aufsatz mit dem Thema „Arbeitnehmer und Vermögensbildung" weist A. v. Loesch darauf hin, daß die soziale Interdependenz des geltungsbedingten Konsums es den Arbeitnehmern häufig unmöglich macht, über das Zwecksparen hinaus private Vermögen im Wege des Konsumverzichts zu bilden[5]. In diesem Zusammenhang verdient erwähnt zu werden, daß Schmölders bereits vor Jahren die Forderung nach einer Berücksichtigung des Geltungs- und Prestigestrebens durch und für die Sparwerbung erhoben hat[6].

Die Entzugseffekte der satusrelevanten Ausgaben für Wohnung bei Beamtenfamilien im Deutschen Reich in der Zeit vor dem ersten Weltkrieg sind in unserer Tabelle 8 deutlich erkennbar[7]. Die Gemeindeuntersuchun-

---

[2] An dieser Stelle ist jedoch zu beachten, daß auch Ausgaben für den lebensnotwendigen Bedarf, z. B. Nahrungskosten und Mietzins, zu statusrelevanten Ausgabenkategorien werden können und damit ein Unterschied zwischen Existenzbedarf und Geltungsbedarf statistisch nicht mehr erfaßbar ist.

[3] Vgl. *Mackenroth*, a.a.O., S. 84. Beispiele aus der amerikanischen Gesellschaft bringt Vance *Packard*. Vgl. Packard, V.: The Status Seekers, New York 1959, dtsch.: Die unsichtbaren Schranken, Theorie und Praxis der Aufstiegs in der ‚klassenlosen' Gesellschaft. Düsseldorf, 1959. Vgl. auch *Rosenstiel*, F. H.: Die Jagd nach Prestige, in: Frankfurter Allgemeine Zeitung, Nr. 204, 4. 9. 1959, S. 19. Ferner *Rothe*, W.: Der Weg nach oben, in: Handelsblatt, Nr. 145, Düsseldorf, 4. 9. 1959, S. 15.

[4] Vgl. *Kahler*, W.: Das Agrarproblem in den Industrieländern, Göttingen 1958, S. 92 ff.

[5] Vgl. *Loesch*, A. v.: Arbeitnehmer und Vermögensbildung, in: Der Volkswirt, 11. Jg., Nr. 27, Frankfurt a. M., 6. 7. 1957, S. 1380 ff.

[6] Vgl. *Schmölders*, G.: Wie man die Menschen zum Sparen bringt, a.a.O., S. 11.

[7] Vgl. § 5 dieser Arbeit.

gen von Warner und Lunt haben die Entzugseffekte der Ausgaben für das Statussymbol Auto in amerikanischen Mittelschichten klar zum Ausdruck gebracht[8].

Diese wenigen Beispiele für die Entzugseffekte des aufwendigen Verbrauchs mögen hier genügen, um die interdependente Beziehung zwischen den verschiedenen Arten der Einkommensverwendung aufzuzeigen. Die Entzugseffekte der Aufwandskonkurrenz können somit von einschneidender, wenn nicht gar von existenzgefährdender Bedeutung für solche Wirtschaftszweige sein, deren Produkte keinen Prestigecharakter haben.

Umgekehrt sind die Auswirkungen des aufwendigen Verbrauchs für die Wirtschaftszweige und Berufsgruppen, deren Produkte und Dienstleistungen mit einem hohen Geltungsnutzen ausgestattet sind, durchaus positiv. Wenn z. B. das Herrenschneiderhandwerk trotz der verfeinerten und qualitativ verbesserten Methoden der Massenproduktion der Bekleidungsindustrie eine relativ gute Beschäftigungslage aufweist und die Umsätze in diesem Handwerkszweig seit 1956 jährlich gesteigert werden konnten und 1957 eine Höhe von 670 Mill. DM erreichten, dann wird hieraus die Bedeutung des Geltungsnutzens für die Absatzsicherung eines Wirtschaftszweiges klar ersichtlich. Man wird den Marktforschern recht geben müssen, die die Chance des Herrenschneiderhandwerks darin sehen, daß dieser Gewerbezweig den Verbrauchern die Möglichkeit bietet, „ihr Streben auch nach äußerer Geltung zu verwirklichen"[9].

Nach diesen Ausführungen wird verständlich, daß die Absatzpolitiker in einigen der durch die Entzugseffekte des aufwendigen Verbrauchs betroffenen Branchen und Wirtschaftszweige sich mehr und mehr Gedanken darüber machen, wie der Geltungsnutzen in den Dienst der Absatzsicherung gestellt werden kann. Wenngleich die Frage, wie ein Gut zum Mittel im Prestigewettbewerb wird, noch nicht erschöpfend beantwortet worden ist und vielleicht auch niemals vollständig beantwortet werden kann, da unbestimmbare und unvorhersehbare Faktoren sozialpsychologischer Natur hierbei mitwirken, so können doch einige Triebkräfte und Methoden aufgezeigt werden, die das Ausmaß und die Richtung des aufwendigen Verbrauchs beeinflussen und damit unter bestimmten Voraussetzungen den Geltungsnutzen alter oder neuer Güter zu aktivieren vermögen.

---

[8] Vgl.: Tabellen 3 und 4. Der Verf. hatte im Jahre 1952 Gelegenheit, in den Vereinigten Staaten Angehörige von rassischen Minderheiten kennenzulernen, deren Lebenshaltung Beispiele für eine extreme Wirksamkeit der Entzugseffekte des aufwendigen Verbrauchs darstellten. Einige dieser farbigen Amerikaner besaßen den teuersten Cadillac als Mittel des demonstrativen Konsums, waren durch die laufenden Ausgaben für die Ratenzahlungen und Unterhaltungskosten aber gezwungen, nachts in diesem Luxuswagen zu schlafen, da sie die Miete für eine anderweitige Unterkunft nicht mehr aufbringen konnten.

[9] Vgl.: Man geht nicht mehr ohne Maßanzug, in: Deutsche Zeitung und Wirtschaftszeitung, 10. 9. 1958.

Wir haben an anderer Stelle darauf hingewiesen, daß nicht immer die oberen Gesellschaftsgruppen, sondern häufig die oberen Mittelschichten im aufwendigen Verbrauch schrittmachend und tonangebend sind. Da die Mittelschichten in diesem Fall aber kein unmittelbares Vorbild haben und traditionelle Konsumgewohnheiten keine Ansätze für neue Verbrauchsformen bieten können, muß in diesem Zusammenhang die Frage nach der Verkörperung zentraler Prestigewerte gestellt werden. In früheren Epochen hatte man oft genau bestimmte Leitfiguren, die als eine Art Idealtypus das Vorbild für die konkreten Verhaltensweisen bestimmter Gesellschaftsgruppen abgaben. So kannte das frühe Mittelalter den christlichen Ritter als Ideal und die Renaissance den Uomo universale[10]. Je mehr sich der einzelne Mensch im Wesen und Wirken dem für seine Zeit und Gesellschaft wesentlichen Idealbild annäherte, um so höher war seine gesellschaftliche Geltung. Im Zeitalter des Absolutismus wird der Landesfürst zum konkreten Vorbild für die höheren Gesellschaftsschichten[11]. Die gesellschaftliche Geltung eines Höflings ist hier eine Funktion seiner persönlichen Beziehungen zum Fürsten sowie seiner finanziellen Fähigkeit zur Nachahmung der fürstlichen Lebensweise.

Wenn moderne Kulturkritiker darüber klagen, daß unsere Zeit mehr denn je zuvor durch den Mangel eines allgemein verbindlichen Leitbildes charakterisiert sei und aus der Vielzahl von Filmschauspielern, Sporthelden, Raketenforschern und Großfunktionären kein gültiges Vorbild für die Selbstverwirklichung des Menschen entstehen könne, so schließt diese Feststellung doch nicht aus, daß die Verhaltensweisen dieser Idole sehr wohl einen beachtlichen Einfluß auf die Richtung des aufwendigen Verbrauchs und damit auf die Höhe des Geltungsnutzens bestimmter Güter ausüben können[12].

In einer Meinungsumfrage des wissenschaftlichen Instituts für Filmfragen in München hat dessen Leiter Prof. Martin Keilhacker bei 10 000 jugendlichen Filmbesuchern die Bedeutung des Films und der Filmschauspieler für das Verhalten der Jugendlichen feststellen lassen. Auf die Frage „Gehst Du wegen eines Filmstars ins Kino?" antworteten 50 vH der befragten 13 – 16 jährigen mit „Ja". 80 vH der 14 – 15 jährigen Schüler bejahten die Frage, ob sie im Film gelernt hätten, wie man sich kleidet[13].

Schon im Jahre 1933 hatte eine umfangreiche amerikanische Untersuchung über den Einfluß des Films auf Kinder und Jugendliche unter anderem gefunden, daß der Verbrauch von Kleidern etc. durch filmische Vorbilder stark beeinflußt wird[14].

---

[10] Vgl. *Bodamer*, J.: Der Mensch ohne Ich, Freiburg i. Br. 1958, S. 23.

[11] Vgl. *König*, R.: Die Mode in der menschlichen Gesellschaft, a.a.O., S. 36.

[12] Vgl. *König*, R.: Die Mode in der menschlichen Gesellschaft, a.a.O., S. 64.

[13] Vgl. *Seeberger*, M.: Die Idole des Erfolgs. Wo die Jugendlichen heute ihre Leitbilder suchen, in: Handelsblatt, Nr. 101, Düsseldorf, 29. 8. 1958, S. 10.

[14] Vg. *Doob*, L. W.: a.a.O., S. 515 ff.

Für die konkreten Wirkungen, die sich aus dem Einfluß des Films und dem Verhalten der Filmidole für die Kaufentschlüsse der Verbraucher ergeben, gibt es eine große Zahl aufschlußreicher Beispiele.

So berichtet Rosten über den unerwarteten Aufschwung, den das Putzmachergewerbe in den Vereinigten Staaten dadurch verbuchen konnte, daß die Filmschauspielerin Greta Garbo in dem Film „Susan Lennox" einen neuartigen Hut trug und damit den Geltungsnutzen der Damenhüte reaktivierte[15].

Es ist nur zu verständlich, daß die moderne Absatzpolitik versucht, eine Mobilisierung des Geltungsnutzens durch die Hervorhebung des Vorbildes von sogenannten „Prestige-Persönlichkeiten" im Rahmen ihrer Verkaufswerbung herbeizuführen[16]. Dabei bedient sie sich der psychischen Prozesse der Identifikation und der Projektion[17], die bewußt provoziert werden, um auf diese Weise den latent vorhandenen Geltungsnutzen zu aktivieren[18].

Indem nämlich eine anerkannte Prestige-Persönlichkeit, z. B. ein bekannter Filmschauspieler, ein bestimmtes Gut demonstrativ zur Schau stellt und von den Herstellern dieses Gutes in ihrer Verkaufswerbung so dargestellt wird, wird das betreffende Gut damit zu einem Mittel im Prestigewettbewerb, sofern nicht andere Einflüsse gleicher oder anderer Art zu einer Verdrängung führen. Sind die allgemeinen Voraussetzungen für die Einführung günstig, so wird aber durch diese Methode ein neues Gut zu einem Prestigeträger kreiert. Wenn erst einige Konsumenten einer „Schrittmachergruppe" dieses Gut dann kaufen und sich infolge des gleichen Besitzes mit dem betreffenden Filmschauspieler identifizieren[19], um auf diese Weise an seinem Prestige teilhaben zu können, wird es leicht möglich, daß dadurch im Wege der übertrumpfenden oder folgsamen Nachahmung eine Wellenbewegung von Käufen gleicher Zielrichtung einsetzt.

---

[15] Vgl. *Rosten*, L. C.: Hollywood, New York 1941, S. 362. Bereits in den zwanziger Jahren hatten deutsche und französische Produzenten Eingaben an ihre Regierungen gerichtet mit dem Ziel, die Einfuhr amerikanischer Filme einzuschränken, da die amerikanischen Filmschauspieler – wohl unbeabsichtigt – in den Hollywoodfilmen eine starke Werbewirkung für amerikanische Waren ausübten. Vgl. *Rosten*, L. C.: a.a.O., S. 363. Vgl. auch *Ziefle*, W.: „Versteckte" Werbung, in: Die Absatzwirtschaft, Heft 1, Mainz 1957, S. 26.

[16] Vgl. *Moede*, W.: Psychologie des Berufs- und Wirtschaftslebens, Berlin 1958, S. 159. Ferner *Domizlaff*, H.: Die Gewinnung öffentlichen Vertrauens, Hamburg 1951 und *Holzschuher*, L. v.: a.a.O., S. 348 ff.

[17] Vgl. hierzu die anthropologische Untersuchung von *Morin*, E.: Le Cinéma ou l'homme imaginaire. Paris 1956. Dtsch.: Der Mensch und das Kino, Stuttgart 1958, S. 98 f.

[18] Vgl. *Friedrichs*, G.: a.a.O., S. 45 ff.

[19] „Das Prestige der Filmschauspieler gründet zu einem wesentlichen Teil darin, daß die sich mit ihm identifizierenden Zuschauer zur Erfüllung ihrer Lebenspläne gelangen, wie denn überhaupt unsere Identifikationsobjekte stets in der Richtung unserer Wünsche stehen. Wir schaffen uns Vorbilder, um uns selbst unvermerkt aber sicher zur Ebenbildlichkeit zu erheben." *Hofstätter*, P.: Die Psychologie der öffentlichen Meinung, a.a.O., S. 86.

Während die Identifikation als wunschbezogener psychischer Prozeß auf solche Personen abzielt, die als Individuum mit Prestige ausgerüstet und daher am ehesten in der Lage sind, die Richtung des aufwendigen Verbrauchs zu lenken, benutzt die Verkaufswerbung die psychische Projektion, die G. Friedrichs als realitätsbezogenen Gegenbegriff zur Identifikation charakterisiert[20], um das propagierte Produkt in den Wirkungsbereich des Bandwagon-Effekts zu bringen. Durch den Hinweis auf die weite Verbreitung eines Gutes soll der Eindruck erweckt werden, daß der „abstinente" Verbraucher gesellschaftlich und sozial „hoffnungslos" zurückbleibt, wenn er sich nicht auch zur Anschaffung des Gutes entschließt, das bereits für „alle, die auf sich halten", zu einem unentbehrlichen Statusindikator geworden ist. Auf diese Weise versucht die moderne Verkaufswerbung, einer – z. B. durch die Provozierung der Identifikation eingeleiteten – Verkaufs- und Kaufwelle neue Impulse und eine größere Wirkungsbreite zu geben und den kreierten Geltungsnutzen eines Gutes für neue Käuferschichten erstrebenswert zu machen.

Von großer Bedeutung für die Kreierung neuer Güter der Aufwandskonkurrenz und ihre Einbeziehung in den Rahmen des aufwendigen Verbrauchs sind auch die modernen Medien der Massenkommunikation, z. B. die Boulevardpresse, die Illustrierten und in besonderer Weise die qualitativ gehobenen Zeitschriften, die sich vor allem mit Fragen der Hauseinrichtung, der Haushaltsführung, der Freizeitgestaltung und der Lebenshaltung schlechthin beschäftigen. Amerikanische Zeitschriften wie „Home and Garden" und „Lady's Home Journal" oder beispielsweise die deutsche Illustrierte Zeitung „Film und Frau" induzieren nicht selten die Initialzündung für eine neue Kaufwelle im Rahmen des aufwendigen Verbrauchs dadurch, daß sie ihre Leser mit neuen Konsumgewohnheiten gesellschaftlich hochstehender – wirklicher oder imaginärer – Käufergruppen konfrontieren[21]. Diese Art bewußter oder unbewußter Mobilisierung des Geltungsnutzens erstreckt sich nicht nur auf technisch neue Güter, sondern vielfach auch gerade auf die Wiedererweckung alter und vergessener Konsumgewohnheiten und die Wiederbenutzung vergessener Güter und Produkte. Die Reaktivierung des Geltungsnutzens ehemaliger Prestigeträger kann dann das Wiederaufleben eines bedeutungslos gewordenen Wirtschaftszweiges zur Folge haben. In den letzten Jahren konnten besonders einige Zweige des Kunsthandwerks von einer solchen Reaktivierung des Geltungsnutzens ihrer Produkte profitieren[22].

---

[20] Vgl. *Friedrichs*, G.: a.a.O., S. 48 ff.

[21] Über den Einfluß amerikanischer Zeitschriften auf die Verhaltensweisen amerikanischer Verbraucher, Vgl. *Lynd*, R. S. und *Lynd*, H. M.: Middletown in Transition, A Study in Cultural Conflicts, a.a.O., S. 259.

[22] Vgl.: Gutes Geschäft beim Kunsthandwerk, in Frankfurter Allgemeine Zeitung, Nr. 202, Frankfurt, 2. 9. 1959, S. 13.

Neben der Provozierung psychischer Prozesse der Identifikation und Projektion zur Mobilisierung des Geltungsnutzens als Mittel der Absatzsicherung verdienen auch die Methoden der Produkt- und der Preisdifferenzierung in diesem Zusammenhang Erwähnung.

Die mittels der Produktdifferenzierung hervorgerufene Heterogenität des Güterangebots enthält für den nach gesellschaftlicher Hervorhebung strebenden Konsumenten die Möglichkeit einer sozialen Differenzierung durch den Kauf und die Verwendung besonderer Arten eines bereits allgemein verbreiteten Produktes. Diese Möglichkeit der gesellschaftlichen Differenzierung und Abhebung wird durch die moderne Verkaufswerbung bewußt herausgestellt, um dadurch den Geltungsnutzen eines Gutes zu erhöhen. Abgesehen von der temporalen Produktdifferenzierung, über die noch gesondert zu sprechen sein wird[23], interessiert in diesem Zusammenhang vor allem die vertikale Produktdifferenzierung, die man auch als eine modifizierte Form der Preisdifferenzierung ansprechen kann[24].

Während die horizontale Produktdifferenzierung den Gesamtmarkt für ein bestimmtes Gut in die Einzelmärkte A, B, C etc. unterteilt, spaltet ein Produzent im Zuge einer vertikalen Produktdifferenzierung sein angebotenes Produkt in mehrere Produktklassen A-, A, a etc. auf und versucht so, sein Angebot mit dem hierarchischen Aufbau einer Gesellschaft abzustimmen. Die oberen Schichten der Gesellschaft und die Gruppen mit hohem sozialem Status sind dann durch den Kauf und Verbrauch von Gütern der Produktklasse A- von den Gruppen geschieden, die die Sorte A oder a benutzen. Der Unterschied zwischen den verschiedenen Produktklassen wird durch eine Variation von Form, Farbe und Verpackung sowie durch eine unterschiedliche Preisfestsetzung sichtbar gemacht.

Wenn der Preisunterschied zwischen den mehr Prestige vermittelnden, sogenannten „besseren" Sorten und gewöhnlichen Sorten bedeutend größer ist als der tatsächliche Wertunterschied in Form von besserer Verpackung, geschmackvollerer Aufmachung etc., so beruht der höhere Geltungsnutzen z. T. auch auf einem Element der auffälligen Verschwendung im Sinne von Veblen[25]. Die Absatzpolitik bemüht sich hier, neben dem Snob-Effekt auch noch den Veblen-Effekt zur Wirksamkeit zu bringen.

---

[23] Vgl.: § 11 dieser Arbeit.

[24] Vgl. *Friedrichs*, G.: a.a.O., S. 71. Unsere folgenden Ausführungen in Anlehnung an Friedrichs.

Als Beispiel einer prestige- und statusorientierten Preisdifferenzierung sei hier auf das Vier-Klassen-System aus der Frühzeit der Eisenbahn sowie auf die Preispolitik der Theater verwiesen. Über die Voraussetzungen der Preisdifferenzierung, z. B. über die Verschiedenheit der Nachfrageelastizitäten verschiedener Käufergruppen, vgl. *Schneider*, E.: Einführung in die Wirtschaftstheorie, II. Teil, 5. Aufl., Tübingen 1958, S. 142 ff. Ferner *Gutenberg*, E.: a.a.O., S. 276 ff.; *Stackelberg*, H. v.: a.a.O., S. 223 ff.

[25] „Nur Verschwendung bringt Prestige." *Veblen*, Th.: Die Theorie der feinen Leute, a.a.O., S. 103.

Der in den Verkaufsargumenten angegebene – in Wirklichkeit nur scheinbare Qualitätsunterschied zwischen den verschiedenen Produktklassen liefert dann lediglich die „rationalisierten Gründe" für die Bevorzugung der höheren Produktklassen[26].

§ 11 Die modische Variation im Dienste der Absatzpolitik

Wenn im § 10 unserer Arbeit darauf hingewiesen werden konnte, daß die moderne Absatzpolitik in der Mobilisierung des Geltungsnutzens eines Gutes ein Mittel zur Absatzsicherung gefunden hat, so muß hierbei jedoch beachtet werden, daß der Geltungsnutzen eines Gutes durch die Absatzausweitung als Folge der geltungsbedingten Nachahmung eine sinkende Tendenz erhält und schließlich völlig verschwindet, wenn der Besitz des betreffenden Gutes für die große Mehrheit der Bevölkerung eines Landes zu einer Selbstverständlichkeit geworden ist[27].

Mit dem Verlust des Geltungsnutzens fällt aber der Kaufanreiz für alle die Käufer aus, die das betreffende Gut als Prestigemittel im Prestigewettbewerb werteten. Die Absatzstockung am Ende einer Kaufwelle ist dann für die Anbieter das unübersehbare Zeichen für den Funktionsverlust ihrer Produkte.

Sieht man von der Möglichkeit ab, durch die Produktion anderer Güter neue Absatzgebiete zu erschließen, so besteht für die Produzenten und Händler der zum Allgemeinbesitz degradierten Prestigegüter nur die Chance, durch Einbeziehung ihrer Produkte in einen Modezyklus mit Hilfe einer temporalen Produktdifferenzierung eine Reaktivierung des Geltungsnutzens der betreffenden Güter und damit eine Wiederbelebung des Absatzes herbeizuführen.

„In der Beeinflussung der Mode, in der Erziehung immer breiterer Kreise zur Unterwerfung unter die Mode hat der Wettbewerb ein Mittel gefunden, das weit über die Maßnahmen zur Gewinnung von Absatzmärkten im In- und Ausland für altgewohnte Warentypen wirkt"[28].

---

[26] Packard bringt für diese nicht unwichtige Aufgabe der modernen Werbung, der Bereitstellung von rationalen Motiven und Entschuldigungsgründen für Käufe des aufwendigen Verbrauchs, zahlreiche Beispiele aus der amerikanischen Werbewirtschaft. Vgl. *Packard*, V.: Die geheimen Verführer, a.a.O., S. 78 ff.

[27] „When all can share, there is no chance for that prestige consumption which makes the richer feel superior to the poorer and the poorer envious of the richer. In the United States, the man who can read and write has no personal pride in it, because everyone else can do likewise."

Hoyt, E. E.: American Income and Its Use, a.a.O., S. 12.

[28] *Troeltsch*, W.: a.a.O., S. 17.

„Wenn der Markt für Damenhüte gesättigt ist, weil jede Frau einen Hut besitzt, dann gibt es nur noch ein Mittel, neue Nachfrage zu schaffen: Die Kundschaft muß dazu veranlaßt werden, periodisch neue Hüte zu kaufen, ohne Rücksicht darauf, ob die anderen abgenutzt sind oder nicht." *de Man*, H.: Vermassung und Kulturverfall, 2. Aufl., München 1952, S. 68.

Wenn eine neue Mode, d. h. die neue Aufmachung, Form und Farbe der gleichen Produkte, durch das Verhalten der Prestige-Persönlichkeiten und durch die Schrittmachergruppen des aufwendigen Verbrauchs zur allgemeinen Anerkennung gekommen ist, büßen die „altmodischen" Güter mehr oder weniger schnell ihren Geltungsnutzen ein.

„Die Geltung, nach der der Verbraucher um so unablässiger sucht, je schwieriger sie zu erlangen ist, muß daher im Rhythmus der Mode stets von neuem erkauft werden"[29].

Dabei kann es allerdings sehr wohl sein, daß ein vorjähriges Produkt einer höheren Preisklasse einen gleich hohen Geltungsnutzen hat wie ein der herrschenden Mode entsprechendes Gut einer niedrigeren Preisklasse. Unabhängig davon kann aber festgestellt werden, daß mit Hilfe der temporalen Produktdifferenzierung eine psychische Vernichtung der allgemein verbreiteten Güter vorgenommen werden kann.

Da eine derartige psychische Vernichtung ehemaliger Prestigeträger durch Einleitung einer neuen Mode zu einer neuen Kaufwelle führen kann, wird es verständlich, wenn immer mehr Hersteller versuchen, ihre Produkte in den Modewechsel einzubeziehen und damit die Marktsättigung zu einer temporären und schnell vorübergehenden Erscheinung zu machen[30].

Grundsätzlich können alle Güter, die in irgendeiner Weise als Mittel der Aufwandskonkurrenz eingesetzt werden können, dem Modewechsel unterliegen.

„Je mehr ein Gut in der Lage ist, einem Menschen aus seiner jeweiligen Situation heraus eine erstrebte Anerkennung zu verschaffen – jedenfalls soweit es sich der Betreffende einbildet, damit solches erreichen zu können –, desto stärker ist dieses Gut anfällig für modische Einflüsse"[31].

Welche Waren und Gebrauchsgüter bereits vor mehr als 150 Jahren Gegenstand der Mode waren, zeigt eine reizvolle Aufzählung in einem „Journal des Luxus und der Mode" aus dem Jahre 1788. Danach werden in dieser Modezeitschrift folgende Gegenstände und ihr modischer Wandel beschrieben:

„1. weibliche und männliche Kleidung; 2. Putz; 3. Schmuck; 4. Nippes; 5. Ameublement; 6. alle Arten von Tisch- und Trinkgeschirre, als Silber, Porcellan, Gläser usw.; 7. Equipage, sowohl Wagen als Pferdezeug, und Livreen; 8. Häuser- und Zimmer-Einrichtung und Verzierung; 9. Gärten und Land-Häuser"[32].

---

[29] *Bergler*, G.: Ein neuer Käufertyp steht heute vor dem Ladentisch, a.a.O., S. 3.

[30] Vgl. *Gordon*, L. J.: Economics for Consumers, New York 1939, S. 195 f. Ferner *Campbell*, P.: The Consumer Interest, New York 1949, S. 215 f. Vgl. auch *Schäfer*, E.: a.a.O., S. 338 ff.

[31] *Bergler*, G.: Beiträge zur Absatz- und Verbrauchsforschung, Nürnberg 1957, S. 106.

[32] Journal des Luxus und der Moden, hrsg. von F.J. Bertuch und G. M. Kraus, 3. Bd., Weimar 1788, S. 1.

Setzt man für einige der hier erwähnten Modeobjekte moderne Begriffe ein und ergänzt sie um die neuen technischen Güter, so erhält man schon einen ungefähren Überblick über das weite Gebiet potentieller Modeherrschaft.

Abgesehen von den in besonderer Weise der modischen Abwechslung unterliegenden Güter, die zum Zweck persönlicher Dekoration verwandt werden, wie z. B. Kleidung, Schuhe[33] und Schmuck, sind es vor allem auch die technischen – mehr oder weniger ausgereiften – Güter, die in zunehmendem Maß in den Modewechsel einbezogen werden[34].

Der technische Fortschritt, mit dem die Verkaufswerbung die temporalen Produktdifferenzierungen begründet, wird dabei häufig zur Verschleierung der modischen Abhängigkeit benutzt; wie die in § 10 erwähnten Qualitätsunterschiede in der vertikalen Produktdifferenzierung liefern die oft nur geringfügigen technischen Verbesserungen der neuen Modelle technischer Güter nur die Rationalisierungsargumente für den Teilnehmer am aufwendigen Verbrauch.

Ein Schule machendes – in unserer Arbeit bereits mehrfach erwähntes – Beispiel für die modische Aufmachung technischer Produkte liefert die amerikanische Automobilindustrie, die den Absatz ihrer Wagen seit Ende 1950 nur deshalb noch auszuweiten vermochte, weil die modische Gestaltung der Karosserie die Prestigefunktion des Automobils konservieren half, obwohl das Auto als solches infolge seiner massenhaften Verbreitung seine Funktion als Bestimmungsmarke des sozialen Prestiges bereits weitgehend verloren hatte. Wenn die Absatzpolitik der temporalen Produktdifferenzierung heute geringere Erfolge aufzuweisen hat, so muß das auf die Übersteigerung dieser Methode zurückgeführt werden. Die 1955 einsetzende Verkürzung der Modeperiode um 1 bis 2 Monate hat den Automobilabsatz in den Vereinigten Staaten zwar zunächst noch steigen lassen[35], führte seit Ende 1956 aber dann zu einem Rückschlag, der nicht zuletzt auf den Überdruß des „übermanipulierten" Verbrauchers zurückzuführen ist.

Der von seiten der Produzenten verständliche Wunsch nach raschen Ersatzbeschaffungen der Konsumenten ist auch der Grund dafür, daß die

---

[33] Vgl. *Gross*, H.: Wege zu erhöhtem Schuhabsatz. Modebewußtsein wecken – Gedanken aus Schuhkreisen in den Vereinigten Staaten, in: Handelsblatt, Nr. 92, Düsseldorf, 23.6.1 959.
„Deshalb regen die Führungskräfte im Schuhgewerbe an, künftig um ein größeres Modebewußtsein, um mehr Werbung und Qualität bemüht zu sein und damit auch die Vertriebswege grundlegend zu verändern."

[34] „Eine vorzügliche Differenzierungsbasis bieten dagegen Güter mit versteckten Qualitätsmerkmalen. Darunter fallen z. B. alle mechanischen Produkte, wie Autos, Uhren, Haushaltsmaschinen, Rundfunkgeräte usw." ***Friedrichs***, G.: a.a.O., S. 65.

[35] Vgl.: Der amerikanische Automobilmarkt, in: Neue Zürcher Zeitung, 10/1956, zitiert nach Friedrich, G.: a.a.O., S. 82.

Mode bei elektrischen Haushaltsapparaten und bei anderen Geräten Eingang gefunden hat[36]. So kann man z. B. in einigen Teilen der USA die Modernität eines Kühlschranks an seiner modischen Farbe erkennen. Es bleibt abzuwarten, in welchem Maß die Konsumenten ihre gegenseitige soziale Einstufung nach der modischen Akkuratesse ihrer Kücheneinrichtung vorzunehmen gewillt sind. Die Bestrebungen zur Herabsetzung der Lebensdauer der Produkte, bzw. Verkürzung der Wiederbeschaffungsfristen, werden aber aus dem absatzpolitischen Instrumentarium des modernen Anbieters nicht mehr wegzudenken sein[37].

Die umsatzstimulierende Wirkung des Geltungsnutzens der Mode beschränkt sich nicht nur auf modische Güter, sondern erstreckt sich auch auf solche Dienstleistungen, mit deren Inanspruchnahme ein Geltungsnutzen verbunden ist. Dies ist deutlich erkennbar am Aufschwung des Friseurhandwerks, speziell der Damenfriseure. Während die Herrenfriseure seit 1949 einen Rückgang in der Beschäftigung zu verzeichnen hatten, konnten die Damenfriseure eine steigende Beschäftigung und eine überproportionale Umsatzzunahme melden[38].

Tabelle 14

Entwicklung des Friseurhandwerks von 1949 bis 1956

	Betriebe			Beschäftigte			Gesamtumsatz in 1000,— DM		
	1949	1956	Veränderung in vH	1949	1956	Veränderung in vH	1949 1948/49	1956	Veränderung in vH
Herrenfriseure	20363	15679	— 23,0	34358	24924	— 27,5	95866	119845	+ 25,0
Damenfriseure	7056	10761	+ 52,5	17499	35460	+ 102,6	56728	188509	+ 232,3
Damen- und Herrenfriseure	19170	24790	+ 29,3	74084	108316	+ 46,2	242710	580955	+ 139,4

Quelle: Amtliche Statistik (Handwerkszählungen von 1949 und 1956), zitiert nach *Beckermann*, Th.: a.a.O., S. 89.

Von Fachkreisen wird diese Verschiebung im Friseurhandwerk und die Entwicklung zum „lukrativen" Damensalon u. a. mit der sich schnell wan-

[36] Vgl. *Rosenstiel*, F. H.: Haushaltgeräte werden modisch, in: Frankfurter Allgemeine Zeitung, Nr. 141, Frankfurt a. M., 22. 6. 1957, S. 5.

[37] „Products do not have to be physically worn out before they are replaced – they can become psychologically outdated, as car models are each year. Recently there has been a striking example of this in the case of colored refrigerators. In 1956, Advertizing Age reported Howard J. Scaife of Hotpoint Co. as feeling that color in refrigerators would enable them to reduce the trade-in span from eleven to perhaps seven years or lower." *Wolff*, J. L.: a.a.O., S. 56.

[38] Vgl. auch § 4c.

delnden Mode der pflegeintensiven Frisur begründet[39]. Durch Modeempfehlungen und repräsentative Schauen (Deutsche und Europäische Meisterschaften) in Verbindung mit Ausstellungen für dekorative Kosmetik versuchen die Friseurinnungen und Fachverbände den Geltungsnutzen ihrer Dienstleistungen hoch zu halten und der Entfaltung ihres Gewerbes Dauer zu verleihen.

Ein aufschlußreiches Beispiel dafür, daß die Kreierung einer Mode nicht ausschließlich den Manipulationen der Absatzpolitik der Anbieter unterliegt, ist der relativ erfolglos gebliebene Versuch der Cottonwirkereien, durch Einführung von Modefarben den Absatz von Damenstrümpfen zu beleben[40]. René König weist mit Nachdruck darauf hin, daß „alle noch so verlockenden Angebote der Wirtschaft nichts nutzen und keine plötzlichen Veränderungen des Verhaltens größerer Menschenmengen erreichen" würden, wenn nicht die „Bereitschaft zum modischen Verhalten im Sinne einer nach allen Seiten hin offenen Neugiererwartung" vorhanden wäre[41]. Wie bei allen Formen des aufwendigen Verbrauchs handelt es sich bei dem Spiel der Mode nicht ausschließlich um ein Problem der Absatztechnik, sondern vielmehr um einen vorwiegend gesellschaftlichen Vorgang mit wirtschaftlichem Effekt.

Die Unvorhersehbarkeit der mannigfaltigen Einflüssen unterworfenen Verhaltensweisen sowohl der modischen Leitbilder als auch der Gesamtheit der Konsumenten ist ein Grund dafür, daß jedem modischen Warenangebot Elemente der Spekulation anhaften.

„Das modische Verhalten ist nicht nur unvoraussehbar in Bezug auf den Moment des Wandels, sondern es wählt auch aus und läßt sich dabei von den mannigfaltigen äußeren Einflüssen leiten"[42].

Das Spekulationsrisiko der Mode[43] und des aufwendigen Verbrauchs hat seine Wurzeln darin, daß die Kaufentscheidungen der Konsumenten immer nur provisorischen Charakter haben und sofort revidiert werden, wenn andere Güter eine vollkommenere Befriedigung des gewünschten Erlebens zu gewähren scheinen. Wie das Grundbedürfnis nach gesellschaftlicher Anerkennung, Auszeichnung und Geltung eine Funktion der persönlichen Wertvorstellungen und Lebensumstände eines Menschen ist, so sind – in der Terminologie von Abbot – die abgeleiteten Bedürfnisse eines Konsumenten „Funktionen seiner Grundbedürfnisse und des Ausmaßes seiner Kenntnis (oder Unkenntnis) der verschiedenen zur Wahl stehenden Mittel

---

[39] Vgl. *Beckermann*, Th.: Das Handwerk – Gestern und Heute, Essen 1959, S. 87 ff.

[40] Vgl.: Zuviel Damenstrümpfe, in: Industriekurier, Nr. 124, Düsseldorf, ü16. 8. 1958, S. 5.

[41] Vgl. *König*, R.: Die Mode in der menschlichen Gesellschaft, a.a.O., S. 23.

[42] *König*, R.: Die Mode in der menschlichen Gesellschaft, a.a.O., S. 23.

[43] Vgl. hierzu *Hoffmann*, H.: Konsum und Mode, in: Wirtschaftspolitische Chronik, hrsg. von Alfred Müller-Armack und Fritz W. Meyer, Heft 2, Köln 1958, S. 63 f.

zur Befriedigung der Grundbedürfnisse[44]. Sobald neue Güter, Dienstleistungen oder neue modische Variationen alter Güter als Prestigeträger und Geltungssymbole durch das Verhalten der als Leitbilder anerkannten Persönlichkeiten oder Gesellschaftsgruppen (peer groups) akzeptiert werden, ist damit der Anstoß für eine Änderung der Wertschätzung der einzelnen Güter und des Präferenzsystems der Verbraucher gegeben[45].

Als unmittelbare Folge des Spekulationsrisikos der Mode entsteht das Problem der modisch veralterten Ladenhüter, die im Verlauf einer Modeperiode nicht abgesetzt werden konnten. Die volkswirtschaftliche und betriebswirtschaftliche Problematik der Ladenhüter verdient noch eine genauere Untersuchung[46].

An dieser Stelle würde es jedoch zu weit führen, dem Problem eine ausführliche Untersuchung zu widmen; hier liegt aber zweifellos eine große Aufgabe für die Nachfrageforschung, die nur mit den neuen Methoden einer empirischen Sozialökonomik bewältigt werden kann. Schon jetzt muß aber darauf hingewiesen werden, daß die Benutzung der modischen Variation als Mittel der Absatzpolitik für einige Wirtschaftsbranchen neben den vergrößerten Absatzchancen auch neue Risiken enthält. Ob das aus diesen Risiken der Mode resultierende Problem der Ladenhüter durch die Einführung von sogenannten Schlußverkäufen[47] oder durch die Einrichtung und Erweiterung von Gebrauchtwarenmärkten für Konsumgüter[48] gelöst werden kann, ist eine Frage, die zur Zeit noch nicht mit allgemeiner Gültigkeit beantwortet werden kann.

§ 12 Funktion und Bedeutung der Gemeinschaftswerbung

In unserer Analyse des Bandwagon-Effekts haben wir zu zeigen versucht, daß die geltungsbedingte Nachahmung – eventuell in Verbindung mit der Angst, nicht modern und damit nicht „gesellschaftsfähig" zu sein – wesentlich mit zur Entstehung der Nachfragehäufungen beigetragen hat. Es ist nicht zu übersehen, daß diese sogenannten Kaufwellen einen großen Einfluß auf die Wirtschaftsentwicklung der letzten Jahre ausgeübt haben. Vielfach unbemerkt hat sich damit aber auch eine Änderung der Wettbewerbskonstellation vollzogen, die schlagwortartig als eine partielle Entwicklung von der Firmenkonkurrenz zum Branchenwettbewerb gekennzeichnet werden kann.

---

[44] *Abbot*, L.: a.a.O., S. 87.

[45] Ebenda, S. 87.

[46] „Es ist volkswirtschaftlich und privatwirtschaftlich in höchstem Maße unerwünscht, daß überhaupt Ladenhüter entstehen. Ladenhüter spielen in unserer Wirtschaft von Jahr zu Jahr eine wichtigere Rolle." *Bergler*, G.: Beiträge zur Absatz- und Verbrauchsforschung, a.a.O., S. 107.

[47] Vgl.: Der Schlußverkauf weitet sich aus, in: Industriekurier, Nr. 21, Düsseldorf, 10. 2. 1959.

[48] Vgl.: Gebrauchtwarenmarkt für Konsumgüter, in: Deutsche Zeitung und Wirtschaftszeitung, Nr. 18, Stuttgart, 4. 3. 1959.

Wenn die Kaufmotive eines Verbrauchers in erster Linie auf den stofflich-technischen Zwecknutzen eines Gutes abgestellt sind, so richtet sich sein Kaufwunsch in der Regel auf eine bestimmte Güterart, die zur Zweckerfüllung geeignet ist. Auf der Angebotsseite findet der Wettbewerb um die Gunst des Käufers dann zwischen den verschiedenen Unternehmen einer Branche statt[49].

Der Schwerpunkt der Absatzpolitik liegt in diesem Fall bei den Methoden des Qualitätswettbewerbs, des Konditionswettbewerbs (z. B. bei der Gewährung von Teilzahlungskrediten) und der Preispolitik.

Anders wird die Situation aber dann, wenn der Geltungsnutzen eines Gutes – bewußt oder unbewußt – von ausschlaggebender Bedeutung für die Kaufmotivation des Konsumenten wird. Da grundsätzlich alle Güter den begehrten Geltungsnutzen vermitteln können, während ein bestimmter Zwecknutzen nur durch eine oder wenige Güterarten erreicht werden kann, weitet sich die Konkurrenzbeziehung als Folge des aufwendigen Verbrauchs aus. Es entsteht eine interdependente Konkurrenzbeziehung zwischen den verschiedensten Wirtschaftsbranchen.

Man wird an dieser Stelle einwenden, daß mit diesem erweiterten und vertieften Wettbewerb zwischen den einzelnen Wirtschaftszweigen als Folge des aufwendigen Verbrauchs noch keine Änderung in der Intensität des Wettbewerbs zwischen den einzelnen Unternehmen verbunden sein muß. Die erwähnte Entwicklung von der Firmenkonkurrenz zum Branchenwettbewerb beinhaltet aber doch wohl einen Rückgang des Wettbewerbs zwischen einzelnen Unternehmen und eine Verlagerung der Konkurrenzbeziehungen auf die höhere Ebene der Wirtschaftsbranchen und Verbände.

Zunächst sei einschränkend gesagt, daß unsere Hypothese nur dann gelten soll, wenn der Geltungsnutzen für den Verbraucher im Vordergrund steht. Wir haben aber bereits an anderer Stelle ausdrücklich darauf aufmerksam gemacht, daß die modernen Formen des aufwendigen Verbrauchs vielfach durch die Verbindung von zweckrationalen und prestigeorientierten Motiven charakterisiert sind[50]. Damit sind zweckrationale Kaufüberlegungen auch bei den Verhaltensweisen des aufwendigen Verbrauchs in vielen Fällen nicht ausgeschlossen. Von einer völligen Ausschaltung der Firmenkonkurrenz kann also keine Rede sein.

Wenn dennoch in einigen Branchen ein relativer Rückgang der Firmenkonkurrenz verzeichnet werden kann, so sind hierfür u. E. zwei Gründe maßgeblich:

---

[49] Zwar kann hier eine Substitutskonkurrenz entstehen, wenn z. B. technisch neue Güter oder neue Materialien dem gleichen Zweck dienen können; die Konkurrenzbeziehung bleibt aber auch dann auf einzelne Unternehmen oder Firmengruppen einer umfassenderen Branche beschränkt.

[50] Vgl.: § 1.

Zunächst kann darauf hingewiesen werden, daß, wenn eine Branche in den „Genuß" der Kaufwelle und das Bandwagon-Effekts kommt, die kumulative Nachfrage dazu führt, daß alle oder aber zumindest die überwiegende Mehrheit aller Unternehmen einer Branche eine – nicht selten unerwartete – Absatzausweitung und Umsatzzunahme verbuchen können. Das geht übereinstimmend aus allen Marktberichten über solche Branchen hervor, die sich im Stadium einer Nachfragehäufung befinden. Mit der mehr oder weniger plötzlich einsetzenden Nachfrageausweitung ist dann oft eine zeitweilige Umwandlung vom Käufermarkt in einen Verkäufermarkt verbunden. Es mehren sich dann die Fälle, in denen die Nachfrage das Angebot übersteigt, da die Produktionskapazitäten im Normalfall nicht schlagartig erweitert werden können und Absatzprognosen die zukünftigen Nachfragemengen nicht genau zu berechnen vermögen. Unter dem Einfluß des zeitweiligen Nachfrageüberhangs verringert sich der Preisdruck[51]. Die Engpässe auf der Angebotsseite bewirken, daß auch die Grenzproduzenten der Branche zu intramarginalen Unternehmen werden. Daraus ergibt sich, daß die Intensität des Wettbewerbs zwischen den einzelnen Unternehmen zurückgeht, da der absolute Umsatzzuwachs für die Unternehmen einen Kampf um den relativen Marktanteil weniger stark erforderlich macht. Dies gilt in diesem Umfang natürlich nur für gewisse Stadien einer Nachfragehäufung.

Die hier skizzierten möglichen Auswirkungen der kumulativen Nachfrage auf die Situation des Wettbewerbs zwischen den einzelnen Unternehmen einer Branche lassen die in den Fachzeitschriften der verschiedenen Wirtschaftszweige immer wieder zum Ausdruck kommende, fast magische Sehnsucht der Unternehmer nach einer Kaufwelle für ihre Produkte verständlich erscheinen. Dementsprechend richtet sich das Streben und Bemühen der modernen Anbieter mehr und mehr auf die Initialzündung oder psychologische Unterstützung kumulativer Nachfragewellen. Da absatzpolitische Maßnahmen dieser Art aber nur mit dem Einsatz großer Mittel erfolgversprechend sein können, müssen sich die einzelnen Unternehmer einer Branche unter Betonung ihrer Gemeinsamkeiten zusammenschließen; die Absatzpolitik der einzelnen Unternehmer einer Branche konzentriert sich auf der oberen Ebene ihres Wirtschaftszweiges. Wir sehen in dieser Konzentration der Absatzpolitik einen zweiten, nicht unwesentlichen Grund für die Entwicklung von der Firmenkonkurrenz zum Branchenwettbewerb.

Die Tendenz zum Branchenwettbewerb findet dabei günstige Voraussetzungen in einem Wesenszug der modernen Gesellschaft, den Goetz

---

51 Die Verringerung des Preisdrucks kann natürlich auch auf Einflüsse des Veblen-Effekts zurückgehen. Vgl.: § 9.

Briefs in seinem Aufsatz „Grenzmoral in der pluralistischen Gesellschaft" analysiert und beschrieben hat[52].

Nach G. Briefs schließen sich Gruppen, die auf ihren Märkten submarginalem Druck ausgesetzt sind, zu gemeinsamer Abwehr zusammen, wenn ihre Mitglieder der Überzeugung sind, daß der Markt ihrer Gruppe keine Gerechtigkeit widerfahren läßt. „Damit entsteht der Interessenverband, der die pluralistische Gesellschaft von heute kennzeichnet. Er setzt die bestehende Ordnung der Sozialwirtschaft voraus; aber innerhalb ihrer versucht er sein corriger la fortune"[53]. Hier entsteht dann das Problem der Marktmacht der Verbände, die zunächst in der Fähigkeit besteht, „den submarginalen Marktdruck abzubinden[54]; darüberhinaus aber auch darin, die ‚Grenzen' zu heben.

Der Erfolg dieser Bemühungen ist u. a. von folgenden Bedingungen abhängig:

1. Günstige oder ungünstige wirtschaftliche Voraussetzungen;
2. Stärke des Gegenverbandes[55];
3. Höhe der direkten und indirekten Kosten. (Zu den letzteren zählt Briefs eine ungünstige öffentliche Meinung, drohende gesetzliche Maßnahmen oder die Möglichkeit zusätzlicher Wettbewerber).
4. Störungspotenz, über die ein Verband auf sozialem, politischem und wirtschaftlichem Gebiet verfügt.

Briefs, der die pluralistische Gesellschaft von heute als sekundäre Phase des klassischen Liberalismus ansieht, faßt die „Ratio" des Interessenverbandes in folgender Weise zusammen:

„1. Das bloße Dasein des Verbandes drückt die Überzeugung seiner Mitglieder aus, daß es keine ‚natürliche' Gesetzmäßigkeit der Preis- und Einkommensbildung über den freien Markt gibt. Preise und Einkommen können beeinflußt, wenn nicht gar ‚gemacht' werden.

2. Preise des freien Marktes sind erfahrungsgemäß für ‚unsere' Gruppe unrichtig, ungerecht, unfair; sie sind zu tief, unstabil und unberechenbar.

3. Verbandsbildung ist das Mittel, die Marktlage in ‚unserem' Interesse zu beeinflussen. An die Stelle des individuellen Marktkampfes tritt der Verband; er entscheidet über ‚unsere' Ziele und den Ansatz der Mittel.

4. Erfahrung hat ‚uns' gelehrt, daß ‚wir' unsere Ziele nur erreichen können, wenn ‚wir' uns den Gegebenheiten der Umwelt anpassen. Diese Umwelt ist liberaler Kapitalismus. ‚Wir' können ihn nicht ändern; aber ‚wir' können die Möglichkeiten ‚für uns', die in ihm liegen, durch Verbandsbildung auszunutzen trachten. ‚Unser' Verband paßt sich an das bestehende Ordnungs- und Funktionssystem an und sucht seine Möglichkeiten für ‚uns' auszunutzen"[56].

---

[52] Vgl. *Briefs*, G.: Grenzmoral in der pluralistischen Gesellschaft, in: Wirtschaftsfragen der freien Welt, hrsg. von E. v. Beckerath, F. W. Meyer und A. Müller-Armack, Frankfurt a. M. 1957, S. 97 ff.

[53] *Briefs*, G.: a.a.O., S. 103.

[54] *Briefs*, G.: a.a.O., S. 103.

[55] Vgl. hierzu *Galbraith*, J.-K.: American Capitalism. The Concept of Countervailing Power, Boston 1952.

[56] *Briefs*, G.: a.a.O., S. 103 f.

Es leuchtet ein, daß „Überlegungen" dieser Art günstige Grundbedingungen für jene Tendenz schaffen, die wir – von einem Sondergebiet der modernen Absatzpolitik herkommend – als eine partielle Entwicklung von der Firmenkonkurrenz zum Branchenwettbewerb zu umreißen suchten. Als Symptom und Beweis für diese Entwicklung zum Branchenwettbewerb soll hier an Hand einiger Beispiele auf die zunehmende Bedeutung der Gemeinschaftswerbung verwiesen werden; dabei ist die Gemeinschaftswerbung als eines der Mittel anzusehen, mit der die Marktlage der betreffenden Wirtschaftsbranche dadurch verbessert werden kann, daß der Geltungsnutzen der zu verkaufenden Güter oder Dienstleistungen aktiviert oder reaktiviert wird. Unter dem Begriff Gemeinschaftswerbung verstand der frühere Werberat der deutschen Wirtschaft eine Wirtschaftswerbung, „die mittelbar oder unmittelbar mehreren nicht von vornherein bestimmten Unternehmern zugute kam"[57]. Seyffert unterscheidet hiervon ausdrücklich die Sammelwerbung, die dann vorliegt, wenn sich „mehrere Firmen zu gemeinsamer Werbung unter Namennennung oder Nennung ihrer Markenwaren zusammentun"[58]. Während somit die Sammelwerbung lediglich eine gemeinsam ausgeübte Form der Individualwerbung ist, handelt es sich bei der Gemeinschaftswerbung um ein Mittel des absatzpolitischen Instrumentariums einer ganzen Branche. Diese Meinung vertritt wohl auch Gutenberg, wenn er bei einer Erörterung der Gemeinschaftswerbung zu folgender Aussage kommt:

„In diesen Fällen kämpfen nicht Unternehmungen, die zu dem gleichen Wirtschaftszweige gehören, mit den Mitteln der Werbung gegeneinander. Man könnte vielmehr sagen, daß sich der Wettbewerb gegen andere Wirtschaftszweige richte, mit dem der Wirtschaftszweig in Surrogatkonkurrenz steht, der die Gemeinschaftswerbung betreibt"[59].

Wenn heute immer mehr Branchen zur Einführung einer Gemeinschaftswerbung übergehen[60], so darf das als Zeichen dafür gewertet werden, daß der Branchenwettbewerb an Umfang und Intensität zunimmt.

Es ist verständlich, daß die Branchen in der Gemeinschaftswerbung führend sind, bei denen der Geltungsnutzen ihrer Produkte aus irgendwelchen Gründen geringer geworden ist und damit zu einer Schwächung der wirtschaftlichen Position der Branche geführt hat.

---

[57] Vgl. *Seyffert*, R.: Wirtschaftliche Werbelehre, 4. Aufl., Wiesbaden 1952, S. 228. Eine allgemeine und ausführliche Darstellung der Gemeinschaftswerbung enthalten: *Sieben*, R.: Gemeinschaftswerbung für Konsumfertigwaren, Berlin 1937 und *Keller*, A.: Die Gemeinschaftswerbung, Zürich und St. Gallen 1955.

[58] *Seyffert*, R.: a.a.O., S. 228.

[59] *Gutenberg*, E.: a.a.O., S. 350.

[60] Vgl.: Gemeinschaftswerbung macht Schule, in: Lederwaren-Zeitung, Heft 2, Offenbach 1959, S. 47 f. Vgl. auch: *Meyer*, P. W.: Zwischen Marktsicherung und Marktausweitung, in: Die Absatzwirtschaft, Heft 1, Mainz 1957, S. 6.

„Häufig schließen sich die Unternehmen eines ganzen Wirtschaftszweiges zu einer solchen Gemeinschaftswerbung zusammen, wenn bestimmte Vorgänge die Gesamtlage des Wirtschaftszweiges gefährdet erscheinen lassen"[61].

So gibt es bei den Herstellern von Herrenhüten, deren Geltungsnutzen bei weitem nicht den von Damenhüten erreicht, schon seit zehn Jahren eine Gemeinschaftswerbung, die u. a. mit den auf das Prestigestreben des Konsumenten abgerichteten Slogans „Frauen sehen uns lieber mit Hut" und „Übrigens, man geht nicht mehr ohne Hut" eine Erhöhung des Geltungsnutzens der Herrenhüte zu erreichen hofft[62].

In ähnlicher Weise wirbt die Schirmbranche mit dem Werbespruch „Mit Schirm ein Herr" für ihre Produkte. Die sogenannte „Textilmüdigkeit" in den vergangenen Jahren hat dazu geführt, daß sehr viele Unternehmer der Textilbranche den Gedanken der Gemeinschaftswerbung ins Auge fassen. Im Herbst 1959 trat die zu diesem Zweck gegründete „Arbeitsgemeinschaft Herren-Fertigkleidung" mit einer groß angelegten Gemeinschaftswerbung zum ersten Mal an die Öffentlichkeit[63]. Die Kosten dieser Gemeinschaftswerbung in Höhe von zwei Mill. DM sollen zu gleichen Teilen von 82 Industriefirmen und durch eine Beteiligung des Einzelhandels in Form eines Werbepfennigs (gestaffelte Beträge je nach der Art der verkauften Ware) aufgebracht werden[64]. In der Zweiradindustrie trägt man sich ebenfalls mit Überlegungen, wie mittels einer Gemeinschaftswerbung der stagnierende Absatz belebt werden kann. In Fachkreisen wird hier vorgeschlagen, die bildliche Darstellung prominenter Filmschauspieler und Sänger auf Fahrrädern publizistisch zu verbreiten und auszuwerten, um dadurch das Prestigemoment des Zweirades anzuheben[65].

Wie sehr die Einführung der Gemeinschaftswerbung unter dem Druck der Branchenkonkurrenz beschleunigt und gefördert wird, beweisen die Ausführungen, die auf einer Arbeitstagung des nordrhein-westfälischen Lederwaren-Einzelhandels im Frühjahr 1959 in Düsseldorf gemacht wurden[66].

---

[61] *Gutenberg*, E.: a.a.O., S. 350.

[62] Vgl. *Huber*, E.: Eine Lanze für den Herrenhut, in: Handelsblatt, Nr. 56, Düsseldorf, 28. 4. 1959, S. 3. Vgl. auch: Alles unter einem Hut, in: Deutsche Zeitung und Wirtschaftszeitung, Nr. 5, Stuttgart, 17. 1. 1959.

[63] Vgl.: Gemeinschaftswerbung für Konfektion, in: Frankfurter Allgemeine Zeitung, Nr. 182, Frankfurt a. M., 10. 8. 1959. Ferner: Zwei Millionen für Anzugwerbung, in: Handelsblatt, Nr. 126, Düsseldorf, 10. 8. 1959.

[64] Vgl. *Guenther*, J. v.: Der Werbegroschen im Anzug, in: Deutsche Zeitung, 14. Jg., Nr. 127, Köln, 1. 9.1 959, S. 5.

[65] Vgl.: Und noch einmal Gemeinschaftswerbung, in: Radmarkt, die Zweirad-Fachzeitschrift, Nr. 13, Bielefeld, 1. 7. 1959, S .51.

[66] In dem Bericht der Fachzeitschrift über die zitierte Tagung heißt es u. a.: „Herr Kämper führte aus: 1. Man müsse klar erkennen, daß die Umsätze der Lederwarenbranche praktisch stagnieren. 2. Klügere Kaufleute anderer Branchen bringen es fertig, als einzelne Firmen oder in Form von Gemeinschaftswerbungen für ihre Artikel zu werben und die erforderlichen Geldmittel aufzubringen. 3. Diese werbliche Aktivität, die insgesamt ungeheuer starke Werbung der an-

Zur Technik der Gemeinschaftswerbung[67] gehören neben dem Einsatz üblicher Werbemittel[68] die Veranstaltung besonderer Ausstellungen sowie die publikumswirksame Konzentrierung aller Werbemaßnahmen zu bestimmten Zeitpunkten[69]. So hat z. B. die gesamte deutsche Textilwirtschaft erstmalig im Herbst 1959 eine „Woche der guten Bekleidung" durchgeführt[70].

Auch andere Branchen bemühen sich, eine „Woche" oder einen „Tag" in werblicher Hinsicht für ihre Produkte zu reservieren[71].

Wenn trotz der unbestreitbaren Vorteile einer Gemeinschaftswerbung für die einzelnen Unternehmer einer Branche die Gemeinschaftswerbung noch nicht allgemein verbreitet ist, so liegt das in erster Linie an dem schwierig zu lösenden Problem einer gerechten anteilmäßigen Beteiligung der einzelnen Unternehmer der Industrie und des Handels an den Gesamtkosten[72]. Die Bereitschaft zur Einschränkung der Handlungsautonomie der Unternehmer und zur Zahlung finanzieller Beiträge, die mit der Einführung einer Gemeinschaftswerbung verbunden sind, wächst aber automatisch, wenn die betreffende Branche vor allgemeinen Absatzschwierigkeiten steht.

Es bleibt somit die Feststellung, daß die Entwicklung zum Branchenwettbewerb, den wir nicht zuletzt als eine Folge des aufwendigen Verbrauchs ansehen müssen, durch die gerade in letzter Zeit an Ausdehnung zunehmende Gemeinschaftswerbung nach innen gefördert und nach außen sichtbar gemacht wird.

---

deren, führen letzten Endes dazu, daß immer mehr Geld in fremde Kassen und immer weniger in die Kassen der Lederwarenbranche fließe. Die große Gefahr der zunehmenden Abwerbung von Kaufkraft durch andere Branchen nicht sehen zu wollen und selbst weiterhin werblich mundtot zu bleiben, sei einfach unverantwortlich!"

Über den anschließend erörterten Plan des Lederwaren-Einzelhandels berichtet die Zeitschrift: „Der Vorschlag des Lederwaren-Einzelhandels gehe dahin, jede Million des Umsatzes mit 1 vH, also mit 10 000 DM Wertabgabe zu belasten, was einer hundertfachen Bereitschaft gleichkomme. Man schlägt vor, dieses 1 vH des Lederwarenumsatzes regelrecht zu kalkulieren, da es ja bei jedem Produkt durchaus üblich ist, Werbekosten kalkulatorisch zu erfassen." Lederwaren-Zeitung, Heft 3, Offenbach 1959, S. 174 f.

[67] Vgl.: Konkurrenten ziehen an einem Strang, in: Wirtschafts-Magazin, Nr. 12, Wiesbaden, 25. 6.1 959, S. 559.

[68] Vgl. *Seyffert*, R.: a.a.O., S. 53 ff.

[69] Die Methode einer zeitlich konzentrierten Werbung wurde nicht ohne Erfolg auch zur prestigeorientierten Hervorhebung von nichtökonomischen Werten verwandt. (Beachte: „Tag der deutschen Wehrmacht" etc.).

[70] Vgl. *Peiner*, W.: Zu geringe Preiselastizität im Textileinzelhandel, in: Der Volkswirt, 13. Jg., Nr. 10, Frankfurt a. M., 7. 3. 1959, S. 148. Vgl. auch: Eine „Woche der guten Bekleidung", in: Blick durch die Wirtschaft, Frankfurt a. M., 17. 1. 1959. Siehe auch: Die Woche der guten Bekleidung, in: Textil-Mitteilungen, 14. Jg., Nr. 31, Düsseldorf, 12. 3. 1959, S. 1.

[71] Vgl.: Gemeinschaftswerbung des Möbelhandels in Schweden, in: Internationales Gewerbearchiv, 6. Jg., Heft 1, St. Gallen, März 1958, S. 42.

[72] Über diese und andere Probleme der Gemeinschaftswerbung vgl. *Brose*, H.: Die Entdeckung des Verbrauchers, Frankfurt 1958, S. 143 ff.

Schluß

In unserem Beitrag zum Problem des geltungsbedingten Konsums haben wir versucht, einige Ursachen und Wirkungen der prestigeorientierten Verhaltensweisen des modernen Verbrauchers aufzudecken. Wenngleich – wie im § 2 der Arbeit gezeigt werden konnte – die Erscheinung des aufwendigen und ostentativen Verbrauchs zu fast allen Zeiten der europäischen Geschichte und in vielen Nationen und gesellschaftlichen Gruppen vorhanden war und erkannt wurde, so gibt es aber gerade in der gegenwärtigen Situation der westlichen Gesellschaft einige besondere Faktoren und Bedingungen, die dem Problem des Geltungskonsums eine zentrale Rolle in der gesellschafts- und wirtschaftspolitischen Diskussion unserer Tage verschafft haben.

Diese Voraussetzungen und Ursachen des aufwendigen Verbrauchs in der modernen Gesellschaft sind vor allem gesellschaftlicher und sozialpsychologischer Natur. Sieht man von dem Problem der „Überschußwirtschaft" als ökonomischer Grundbedingung ab, so sind es in besonderer Weise zwei Faktoren – die Statusunsicherheit in der dynamischen Gesellschaft und die Statusunsichtbarkeit in der anonymen Gesellschaft –, die dem zentralen Bedürfnis des Menschen nach Anerkennung und Geltung einen vielfach dominierenden Einfluß auf seine Verhaltensweisen als Verbraucher zukommen lassen. Die Motivdominanz des Geltungsstrebens und des Verlangens nach sozialer Einordnung ist die Grundlage und eigentliche Ursache des aufwendigen Verbrauchs, der somit als ein gesellschaftliches Phänomen mit wirtschaftlichem Effekt gesehen und gewertet werden muß.

Unter den ökonomischen Wirkungen dieser vorwiegend gesellschaftlichen und sozialpsychologischen Erscheinung ist die Einwirkung des Geltungsbedarfs auf die Verbrauchsstruktur an erster Stelle zu nennen. Zwar werden noch umfangreiche Erhebungen und Untersuchungen vor allem auf dem Gebiet der empirischen Verhaltensforschung und Motivanalyse erforderlich sein, um genauere Kenntnisse über Intensität und Ausmaß des Geltungsstrebens als Bestimmungsfaktor des Konsums[1] zu erlangen; dennoch darf wohl schon behauptet werden, daß das vorliegende und im zweiten Kapitel unserer Arbeit angeführte empirisch gewonnene Material

[1] Über andere Bestimmungsfaktoren vgl. *Gehrig*, G.: Bestimmungsfaktoren des Konsums in der Bundesrepublik, Berlin – München 1958. Vgl. auch *Bierfelder*, W.: Die Marktentnahme. Eine Analyse ihrer Bestimmungsfaktoren, Nürnberg 1959.

sowie die zitierten Beispiele hinreichende Anhaltspunkte für die Wandlungen der Verbrauchsstruktur unter dem Einfluß der prestigeorientierten Verhaltensweisen vermitteln.

Von großer wirtschaftlicher und wirtschaftspolitischer Bedeutung sind daneben auch die Änderungen der Nachfrageprozesse und Nachfragefunktionen als Folge der Geltungsorientiertheit des Verbraucherverhaltens; auch hier bedarf es noch intensiver Bemühungen, um die im dritten Kapitel der vorliegenden Untersuchung aufgestellten Hypothesen ausbauen und verifizieren zu können. Wurden in diesem Kapitel die Reaktionen der geltungssuchenden Verbraucher auf Preis- und Mengenänderungen der Anbieter analysiert und veranschaulicht, so ging es im vierten und letzten Kapitel unserer Arbeit darum, das Verhalten der Produzenten und Verkäufer als Folge des prestigeorientierten Konsumentenverhaltens darzustellen.

Bei unserer Erörterung der gesellschaftlichen Ursachen und ökonomischen Wirkungen des aufwendigen Verbrauchs wurde bewußt davon Abstand genommen, das weite Gebiet der modernen Konsumkritik mit in das Betrachtungsfeld einzubeziehen[2]. Die Kritik am „Kultus des Lebensstandards", die wirtschaftspolitisch relevanten Äußerungen über den Zusammenhang von Wirtschaftsordnung und Verbrauchermentalität und die damit oft verknüpfte Kritik an der angeblich „moralzehrenden" marktwirtschaftlichen Ordnung und der „Manipulierung" des Verbrauchers wurden in unserer Darstellung außer acht gelassen, da sie – abgesehen von einigem angeführten empirischen Material – nur wenig zur Aufhellung der sozialökonomischen Zusammenhänge beitragen konnten; zudem war es im Rahmen unserer wertfreien Analyse unmöglich, die verschiedenen ideellen, ethischen und religiösen Gründe der modernen Konsum- und Aufwandskritik und die dahinter stehenden subjektiven Werthaltungen mit der in der vorliegenden Untersuchung benutzten Darstellungsform zu verbinden. Aus den gleichen Gründen liegt die Erörterung der von einigen Vertretern der modernen Konsum- und Kulturkritik angegebenen Lösungsmöglichkeiten[3] außerhalb unseres Untersuchungsbereiches.

Gemeinsam mit den Betrachtungen der Wirtschaftsethiker und Kulturkritiker steht auch am Schluß unserer Untersuchung die Frage nach dem „Wohin" der Entwicklung, eine Frage, die – hier wie dort – noch unbeantwortet bleibt.

---

[2] Vgl. hierzu *Meyer-Dohm*, P.: Bemerkungen zur Konsumkritik, in: Hamburger Jahrbuch für Wirtschafts- und Gesellschaftspolitik, 5. Jahr, Tübingen 1960, S. 168 ff.

[3] Vgl. hierzu *Bodamer*, J.: Der Weg zur Askese als Überwindung der technischen Welt, Hamburg 1957; ferner *Rüstow*, A.: Ethik des Anspruchsniveaus, in: Die Sammlung, 10. Jg., (1955), S. 182 ff.

Somit endet diese Darstellung des aufwendigen Verbrauchs mit einer Frage. Schon die Fragestellung aber läßt neue Aspekte und Perspektiven sichtbar werden. Wirtschaftspolitische und gesellschaftspolitische Zeitfragen, die sich aus dem Fragenkomplex der Motivdominanz des Geltungs- und Einordnungsbedürfnisses ergeben, harren der Lösung. Die Analyse der neuen Probleme ist nicht zuletzt eine Aufgabe der sozialökonomischen Verhaltensforschung.

Literaturverzeichnis

Abbott, Lawrence: Qualität und Wettbewerb, München 1958.

a Sancta Clara, Abraham: Kurze Beschreibung allerlei Stands-, Amts- und Gewerbepersonen, München 1960.

Adorno, Theodor W.: Zum Verhältnis von Soziologie und Psychologie, in: Sociologica, Frankfurter Beiträge zur Soziologie, Bd. 1, Frankfurt 1955.

Aristoteles: Hauptwerke, ausgewählt und übersetzt von Wilhelm Nestle, Stuttgart 1953.

Backhaus, D.: Die Hierarchie der Pelze, in: Frankfurter Allgemeine Zeitung, vom 25. 1. 1958.

Beard, Miriam: A History of the Business Man, New York 1938.

Beckermann, Theo: Das Handwerk – Gestern und Heute, Essen 1959.

Behrens, Karl Christian: Vom Verbraucher, in: Wirtschaftsfragen der freien Welt, hrsg. von E. v. Beckerath, F. W. Meyer und A. Müller-Armack, Frankfurt 1957.

Behrmann, S. N.: Duveen und die Millionäre. Zur Soziologie des Kunsthandels in Amerika, Hamburg 1960.

Benedict, Ruth: Urformen der Kultur, Hamburg 1955.

– Dress, in: Encyclopaedia of the Social Sciences, Vol. V, New York 1931, 11. Printing 1954.

Bergler, Georg: Ein neuer Käufertyp steht heute vor dem Ladentisch, in: Handelsblatt, Nr. 100, Düsseldorf 29. 8. 1952.

– Beiträge zur Absatz- und Verbrauchsforschung, Nürnberg 1957.

– Preisbildung und Preispolitik, in: „Der Volkswirt", 11. Jg., Nr. 17, Frankfurt 27. 4. 1957.

Bertuch, F. J. (Hrsg.) und *Kraus*, G. M. (Hrsg.): Journal des Luxus und der Moden, 3. Bd., Weimar 1788.

Bierfelder, W.: Die Marktentnahme. Eine Analyse ihrer Bestimmungsfaktoren, Nürnberg 1959.

Le Bon, G.: La Psychologie des Foules, Paris 1855, dtsch.: Psychologie der Massen, Stuttgart 1951.

Briefs, G.: Grenzmoral in der pluralistischen Gesellschaft, in: Wirtschaftsfragen der freien Welt, hrsg. von E. v. Beckerath, F. W. Meyer und A. Müller-Armack, Frankfurt a. M. 1957.

Brocker, C. und *Rinsche*, G.: Existenzgefährdung des mittelständischen Einzelhandels, in: Echo der Zeit, Recklinghausen 16. 10. 1960.

Bülow, Friedrich: Luxus, in: Wörterbuch der Soziologie, hrsg. von F. Bülow und W. Bernsdorf, Stuttgart 1955.

Bodamer, J.: Der Weg zur Askese als Überwindung der technischen Welt, Hamburg 1957.

– Der Mensch ohne Ich, Freiburg 1958.

Bolte, K. M.: Sozialer Aufstieg und Abstieg, Stuttgart 1959.

Brachfeld, Oliver: Minderwertigkeitsgefühle beim Einzelnen und in der Gemeinschaft, Stuttgart 1953.

von Brentano, Lujo: Versuch einer Theorie der Bedürfnisse, München 1908.

Brinkmann, Carl: Lebensstandard, in: Handwörterbuch der Sozialwissenschaften, Bd. VI, Stuttgart – Tübingen – Göttingen 1959.

Brose, H.: Die Entdeckung des Verbrauchers, Frankfurt 1958.

Bub, Norbert: Neue Tendenzen der Einkommensverwendung, in: Der Verbraucher im Blickpunkt. Beilage zu: Der Volkswirt, Nr. 28, Frankfurt 11. 7. 1959.

Campbell, Persia: The Consumer Interest, New York 1949.

Cicero, Marcus Tullius: Über den Staat, ins Deutsche übersetzt von Karl Atzert, München 1958.

Coughlan, R.: A vast new Economic Force in America: Leisure Business, in: Life, International Edition, Chikago 1. 2. 1960.

Cron, Helmut: Der Hunger nach Sozialprestige, in: „Merkur", IX. Jg., 12. Heft, Dezember 1955.

Daheim, H.: Die Vorstellungen vom Mittelstand, in: Kölner Zeitschrift für Soziologie und Sozialpsychologie, 12. Jg., Heft 2, Köln und Opladen 1960.

Dahrendorf, Ralf: Industrie- und Betriebssoziologie, Berlin 1956.

Davis, Joseph S.: Standards and Contents of Living, in: „The American Economic Review", Vol. XXXV, März 1945, No. 1.

Dichter, Ernest: A Psychological View of Advertising Effectiveness, in: The Journal of Marketing, Vol. XIV, July 1949, No. 1.

Diem, Carl: „Sport", in: Wörterbuch der Soziologie, hrsg. von F. Bülow und W. Bernsdorf, Stuttgart 1955.

Domizlaff, H.: Die Gewinnung öffentlichen Vertrauens, Hamburg 1951.

Droege, H.: Der Mensch als wirtschaftliches Datum, Berlin 1952.

Duesenberry, James S.: Income, Saving and the Theory of Consumer Behavior, Cambridge, Mass. 1952.

Egner, Erich: Die Marktstellung des Konsumenten, in: „Jahrbücher für Nationalökonomie und Statistik", Bd. 165, Stuttgart 1953.

Eheberg, K. Th.: Die Jagd in volkswirtschaftlicher Beziehung, Erlangen und Leipzig 1901.

Eick, J.: Die Sammellust als Kaufanreiz, in: Frankfurter Allgemeine Zeitung, Nr. 187, 15. 8. 1959.

– Der Rabatt-Wahn, in: Frankfurter Allgemeine Zeitung, Nr. 180, 7. 8. 1959.

Friedrichs, Günter: Verkaufswerbung, ihre Technik, Psychologie und Ökonomie, Berlin 1958.

Galbraith, J. K.: The Affluent Society, London 1958.

– American Capitalism. The Concept of Countervailing Power, Boston 1952.

Gehlen, Arnold: Sozialpsychologische Probleme in der industriellen Gesellschaft, Tübingen 1949.

– Macht einmal anders gesehen, Zürich 1954.

– Urmensch und Spätkultur, Bonn 1956.

– Die Seele im technischen Zeitalter, Hamburg 1957.

Gehrig, G.: Bestimmungsfaktoren des Konsums in der Bundesrepublik, Berlin – München 1958.

Genovesi, A.: Grundsätze der bürgerlichen Oekonomie, aus dem Italienischen übersetzt von A. Wißmann, Leipzig 1776, I. Teil.

Gerloff, Wilhelm: Die Entstehung des Geldes und die Anfänge des Geldwesens, 3. Aufl., Frankfurt 1957.

– Geld und Gesellschaft, Frankfurt 1952.

– Steuerwirtschaftslehre, in: Handbuch der Finanzwissenschaft, 2. Aufl., Bd. II, Tübingen 1956.

Gini, C.: Historischer Rückblick auf die Entwicklung der Psychologie der Arbeit und der Akkumulation, in: Zeitschrift für die gesamte Staatswissenschaft, Jg. 109, 4. Heft 1953.

Gordon, L. J.: Economics for Consumers, New York 1939.

Gorer, Geoffry: Die Amerikaner, Hamburg 1956.

Gross, Herbert: Mittelschicht bestimmt Konsum, in: Handelsblatt, 4. 6. 1958.

– Wege zu erhöhtem Schuhabsatz, in: Handelsblatt, Nr. 92, Düsseldorf 23. 6. 1959.

Guenther, J. v.: Der Werbegroschen im Anzug, in: Deutsche Zeitung, 14. Jg., Nr. 127, Köln 1. 9. 1959.

Gurewitsch, B.: Die Entwicklung der menschlichen Bedürfnisse und die soziale Gliederung der Gesellschaft, Leipzig 1901.

Gutenberg, Erich: Grundlagen der Betriebswirtschaftslehre, II. Bd., Der Absatz, Berlin 1955.

Hamann, H.: Mehrpreis für Prestige, in: Deutsche Zeitung mit Wirtschaftszeitung, Köln 8. 3. 1960.

Hartley, E. L. und *Hartley*, R. E.: Die Grundlagen der Sozialpsychologie, Berlin 1955.

Heintz, Peter: Komplexe Gesellschaften, in: Soziologie, hrsg. von R. König, Frankfurt 1958.

– Sozialer Wandel, in: Soziologie, hrsg. von R. König, Frankfurt 1958.

Hellpach, Willy: Sozialpsychologie, Stuttgart 1951.

Hermann, F. B. W.: Staatswirtschaftliche Untersuchung, 2. Aufl., München 1870.

Herskovits, M. J.: Economic Anthropology, New York 1952.

Hoffmann, H.: Konsum und Mode, in: Wirtschaftspolitische Chronik, Heft 2. Köln 1958.

Hofstätter, Peter: Die Psychologie der öffentlichen Meinung, Wien 1949.

– Einführung in die Sozialpsychologie, Wien 1954.

– Bedarf und Bedürfnis, in: Psychologie, hrsg. von P. Hofstätter, Frankfurt 1957.

von Holzschuher, Ludwig: Praktische Psychologie, Die Primitivperson im Menschen, 2. Aufl., Seebrück 1955.

Hoyt, Elizabeth Ellis: The Consumption of Wealth, New York 1928.

– The Income of Society, New York 1950.

– American Income and Its Use, New York 1954.

Hölzer, H.: Bausparmilliarden, in: Der Volkswirt, Frankfurt 1959.

Huber, E.: Eine Lanze für den Herrenhut, in: Handelsblatt, Nr. 56, Düsseldorf 28. 4. 1959.

Hume, David: Writings of Economics, hrsg. von Eugene Rotwein, London 1955.

Juvenal: Satiren; ins Deutsche übertragen und hrsg. von W. Plankl, München 1958.

Kahler, Wilfried: Das Agrarproblem in den Industrieländern, Göttingen 1958.

Katona, George: Psychological Analysis of Economic Behavior, New York 1951.

Keller, A.: Die Gemeinschaftswerbung, Zürich und St. Gallen 1955.

Kelley, Pearce C.: Consumer Economics, Homewood (Illinois) 1953.

Klemp, H.: Die Käufermentalität als Element der Wirtschaftsstruktur, dargestellt am Strukturwandel der Radionachfrage. Unveröffentlichte Dissertation, Köln 1956.

Kluth, Heinz: Sozialprestige und Sozialer Status, Stuttgart 1957.

Knebel, H.-J.: Soziologische Strukturwandlungen im modernen Tourismus, Stuttgart 1960.

Kneschaurek, F.: Europäische Kleinwagen setzen sich durch, in: Die Zeit 31. 7. 1959.

Kolms, Heinz: Konsum, in: Handwörterbuch der Sozialwissenschaften, Bd. VI, Stuttgart – Tübingen – Göttingen 1959.

König, René: Soziologie heute, Zürich 1949.

– Soziologie der Familie, in: Soziologie, hrsg. von A. Gehlen und H. Schelsky, Düsseldorf und Köln 1955.

– Die Mode in der menschlichen Gesellschaft, Zürich 1957.

– Soziologie, Frankfurt 1958.

– Grundformen der Gesellschaft. Die Gemeinde, Hamburg 1958.

Kyrk, Hazel: A Theory of Consumption, Boston and New York 1923.

Landauer, C.: Die Theorien der Merkantilisten und Physiokraten über die ökonomische Bedeutung des Luxus. Heidelberger Diss., München 1915.

Laum, B.: Schenkende Wirtschaft. Nichtmarktmäßiger Güterverkehr und seine soziale Funktion, Frankfurt a. M. 1960.

Lederer, E.: Umschichtung der Einkommen und des Bedarfs, in: Strukturwandlungen der Deutschen Volkswirtschaft, hrsg. von B. Harms, 1. Bd., 2. Aufl., Berlin 1929.

Lehmann, Marianne: Zum Problem einer Konsumtheorie, unveröffentlichte Kölner Dissertation 1956.

Leibenstein, H.: Bandwagon, Snob and Veblen-Effects in the Theory of Consumers Demand, in: „The Quarterly Journal of Economics", Vol. LXIV, May 1950, No. 2.

Lepsius, R. M.: Industrie und Betrieb, in: Soziologie, hrsg. von R. König, Frankfurt 1958.

Lersch, Philipp: Aufbau der Person, 4. Aufl., München 1951.

Lewis, W. A.: Die Theorie des wirtschaftlichen Wachstums, Tübingen 1956.

von Loesch, Achim: Arbeitnehmer und Vermögensbildung, in: Der Volkswirt, 11. Jg., Nr. 27.

Lough, William H.: High-Level Consumption. Its Behavior; Its Consequences, New York and London 1935.

Luther, Martin: Tischreden, ausgewählt von K. G. Steck, München 1959.

Lynd, Robert S. und *Lynd*, Helen Merrell: Middletown, London 1929.

– Middletown in Transition; A Study in Cultural Conflicts, New York 1937.

Mackenroth, Gerhard: Bevölkerungslehre, in: Soziologie, hrsg. von A. Gehlen und H. Schelsky, Düsseldorf und Köln 1955.

Malinowski, B.: Sitte und Verbrechen bei den Naturvölkern, Wien o. J.

de Man, H.: Vermassung und Kulturverfall, 2. Aufl., München 1952.

Marschak, Jakob: Consumption, Problems of Measurement, in: Encyclopaedia of the Social Sciences, Vol. IV, New York 1931.

Marshall, A.: Elements of Economics of Industry, London 1958. Nach der 3. Ausgabe vom August 1899 wieder abgedruckt (1. Ausgabe 1892).

Martial: Römischer Witz, Ausgewählte Epigramme, übertragen von H. Swoboda, München 1960.

Martineau, P. D.: A Case Study: What Automobils mean to Americans, in: Motivation and Market Behavior, Homewood, Ill. 1958.

May, H.: Anhaltende Hochkonjunktur auf dem Kunstmarkt, in: Industriekurier, Nr. 76, 20. 5. 1959.

– Im Dschungel des Kunsthandels. Riesengeschäfte mit Snobismus und geschicktem Management, in: Industriekurier, Düsseldorf 27. 2. 1960.

Menges, G.: Wachstum und Konjunktur des deutschen Fremdenverkehrs seit 1913, Frankfurt 1959.

Meyer-Dohm, P.: Consumer Economics. Aufgabe, Entstehung und Problemkreise, in: Hamburger Jahrbuch für Wirtschafts- und Gesellschaftspolitik, 2. Jg., Tübingen 1957.

– Bemerkungen zur Konsumkritik, in: Hamburger Jahrbuch für Wirtschafts- und Gesellschaftspolitik, 5. Jahr, Tübingen 1960.

Meyer, P. W.: Zwischen Marktsicherung und Marktausweitung, in: Die Absatzwirtschaft, Heft 1, Mainz 1957.

Michels, Robert: Das psychologische Moment im Welthandel, Leipzig 1931.

Moede, W.: Psychologie des Berufs- und Wirtschaftslebens, Berlin 1958.

Montesquieu: De l'Esprit des Lois, 1. Aufl. 1748, dtsch.: Vom Geist der Gesetze, Tübingen 1951, 1. Bd.

Morin, E.: Der Mensch und das Kino, Stuttgart 1958.

Murphy, Gardner: Social Motivation, in: Handbook of Social Psychology, Vol.II, Cambridge (Mass.) 1954.

Newmann, J. W.: Motivation Research and Marketing Management, Boston 1957; dtsch.: Motivforschung und Absatzlenkung, Frankfurt a. M. 1960.

Norris, R. T.: The Theory of Consumer's Demand, New Haven 1941.

Nystrom, P. H.: Economics of Fashion, New York 1928.

Oldenberg, Karl: Die Konsumtion, in: Grundriß der Sozialökonomik, II. Abteilung, I. Teil, Tübingen 1923.

Oxenfeldt, Al: A Dynamic Element in Consumption: The TV Industry, in: Consumer Behavior, hrsg. von L. H. Clark, New York 1958.

Packard, V.: The Hidden Persuaders, New York 1957; dtsch.: Die geheimen Verführer, Düsseldorf 1958.

– The Status Seekers, New York 1959, dtsch.: Die unsichtbaren Schranken. Theorie und Praxis des Aufstiegs in der ‚klassenlosen' Gesellschaft, Düsseldorf 1959.

Parsons, Talcott und *Smelser*, Neil J.: Economy and Society. A Study in the Integration of Economics and Social Theory, London 1956.

Peiner, W.: Zu geringe Preiselastizität im Textileinzelhandel, in: Der Volkswirt, 13. Jg., Nr. 10, Frankfurt a. M., 7. 3. 1959.

Pfeil, E.: Soziologie der Großstadt, in: Soziologie, hrsg. von A. Gehlen und H. Schelsky, Düsseldorf – Köln 1955.

Popitz, J.: Aufwandbesteuerung im Allgemeinen, in: Handbuch der Finanzwissenschaft, 2. Bd., 1. Aufl., Tübingen 1927.

Potthoff, Heinz: Hauswirtschaft und Volkswirtschaft, Düsseldorf 1928.

Rae, J.: The Sociological Theory of Capital, London and New York 1905, hrsg. von Ch. W. Mixter, Erste Ausgabe in Boston 1834 unter dem Titel: Statement of Some New Principles on the Subject of Political Economy, Exposing the Fallacies of the System of Free Trade, and of Some other Doctrines Maintained in the „Wealth of Nations".

Reder, M. W.: Studies in the Theory of Welfare Economics, New York 1947.

von Reichenau, Charlotte: Konsum und volkswirtschaftliche Theorie, in: „Jahrbücher für Nationalökonomie und Statistik", Bd. 159, Jena 1944.

Riesman, David: Thorstein Veblen, New York 1953.

– The Lonely Crowd, New Haven 1950, dtsch.: Die einsame Masse, Darmstadt 1956.

– und *Larrabee*, E.: Die Straßenkreuzer, Menschen und Autos in Amerika, in: Der Monat, 10. Jg., Dezember 1957, Heft 111.

Riesman, David und *Roseborough*, H.: Careers and Consumer Behavior, in: Consumer Behavior, Vol. II, New York 1955.

Rörig, R.: Die europäische Stadt im Mittelalter und die Kultur des Bürgertums im Mittelalter, 2. Aufl., Berlin 1955.

Roscher, W.: Über den Luxus, Ansichten der Volkswirtschaft, 3. Aufl., Leipzig 1878.

Rosenstiel, F. H.: Hausgeräte werden modisch, in: Frankfurter Allgemeine Zeitung, Nr. 141, Frankfurt 22. 6. 1957.

– Die Jagd nach Prestige, in: Frankfurter Allgemeine Zeitung, Nr. 204, 4. 9. 1959.

Rosten, Leo C.: Hollywood, New York 1941.

Rüstow, A.: Ethik des Anspruchsniveaus, in: Die Sammlung, 10. Jg., (1955).

– Vitalpolitik gegen Vermassung, in: „Masse und Demokratie", hrsg. von Albert Hunold, Zürich 1957.

Rothe, W.: Der Weg nach oben, in: Handelsblatt, Nr. 145, Düsseldorf 4. 9. 1959.

Sapir, Edward: Fashion, in: Encyclopaedia of the Social Sciences, Vol. VI, New York – Toronto 1931.

Satter, H.: Deutschland ohne Feigenblatt, München 1956.

Schaefer, Erich: Grundlagen der Marktforschung, Köln und Opladen 1953.

Schelsky, Helmut: Die skeptische Generation. Eine Soziologie der deutschen Jugend, Düsseldorf – Köln 1957.

– Soziologie der Sexualität, Hamburg 1955.

– Industrie- und Betriebssoziologie, in: Soziologie, hrsg. von A. Gehlen und H. Schelsky, Düsseldorf – Köln 1955.

Scherhorn, G.: Verhaltensforschung und Konsumtheorie, in: Schmollers Jahrbuch für Gesetzgebung, Verwaltung und Volkswirtschaft, 80. Jg., 1. Heft, Berlin 1960.

– Bedürfnis und Bedarf. Sozialökonomische Grundbegriffe im Lichte der neueren Anthropologie. Berlin 1959.

– Methodologische Grundlagen der sozialökonomischen Verhaltensforschung, Köln und Opladen 1960.

Schmidtchen, G.: Die befragte Nation, Freiburg i. Br. 1959.

Schmölders, Günter: Das Verbrauchs- und Aufwandsteuersystem, in: Handbuch der Finanzwissenschaft, 2. Bd., Tübingen 1956.

– Finanzpsychologie, in: Finanzarchiv, Bd. 13, Heft 1, Tübingen 1952.

– Ökonomische Verhaltensforschung, in: „Ordo“, Bd. V, Düsseldorf und München 1953.

– Wie man die Menschen zum Sparen bringt . . ., in: Die Zeit, Nr. 22, 30. 5. 1957.

– Hypothese und Wirklichkeit des Käuferverhaltens, in: Schweizer Monatshefte, 38. Jg., Heft 8, Zürich 1958.

– Allgemeine Steuerlehre, 3. Aufl., Berlin 1958.

Schmoller, G.: Grundriß der Allgemeinen Volkswirtschaftslehre, München und Leipzig 1923.

Schneider, Erich: Einführung in die Wirtschaftstheorie, II. Teil, 5. Aufl., Tübingen 1958.

Schwidetzky-Roesing, J.: Kulturanthropologie, in: Anthropologie, hrsg. von G. Heberer, G. Kurth und J. Schwidetzky-J. Roesing, Frankfurt a. M. 1959.

Seeberger, M.: Die Idole des Erfolges. Wo die Jugendlichen heute ihre Leitbilder suchen, in: Handelsblatt, Düsseldorf 29. 8. 1958.

Seneca: Von der Gemütsruhe, in: Vom Glückseligen Leben und andere Schriften. Auswahl, hrsg. von P. Jaerisch, Stuttgart 1953.

Seyffert, Rudolf: Wirtschaftliche Werbelehre, 4. Aufl., Wiesbaden 1952.

Sieben, R.: Gemeinschaftswerbung für Konsumfertigwaren, Berlin 1937.

Siegfried, André: Aspekte des 20. Jahrhunderts, München o. J.

Simmel, Georg: Über sociale Differenzierung, Leipzig 1890.

– Philosophie der Mode, Berlin 1905.

Smith, Adam: Theorie der ethischen Gefühle, ins Deutsche übersetzt von E. v. Loeschebrand, Frankfurt a. M. 1949. Übersetzt nach der 6. Aufl., London 1789.

Sombart, Werner: Luxus und Kapitalismus, München und Leipzig 1913.

Soule, George: Mehr Zeit zum Leben, Frankfurt 1956.

Suhr, W.: Käufe aus Geltungsdrang, in: Der Markenartikel, Heft 12, München 1958.

Sprengler, J. J.: Veblen and Mandeville Contrasted, in: Weltwirtschaftliches Archiv, Bd. 82, Heft 1, Hamburg 1959.

von *Stackelberg*, H.: Grundlagen der theoretischen Volkswirtschaftslehre, Tübingen 1951.

Troeltsch, Walter: Volkswirtschaftliche Betrachtungen über die Mode, Marburg 1912.

Thurnwald, R.: Werden, Wandel und Gestaltung der Wirtschaft im Lichte der Völkerforschung, Berlin und Leipzig 1932.

Veblen, Thorstein: Theorie der feinen Leute, Köln 1958. Titel der Originalausgabe: The Theory of the Leisure Class, New York 1899.

– Essays in our changing order, hrsg. von Leon Ardzrooni, New York 1934, 4. Printing 1954.

Vershofen, W.: Handbuch der Verbrauchsforschung, 1. Bd., Grundlegung. Berlin 1940.

– Anmerkungen zu Adam Smith, in: Jahrbuch der Absatz- und Verbrauchsforschung, 1. Jg., Heft 2, April 1955.

Vershofen, W.: Die Marktentnahme als Kernstück der Wirtschaftsforschung, Berlin und Köln 1959.

Vidich, Arthur J. und *Bensman*, Joseph: Small Town in Mass Society, Princeton, New York 1958.

Wagner, A.: Lehr- und Handbuch der politischen Oekonomie. 1. Teil. Grundlagen der Volkswirtschaft, 3. Aufl., Leipzig 1893.

Warner, W. Lloyd und *Lunt*, Paul S.: The Social Life of a Modern Community, Vol. I, New Haven 1941.

Wesemann, H.-O.: Der Verbraucher hat das Wort, Frankfurt 1953.

Weisser, Gerhard: Wirtschaft, in: „Handbuch der Soziologie", Stuttgart 1956, 2. Bd.

Wolff, Janet, K.: What makes Women buy? London – New York – Toronto 1958.

Zahn, E.: Konsum, Prestige und sozialer Status, in: Frankfurter Allgemeine Zeitung, Nr. 68 vom 21. 3. 1959.

Ziefle, W.: „Versteckte" Werbung, in: Die Absatzwirtschaft, Heft 1, Mainz 1957.

Zwiedineck-Südenhorst, O.: Der Begriff homo oeconomicus und sein Lehrwert, in: Mensch und Wirtschaft, Berlin 1955.

Jahrbücher und Sammelwerke

Consumer Behavior, Bd. II, hrsg. von L. H. Clark, New York 1955.

Consumer Behavior, hrsg. von L. H. Clark, New York 1958.

Das Verhalten des Verbrauchers, hrsg. vom Bundesministerium für Wirtschaft, Bonn, 2. Aufl., Düsseldorf 1958.

Der westdeutsche Markt in Zahlen, hrsg. vom DIVO-Institut, Frankfurt 1958.

Encyclopaedia of the Social Sciences, New York 1931 ff.

Grundriß der Sozialökonomik, Tübingen 1923.

Hamburger Jahrbuch für Wirtschafts- und Gesellschaftspolitik, Tübingen 1956 ff.

Handbook of Social Psychology, Cambridge, Mass. 1954.

Handbuch der Finanzwissenschaft, 1. Aufl., 2. Bd., Tübingen 1927.

Handbuch der Finanzwissenschaft, 2. Aufl., 2. Bd., Tübingen 1956.

Handbuch der Soziologie, hrsg. von W. Ziegenfuss, 2. Bd., Stuttgart 1956.

Handwörterbuch der Sozialwissenschaften, Stuttgart – Tübingen – Göttingen, 1953 ff.

Motivation and Market Behavior, hrsg. von R. Ferber und H. G. Wales, Homewood, Ill. 1958.

ORDO, Jahrbuch für Ordnung von Wirtschaft und Gesellschaft, Bd. V, Düsseldorf 1953.

Psychologie, hrsg. von P. Hofstätter, Frankfurt 1957.

Soziologie, hrsg. von R. König, Frankfurt 1958.

Soziologie, hrsg. von A. Gehlen und H. Schelsky, Düsseldorf und Köln 1955.

Statistisches Jahrbuch für die Bundesrepublik Deutschland, Stuttgart 1958.

Statistisches Jahrbuch für die Bundesrepublik Deutschland, Stuttgart 1959.

Verbraucherpolitik, hrsg. von J. Bock und K. G. Specht, Köln 1958.

Wirtschaftsfragen der freien Welt, hrsg. von E. von Beckerath, F. W. Meyer und A. Müller-Armack, Frankfurt 1957.

Wörterbuch der Soziologie, hrsg. von W. Bernsdorf und W. Bülow, Stuttgart 1955.

Zeitfracht Medien GmbH
Ferdinand-Jühlke-Straße 7
99095 Erfurt, Deutschland
produktsicherheit@kolibri360.de

Druck:
CPI Druckdienstleistungen GmbH
im Auftrag der
Zeitfracht Medien GmbH
Ein Unternehmen der Zeitfracht - Gruppe
Ferdinand-Jühlke-Str. 7
99095 Erfurt